児童分析家の語る
# 子どものこころの育ち

マーサ・ハリス 著
山上 千鶴子 訳

岩崎学術出版社

*Thinking about Infants and Young Children*
by Martha Harris
© The Harris Meltzer Trust 2011
© to the Preface: Margaret Rustin 2011
© to illustrations, cover illustration and editorial matter Meg Harris Williams 1975, 2011
2011 edition published by Karnac Books Limited, Represented by
Cathy Miller Foreign Rights Agency, London, England
Japanese language edition, © Iwasaki Gakujutsu Shuppan Sha 2016

Japanese translation rights arranged with Cathy Miller Foreign Rights Agency
through Japan UNI Agency, Inc., Tokyo

# 目　次

著者紹介　　　　　　　　　　　　　　　　　　　　　　　　　vii
巻頭言　　　　　　　　　　　　　　　　　　　　　　　　　　ix
序　　　　　　　　　　　　　　　　　　　　　　　　　　　　1

第1章　親になること，その始まり ……………………………… 7
　　わたし，親になりました！　7
　　母親になるとは　9
　　出産をめぐってのさまざまな反応　11
　　父親になるとは　13
　　事例：B夫人，わが子そしてすべてが初めて　15

第2章　新生児の視点から見てまいりましょう ………………… 23
　　あなたの赤ちゃんはユニークな個性です！　23
　　赤ちゃんに'世界'はどう見えるのか　26
　　赤ちゃんの'抱えてもらうニーズ'について　27
　　赤ちゃんは自らのニーズをどのように表すのか　29
　　母親はどのようにして赤ちゃんにとって'一人のひと'になるのか　30
　　母乳について　32
　　おしゃぶりについて　33
　　事例：R夫人，母乳へのためらい　35

第3章　赤ちゃんはようやく生後6カ月目になりました ………… 41
　　外の世界と自分が少しずつ分かってきます　41
　　赤ちゃんは'親'を発見してゆきます　43
　　赤ちゃんの'親離れ'できる能力とは　45
　　赤ちゃんの複雑な感情表出――愛，敵意，罪意識そして悲哀感　48

　　　　好奇心そして嫉妬心について　　50
　　　　貪欲さについて　　51
　　　　事例：J夫人，オリヴィア(6カ月)とのゆるやかな関わりあい　　52
　　　　事例：アラン(4カ月目)，感情面での育ち　　56

第4章　離乳について　…………………………………………………………　61
　　　　離乳の始まり　　61
　　　　離乳はゆっくりと進めてまいりましょう　　62
　　　　事例：L夫人，わが子の離乳へのためらい　　66

第5章　子どもがよちよち歩き始めた頃　……………………………………　71
　　　　子どもに従順を教えるということ　　71
　　　　禁止するということ　　73
　　　　子どもが自分でやれることはさせてあげましょう　　74
　　　　排泄のしつけについて　　76
　　　　子どもは自分の排泄物についてどう思うのか　　78
　　　　子どもの睡眠障害について　　81
　　　　事例：マリオン(5歳)の悪夢，その謎解き　　83
　　　　もしも睡眠障害が長引いた場合　　85
　　　　事例：ジミー(22カ月)，睡眠が浅くて過活動ぎみの男児　　86

第6章　成長を励ますこと　……………………………………………………　91
　　　　子どもをそれ固有のものとして育んでまいりましょう　　91
　　　　制限をもうけること　　94
　　　　厳格であること，そして甘やかすこと　　96
　　　　事例：マーガレッタ(3歳)，甘やかされ睡眠障害になった女児　　98
　　　　罰を与えること　　101
　　　　子どもの恐怖心および良心について　　102

第7章　きょうだい(兄弟・姉妹)になるということ　………………………　107
　　　　あなたの子どもに新しい赤ちゃんが生まれることを準備させましょう　　107
　　　　事例：ブライアン(18カ月目)，母親は目下妊娠中　　111
　　　　あなたが出産のため入院している間，幼いわが子を誰に預けるか　　117
　　　　幼い子どもが一人以上いる場合の子育てのやり繰り　　119
　　　　事例：メリンダ(2歳6カ月)，お姉ちゃんになることの内的葛藤　　120

事例：お兄ちゃんになれないボブ(3歳9カ月)とその妹　125
　　　事例：自己主張に乏しいお姉ちゃんのジェニー(4歳)とその妹　129
　　　いつ〈ダメ！〉を言えばよいのか　134

第8章　幼い子どもたちの教育……………………………………………137
　　　親たちの教えと導きについて　137
　　　子どもの'性'教育について　140
　　　ナーサリー・スクール(保育学校)について　141
　　　プライマリー・スクール(初等学校)への入学　144
　　　事例：ピーター(5歳),'登校渋り'の男児　148

第9章　さまざまな子育ての注目点……………………………………153
　　　三者関係について　153
　　　幼い子どもの性的な感情について　156
　　　事例：ジェームズ，親の離婚を経験した男児　160
　　　子どもに'死'について説明すること　164
　　　事例：ウィリー(3歳9カ月)，死の不安に怯える男児　165
　　　'サンタクロース'を巡っての真相探し　170
　　　子どもの遊び，そして物語：現実と空想の絡み合い　174

第10章　付記──思い浮かぶままに………………………………………179
　　　結婚そして親になることについてのさらなる考察　179
　　　わたしはほんとうに母親なんだ！との実感を挫かせるもの　180
　　　母親の出産前後に於ける気持ちの揺れ動き　184
　　　赤ちゃんは大丈夫？　ほんとうにわたしの子どもなのね？　185
　　　赤ちゃんを養子に迎えるということ　188
　　　養子縁組へ向けて準備すること　189
　　　養子の子どもは，あなたにとって本当のわが子になれるのか　192
　　　幼い子どもの世話を他の誰かに託す場合　194
　　　いかなる悲運であろうと，学びの経験になるということ　197


　　訳者あとがき　献花──マーサ・ハリスの魂に　　　　　　　201
　　索　　引　　　　　　　　　　　　　　　　　　　　　　　　216

# 著者紹介

　マーサ・ハリス（Martha Harris）(1919-1987)：University College London において英文学を専攻し，その後 Oxford において心理学を専攻する。長年学校で教師を務め，後に Froebel Teacher Training College で教鞭をとる。Guy's Hospital でサイコロジストとしての訓練を受け，さらには the British Institute of Psychoanalysis においてサイコアナリストとしての訓練を受け，研鑽を積む。スーパーヴァイザーは，メラニー・クライン（Melanie Klein）並びにウィルフレッド・ビオン（Wilfred Bion）である。その後長年にわたって，タヴィストック・クリニック（The Tavistock Clinic）の Department of Children and Families のチャイルド・サイコセラピストのトレーニングを統括する任にあった。このタヴィストックの養成コースは，創設当初以来エスタ・ビック（Esther Bick）の創案による「乳幼児観察」が伝統的に研修の眼目とされてきた。マーサ・ハリスは多くの論文を著述している。それらは精神分析的トレーニング，児童臨床及び子どもの発達などに関してである（Collected Papers, 1987; The Tavistock Model, 2011 を参照のこと）。より年齢の高い子どもたちをもつ親御さんたちに向けて書き著された論文が幾つかあるが，それらは最近《Your Teenager（あなたの十代の子どもたち）》(2007) のタイトルで一つに纏められて編集出版された。

　本書《Thinking about Infants and Young Children（邦訳：児童分析家の語る　子どものこころの育ち）》は，彼女の著した最もポピュラーなものであり，古典的なテキストともいえる。そこにうかがわれる彼女の卓越した知見は，まさに社会的そして文化的な変動にも耐えて今なおも生き延びている。これはそもそも親御さんたちに向けて書かれたものであり，最初に出版されたのは 1969 年で（最後の第 10 章を除いて），《On

Understanding Infants（幼い子どもを理解すること）》がそのタイトルであった。それ以降，本書はイタリア，フランス，そしてポルトガルでも翻訳出版されている。そして圧倒的な支持を得て，多くの国々においてチャイルド・サイコセラピイ・トレーニングの発展に寄与してきたといえる。本書の妙味とはひとえに，ごく日常の家庭生活について書き綴られた文脈のなかに「クライン派精神分析」のエッセンスがマーサ・ハリス流にごく控え目ながら折々に織り込まれていることにある。さらには，観察された誕生から3歳までのある一人の子どもの生い立ちを巡ってのマーサ・ハリスの「公開スーパーヴィジョン」の詳細な実録が，Romana Negri 著《The Story of Infantile Development（幼い子どもの発達の物語)》（2007）でご覧いただける。

〔文責：メグ・ハリス・ウィリアムズ〕

# 巻 頭 言

　本書は，そもそも発刊当初はお若い親御さんたち，特にお母さん方に向けて書かれたものでありまして，読者に子育ての尽きせぬ喜び，そしてインスピレーションやら理解の深まりといったものをもたらしてまいりました。これを最初に手にしました折には，児童分析家（チャイルド・サイコセラピスト）の知見がふんだんに盛り込まれた〈子育ての書〉がついに世に出た！というのが率直なところわれわれの抱いた感慨でありました。文体の簡潔さからして，そこに書かれてあることの名状し難い微妙さそして複雑さは背景に隠れてしまって，一見してなかなかそれとは気づかれず，つい見過ごされるかもしれません。そしてこうした率直さ，明快さ，そして取っ付き易い散文体というものが，子どもそして親たちの内なる世界についての深遠でかつ想像的な理解と相俟って，マーサ・ハリス特有の妙趣ある語りが生まれたわけでありまして，それこそがまさに，彼女の精神分析的思索家ならびに著述家としての稀有なる才能の真骨頂と言っていいかと思われます。

　今これを読み返しましても，その臨床的ならびに指導的立場でご活躍されておいでの頃に彼女に垣間見られた，その際立った特質が改めて私の記憶に呼び起こされ，なおも新鮮味を覚えます。私がことさら大きな衝撃を受けましたいくつかをここでお話いたしましょう。その最初の一つは，〈子どもというものは，それ固有の能力が備わっており，過ちをおかすこともあり，またそれなりの方向性を持つこともできる，われわれとは異なるところの'一人の個 individual'として在るということが認められねばならない〉ということであります。それは至極もっともに聞こえますけれど，でもとても挑戦的でかつ優れて含蓄のある言葉かと思われます。子どもたちは，両親，もしくは学校の教師，サイコセラピスト，政治家

など，それら他者なるものにとって都合のいい，いかなる鋳型にも嵌められることがあってはならないということになりましょう。どの子に対しても，われわれがその子らしさを真に知ろうとするならば，時間を掛け，じっくりと想いを凝らすといったことが充分でなければならないのであります。さて，この本の構成として，赤ちゃん時代からプライマリー・スクール時代へと移ってまいりますわけですが，最初それぞれの家庭という居場所に限って生きて暮らしていた子どもがやがて自立してゆき，学校でお勉強したり，そして友情をも手探りで求めてゆくといった子どもになってゆくわけです。そして，こうした子どもの身に起こる事態に寄り添い，絶えず注目と関心を怠らないということが親の任務のエッセンスであるということがわれわれに理解されてまいります。それはまさに時々刻々に変わってゆくプロセスなのです。時を経るなかで子どももそして親たちも成長してまいります。が，それも彼らがその体験を咀嚼吸収し，そこから滋養を得てゆく限りにおいてということになりましょう。このように，それぞれ誰しもが個としての性質を有し，それゆえに固有の難しさを抱えてもおり，さらには何らかの能力が潜在的に備わっているといった視点をまず何よりも尊重すること，それこそマーサ・ハリスが家族の関係性ならびに子どもたちの発達へアプローチしてゆく上での精神分析的スタンスの基本原則と見なしていたのは明らかです。彼女は，〈母子の関係性というものは，それぞれ互いの性質を了解し，馴染み合ってゆくといった能力が試みられるわけでして，それらをとおしてどちらもが双方共に育ってゆくものなのです〉（p.23）と語っておられますが，まさにそういうことなのであります。

　この言葉は，第2章《新生児の視点から見てまいりましょう》の初めの箇所で叙述されております。それから，誕生後のごく数週間の間の赤ちゃんの世界についてのすばらしくも活き活きとした描写が続いてまいります。赤ちゃんのコミュニケーションにはさまざまな意味があるということ，さらには赤ちゃんなりにそれらが理解されることに希望やら期待感を抱いてもいるといったこと。それらの例証をとおして，母親にとって不可避ともいえる不安感やら不確実性がしっかりと支えられるように語られていることがうかがわれます。彼女は，われわれが過ちをおかすのも大いに結構で

あり，しかもそこから学ぶことがどんなに重要かということについて触れております。「母性なるもの」を理想化し，それで現実味の乏しい高い基準を設けることは'百害あって一利なし'ということをわれわれは認めなくてはならないだろうとも示唆しておいでです。こうしたことを念頭に置きながら，ようやく読者は，赤ちゃんの不安感といったこと，赤ちゃんの保護してもらうことのニーズ，心身ともに持ち堪えられず崩壊してしまうような感覚やら，それに混迷の極まった支離滅裂な感覚など，そうしたことがどのようなものかについて学んでゆける心準備ができたことになるわけです。赤ちゃんの経験を秩序づけてゆく力は最初の頃まだまだ脆弱ですから，とことん圧倒され尽くしてしまうといったことが往々にしてなくはないのであります。そしてさらに，母親と赤ちゃんが理解し合う，つまり互いが互いを認め合うことができてゆくうえで，それぞれに違った有りようがあるといったことがさまざまに叙述されてまいります。そこにはとても寛容な精神がうかがわれます。具体例は，赤ちゃんを抱っこするといった身体的な接触，そして授乳，さらには入浴時の楽しさといったふうに幅広く掲げられております。母子というカップルが徐々に気持ちが一緒になってゆくといった描写から，さらには赤ちゃんがその内側でどんな葛藤をしているのか，それらに対処するうえでどれほど親からの援助を必要しているかといった考察へと話が進められてまいります。たとえばニーズを貪欲さから区別しなくてはならないということやら，母親を自らと違う別個の存在として気付くことも，それから愛情と憎悪，好奇心そして嫉妬心といった複雑に入り混じった感情などであります。ここで彼女の短い文章を引用してみましょう。その語り口から，母親と赤ちゃんのどちらも，心の内なるスペースにおいてさまざまな'想い'が息づいているのがうかがわれましょう。

　子どもが母親に愛着し，そしてその母親から離れて一人で居られるかどうかということになりますと実にさまざまであり，ある子はどちらかというと他の子と比べていっそうそれが困難のように見受けられます。そんなにも自分にとって重要不可欠な母親がいなくなって，他の

ところで別の用事にかまけてるなんて，そんな勝手は断じて許すことなどできない。だからぼく一人でご機嫌よくなんかしていてやるもんか，といったふうに。……もしも子どもが，母親それ自身が自由を有することにどうにも耐えられず，内心折り合いが全然付けられないでいるとしたら，その子の自立は脆く不安定で，いくらか情味の乏しい冷ややかな性質を帯びるものになりましょう。それに，母親の方もまるでその怠慢を子どもに詰(なじ)られているみたいに感じ，あるいは充分にいい母親と見なしてもらえていないといった理由で実のところ内心密(ひそ)かに怒っている場合にはなおさらにどこか無理があろうかと思われます。(p.45, 46)

「離乳期」についてさまざまに述べられております章では，もう一つこの本の特徴的なものがうかがわれます。マーサ・ハリスは，われわれ銘々に固有な'パーソナルな内的状況'といったものについて考えるように，ここでその拠(よ)りどころとしていくつか指針を語ってくれております。極めて独創的な助言かと思われますが，まずは〈それぞれ赤ちゃんの発達とはそれ自身のペース（歩みの速度）で進んでゆくもの〉といったことが挙げられます。いかなる変化もごくゆっくりと導入されることが必要であるということになります。新しい経験を引き受けさせるには時間を掛けなくてはならないわけであります。融通性といったものが求められましょう（事態がどんな具合に収まるかを見極めてゆくためには，ということです）。そして最も肝心要となるのは，母親が赤ちゃんのニーズ及び不安感を己自身のそれとは一線を画してきちんと対処してゆくことでありまして，離乳をうまく成功させる前提条件とはまさにそれであろうといったふうに語られております。

後半の各章では，子どもが自分一人で何でもやりたがる意欲がますます募(つの)ってゆくことについて，マーサ・ハリスの光彩を放つ卓見(たっけん)がいろいろお楽しみいただけます。いじめっ子とその犠牲となるいじめられっ子の力動関係性についての洞察やら，それから同胞同士のことに楽しげな描写もございます。家庭内での実際の生活が孕(はら)んでいるところの複雑さといった

ものが，そうしたさまざまな兄弟・姉妹の関係性をめぐっての詳細な観察，またそこから敷衍された分析的所見からも充分にうかがわれましょう。そこにおいては，実に魅力的な，今まさに進行しつつある個々人の‛性格'の形成といったものが強調されているのであります。

　各章で語られております事柄は一見して極めて単純そうな印象を与えますけれども，事実は長期に亘っての研究から演繹されたところの「人間の発達」についての基本的真実といった知見があちこちに盛り込まれているわけであります。その一つの良い例としては，〈赤ちゃんは理解されるといった希望を持てたときに言葉を発し始める〉といったことです（p.90）。ごくさりげなく語られておりますのですが……。子どもが徐々に能力を開発してゆくことをこうした関係性に基づいた視点から見てまいりますと，そこに何やら新しいパースペクティブ（視野）が拓かれてゆくように思われます。

　過去40年間を振り返りますと，子どもたちそして親たちの生活を取り巻く外界においては実に多くの社会的変動がうかがわれます。今やたくさんの幼い子どもを持った母親たちが家庭の外でキャリアを目指しておりますし，それら大多数の方々は育児および家事，それに家計を支えるといったすべてを両立させる手立てを見つけなくてはならないということがあります。昔に比べましても，父親たちはずうっと積極的に子育てに参加し，しばしば赤ちゃんやら幼い子どもたちの世話に手を貸すようになってきております。また多くの家族に父親が不在といったこともございます。また離婚した両親が子どもを育てる上で連携し，共に込み入った方法で対処しているといったこともありましょう。チャイルド・マインダーやらナーサリー（保育園）といったものは，子どもたちの生活の一部としてもはやごく当たり前になってきました。継父とか継母とか，義理の関係になる同胞といったものもかつてなかったほどに今ではさほど珍しくありません。児童養護施設は，今ではそのほとんどが里親委託制度に取って変わられるようになってまいりましたし。同性婚というのも今や特別とも言えません。わが国の多種多様な文化的もしくはエスニック（民族的）な混淆は公的空間を随分大きく変えたといえましょう。そしてわれわれは，時代的にはバ

ーチャルな世界に生きており，エレクトロニックなコミュニケーションに頼っているというわけであります。これらすべての要因からして，それ以外にもまだありましょうけれども，マーサ・ハリスがこの本で事例として挙げているところの人々の日常の趣き（おもむ）がわれわれのとはもはや違ってきていると言えなくもありません。しかしながら彼女は，'家族という共同体'を構成しているところの個々それぞれが抱える内なる世界の複雑な交流といった概念を明確化する意図でこの本を書き著（あらわ）したわけでありますので，われわれが暮らす外界にどれほど甚大なる変動が訪れたといっても，基本的なところではそれほど大きく変わってはいないと言ってよろしいでしょう。子どもであるということ，それがやがて成長し，自分自身になってゆくこと，それから大人としての責任を引き受けてゆくこと，そうした彼らの経験をどのように，そしてどれほどわれわれは理解することができるのか，それこそが本書の主旨なのであります。ここに著者マーサ・ハリスは，親愛を込め，真実性に溢れ，持てる知恵をありったけ振り絞り，そして想像力をも存分に駆使しながら人間の生きて育ってゆく姿を克明に描写しております。誠にそうであればこそ，この書が読者のみなさん方に必ずや格別の嬉（うれ）しさをもたらすに相違なかろうと思われるのです。

マーガレット・ラスティン（Margaret Rustin）
（コンサルタント・チャイルド＆アドレセント・サイコセラピスト）

# 序

　誕生の瞬間から，たぶんそれ以前からとも申せましょうが，赤ちゃんの発達というのは，母親がその子どもの存在に対してどのように呼びかけそして反応するか，つまりはどれほど気持ちを通じ合わせることができるか，そうした能力の資質に大きく影響されるものと思われます。どの子どもも潜在的にユニークな幼い'個なる一人のひと'でありますから，わが子に慣れ親しむのには母親そして父親にとって万事が目新しいものとして学んでゆく姿勢が求められましょう。どれほどすでに幾人も他に子どもがいたとしても……。

　本書は，子どもの幼少時そして児童期以降，そして学校に行く頃までの発達の重要な側面のいくつかについて描写を試みたものであります。親たちと子どもらの間で繰り広げられる場面ごとに挿絵を挟んで語ってまいります。本書の各章で取り上げられ叙述されております諸々の項目は，早期の子どものパーソナリティの発達を包括的に網羅しているとはいえません

でしょう。また，親御さんたちにこうでなければならないといった規範（ノルマ）の提言を必ずしも意図しているわけではありません。それらはどちらかと申しますと，むしろこの時期において親たちと子どもらの間で得てして起こる強烈な情緒的関係性において喚起されるところの諸々(もろもろ)の疑問点やら感情面に触れて語られているわけであります。したがって子どもの発達を'正常とは何か'といった観点から考えることは毛頭致しておりませんし，むしろ子どもそれ自身を飽くまでも'個なる一人のひと'として考えてゆきたいということに尽きると言えましょう。

　私はこれまで，クライン派の精神分析的トレーニングを受ける過程で，子どもの育ちを家庭内で観察することからどれほど多くを学ぶことができるかの理解を得てまいりました。それは特にエスタ・ビック（E. Bick）に負うところが大であります。彼女は，タヴィストック・クリニックでの児童のサイコセラピスト養成コースの必須アイテムとして週ごとの「赤ちゃん観察」を研修生に課すことを創案されまして，「乳幼児観察セミナー」を企画されたのであります。そこからどれ程多くの乳幼児についての知見が得られましたことか，本書がそれらすべてを網羅できていないのはもちろんのことであります。私自身この歳月を振り返り，私のセミナーにご参加の訓練生のみなさん方の持ち込まれた，膨大な稔(みの)り豊かな乳幼児観察資料からどれほど学びを得てきましたことか，それはどんなに強調してもし過ぎることはありません。

　これから語ってまいりますのは，要するに「関係性」というものについてであります。いくらかは一般化して語られておりますけれども，しかしまたいくらか事例として，個別の親そして子どもが出会うところの特殊な状況において，そこではいかような交流がうかがわれるかが例証されております。それらの記述は実際の観察記録からの抜粋なのでありますけれども，ここでは念のためすべて匿名とされております。

　観察者としてのわれわれにとって，他の人々がその日々の暮らしをどんなふうに生きているかに密着して立ち会わせてもらうことにどんな価値があるかと言いますと，そこに模倣すべき何かいいものが見つけられるからということでもありませんし，もしくは極端に申しますならば，覗(のぞ)き見し

てあら探しをすることでも決してありません。そうではなく、むしろわれわれにとっては誰か他の人が生きているその環境にわが身を置いてみるといった機会をわずかながらも与えてもらえることなのでありまして、それでそこからわれわれが己自身を顧みるとき、その経験のお蔭で少しなりとも豊かになり、またいくらかほんの少しでもいっそう物事を明瞭に見分けることができるようになるといったことではなかろうかと考えております。

マーサ・ハリス（Martha Harris） 1975

## 1969年版への【序】からの抜粋

それはもう30年以上も昔になりますが、スーザン・アイザックス（Susan Isaacs）が幼い児童たちの社会的および知性の発達についての著作を出版しましたけれども、その波紋の拡がりには目を瞠るものがありました。教育ならびに保育のジャンルにおいて、どれほど共感的かつ想像的なアプローチが励まされ、かつ促されてきましたことか、大いに評価されましょう。そのお蔭で、「幼児期」というものの重要性に光が当てられ、その実態がまさに浮き彫りにされたといえるわけなのであります。

そして、過去20年から30年の間にジョン・ボウルビイ（John Bowlby）ならびにその同僚たちが地道に積み上げてきた研究成果は、幼い児童たち、特に病気の子どもたちに臨む専門職の人々に、子どもにとって母親との関係性がいかに重要かを改めて認識させ、それを契機として子どもが病気に罹った際に対応する病院などの治療体制の枠組みが大きく変わったということが事実あるわけであります。

ウィニコット（D. W. Winnicott）は、母親に向けて——父親にでもありますが——発言を弛まず、そして著作活動をも続けてこられましたが、それで多くの親たちにとって、己の直感力を信じること、そして常識（コモンセンス）というものを養い培ってゆくことが鼓舞されることになり、

それ故に己自身の思うままに子どもと触れ合っていいんだと自由に感じられるようになったと言ってよろしいわけです。つまり，専門家の提唱するご高説に相容れないといったことでいちいち混乱させられるのではなくて……。

　私は，本書もまた，そのような励ましになればと希望いたしております。これが書き著されました背景には，私が精神分析的トレーニングを受け，そしてメラニー・クラインならびにその同僚たちと仕事をご一緒にしながら，そこにおいて人と人との間の関係性について観察する感受性を鋭利に研ぎ澄ますべく援助されてまいったということがあげられます。そういうわけで，この書はそうした薫陶を受け，特別な恩恵に浴してまいりました一人として手掛けた，いわば'モニュメント'なのであります。

　これは，幼子をどのように育てればいいかといった具体的な情報を提供するハンドブックではありません。時としては示唆されたところのものが実際にお役に立つこともありましょうが……。それから，これはまた，あなたの掛かりつけの「ファミリー・ドクター（家庭医）」の代わりになってくれるというのとも違います。あなたのお住まいの近くの産婦人科やら「幼い子どものウエルフェア・クリニック」の代わりにもなりません。もしくはあなたがお子さんのことで悩んでおいでで，専門家の援助が必要といった状況での心理学的助言を求めておいでの場合にしても当然ながらそうなのです。なぜなら専門家というのはそれに相応しい場所柄を得ているわけですし，時としてあなたがほんとうにお困りの際にはご利用なされば とても役に立つものなのでありますから……。

　さて，ここで考察のために挙げられた諸々の項目は，子どもの早期におけるパーソナリティの発達の多様なる側面を包括的に網羅せんとしているわけでは決してありませんし，それらの要約とも言えません。また，発達とはかくかく然るべしといった基準やら模範を提言するということでも全然ないわけであります。むしろそれらは，親御さんたちがごく普通に日常的な暮らしのなかでご自分のお子さん方について心に留めておられるはずのいくつかの点，それに母子間においてそれがごく密着した関係性ゆえに，またこうした時期にあまりにも急速に育ってゆく，その小さくて幼い

かつ依存的であるところの'個なる人'に対する責任ゆえに，われわれ親たちの心の内に得てして呼び醒(さ)まされがちな諸々の感情面やら折りに触れて抱くところの疑問点など，そうした事柄について考察が試みられていると言ってよろしいかと思われます。

マーサ・ハリス（Martha Harris）　1969

# 第1章　親になること，その始まり

## わたし，親になりました！

　あなたは，あの待ちに待った瞬間，〈ああ，わたしは親になったんだ！〉と喜びに震えたときのことを憶えておいででしょう。そしてそれから，生まれたてのわが子を腕にいだいたまさにその瞬間から，あなたはその身に「親であること」を生涯担ってゆかれることになるわけであります。子を育てながら，そのさまざまな経験をとおして，そしていくつもの過ちをおかしながらも，親としてわれわれは育ってゆかねばなりません。その基盤としてあるのは，われわれが子ども時代を自らの親たちとどのように過ごしたかの経験であります。それは実に無尽蔵なる宝庫ともいえます。無

意識ながらそこからわれわれは事あるごとに得難い暗示をもらうことでありましょう。われわれ自身の子どもたちはまた，われわれに多くのことを分からせてくれますし，その意味でも彼らの成長を手助けするうえで大変頼りになってくれるものと思っていいわけです。そうであるとしましても，子どもたちはそれぞれ個々にとても違った'いのち'であります。愛する能力，そして生きることの悦(よろこ)びの能力，そして命(いのち)を与えてくれた親に感謝する能力といった，さまざまな点において異なるといっていいでしょう。

　子どもがそれぞれに違った個としての性質をもつことから，どの子についても，その子らしさの個性を理解してあげて，必要としていることをも正しく了解してあげるには，何もかも新しいこととして学んでゆく心づもりがわれわれの側に必要になります。これは子どもたちを育ててゆくうえで，そして子どもたちと一緒に暮らすうえで，大きな悦びの一つであります。何よりも子育ては楽しむことなのです。そしてどんなに忙しくあろうとも，是非ともちょっとした時間を見つけて，ちょっとしたことでもあなたの子どもに目を向けてあげて，そして気持ちを通わせ合うことをしなければなりません。

　どんな子どもにしても，家族のなかで育ってゆくのをよくよく見てみますと，必ずやそれが両親そしてきょうだいたちとの間で起こる葛藤抜きにはあり得ないということがよく分かります。しかしこれら外的世界との間に生じる葛藤ですったもんだすることが，やがて彼自らの内的な葛藤に直面化できるようになるともいえるのです。人として生きるなかでそのいかなる発達段階にも起こるはずの問題に立ち向かい，そして苦悩することからわれわれの自信は生まれてくるのでありますし，それでこそ生きることが楽しめるものになりましょう。

　しかしながら葛藤は，時としてはあまりにも過酷で，それで子どもが耐えきれず動揺を来たしているといった場合もありましょう。もしわが子にどうやら屈託がありそうで何だか全然ハッピーには見えないとか，何らかの重要な側面においてうまく育っていっていないように感じられるとしたら，それについて悩み，どうしたものかと思案してあげることはまずは親としての務めでありましょう。われわれ自身の態度，そしてそれが子ども

に及ぼす影響について，そしていつもその子どもによって得てしてわれわれのなかに生じやすいといった態度および感情やらを吟味してみることで，もう少し事態をはっきりと見極めることができるようになるやもしれません。

しかし，ここで一つ是非こころに留めておくことが重要と思われることがあります。それは過度の自尊心そして非現実的で役に立たない罪悪感を抱くことからわれわれを救うものとも考えられるわけですが。つまり，わが子をできるかぎりせいいっぱい育まんとすることにおいて，その最初から，われわれは別個の'もう一人のひと'に向かい合っているということです。それぞれ個々に潜在能力がそなわっており，それをわれわれは大事に慈しんであげ，やがて徐々に彼らにそれを気づかせてもあげるということでありまして，われわれの意に沿うように創られたといったような，われわれ自身の創造物などでは決してないということであります。彼らの成長をどのように援助できるかということは，われわれ自身にそなわった資質・能力次第なのでありまして，またわれわれの置かれた状況そしてパーソナリティの制限ということもありますわけで，ですからとにかくそれら何らかの持ち合わせのものがあれば，それを目一杯用いることでしかないということになりましょう。


### 母親になるとは

　母親になるということ。それほど責任の重い務めはないといえましょう。何しろ一個の新しいいのちに全責任があるということなのですから。そのいのちは心身ともに健やかな成長を遂げるうえでお母さんにすっかり依存しきっております。そうした存在をわれわれはわが子と呼ぶわけなのです。
　最初の頃，赤ちゃんに対しての責任の重さ，そのいたいけなわが子の様子を目にするのがとても負担すぎて，母親が得てして無感覚になってしまうということがあるように思われます。それでむしろ身体的なケアに躍起になるやら，赤ちゃんにも感情があるといったことはまるで否認し，それで赤ちゃんとはただの'反射の束'以外の何ものでもない，だから彼が泣

いているときは'肺の運動をしているだけ'といったふうに考えたりもするわけです。

　想像力も求められますでしょうし，愛情を注ぐ努力も要りますでしょう。母親としてそうした思いを経験することは，特別な何か，それがことさらに比類のないものというのでなくとも，ともかくも母親の特権ともいえる何かなのです。そしてそれら自らの内なる想像力と愛情に導かれながら，われわれは赤ちゃんの繊細さをどのように保護してあげられるのか，やがてそのいのちが逞（たくま）しく展開してゆく可能性に対してどのような状況を整えてあげられるかを学んでゆくわけなのであります。

　赤ちゃんを理解するためには，まずはわれわれ自身が赤ちゃんになった気分になることです。われわれは誰しもかつて赤ちゃんであったわけですし，ですから理屈からしても，そうした理解はわれわれ誰のなかにも自然に備わっている情緒的に把握し得る範囲内といえましょう。しかしながら，赤ちゃんそして幼い子どもに見られる傷つきやすさ，そして鋭い繊細な感受性などについていえば，大概のところどうやらわれわれは大人としての分別やらこれまで培ってきた自信を援用し，極力それらをもはや感じないように回避しがちであります。

　たぶん，赤ちゃんの身体的なニーズ，つまり食べ物，ほどよい温かさ，睡眠そして清潔であることなどに親としてこころを砕（くだ）くことはさほど難しいことではないでしょう。理屈としては，これらを提供することも大して難しいとはいえません。しかし実際のところでは，今ここでこの瞬間において，わが子にとって最も必要なのは何であるのかを逐次見極めなくてはならないわけです。われわれは間違ったアプローチをすることがありますし，それで赤ちゃんがその与えられたものを受容する心の準備がない場合にはただまごつかせてしまうだけになりましょう。子どもは'理解されること'が必要不可欠なのです。

　赤ちゃんが母親から得るところの献身やら理解といったものは，おそらく他の誰から得るよりもいいものであると一応言っていいでしょう。しかし時として，母親にはそうであることを赤ちゃんに励ましてもらい，またはそれを示してもらうことが必要です。お母さん自身がやがて母親として

もっと確かに思えたとき，赤ちゃんがちゃんと育っているし，それによく反応してくれていると実感できたときに——事実赤ちゃんは全体としてみますと，驚くほど逞(たくま)しいのですから——それでしばしばお母さんは赤ちゃんに対して心を開いてゆき，その気分やらニーズに対して親密となり，いっそうのこと反応的になるともいえましょう。

## 出産をめぐってのさまざまな反応

あなたの最初の赤ちゃんはおそらく産院で誕生したのでしょうし，そこであなたが受けた身体的ケアおよびスタッフからの配慮は充分にいいものであったと思われます。

さて，産院でおそらく難しいかと思われますのは，新生児を抱えた母親のさまざまな心理的なニーズに応(こた)えることです。産院のスタッフはそれぞれですし，そうしたことの能力において随分と個人的な違いがありましょう。でも，出産というのが特に女性たちの人生においてことに傷つきやすい時期であるということ，新生児の赤ちゃんとの関係性の始まりが母子双方にとってひどく重要であるということについてはますます周知の事実として認識されるようになってきたかと思われます。

お母さんたちのなかには，産院でのケアを，そして誰やら彼やから注目を得ることをむしろ楽しむことができる方もおありでしょう。他の誰かが自分の赤ちゃんを見てくれていることを承知し，安心して産院という体制の枠内にうまく納まって，何をどうすべきかきちんと指示どおりに振舞うことができさえすれば……。それでもし赤ちゃんが，たとえば，お乳をどう吸っていいか分からないみたいだということであれば，看護婦さんを呼ぶこともできましょうし，そこでどうすればいいかやって見せてもらえるわけです。お母さん方はしばらくの間，自分が赤ちゃんみたいに扱われて，それでどうにか心身の快復を待つ間を楽しむといっていいでしょう。それに，看護婦さんたちから赤ちゃんをどんなふうに授乳させるのかもしくは沐浴(もくよく)させてあげるのか教えてもらうのを楽しんでもよろしいわけです。

しかしながら，帰宅するまでは，そして赤ちゃんを自分一人のものにし

なければとても気持ちが落ち着かないといったお母さん方もおありでしょう。つまり産院という場所柄が，それに看護婦やら医師たちの手厚い介添えにしても，どうにも侵入的にしか映らないといったことがあるわけです。すなわち母子にとっては互いに密着した，またとない目新しい経験でありますから，当然ながらしみじみと双方をよく味わうためにプライバシーが是非にも必要であるといった情緒が喚起されるわけであります。

　出産というのは，すばらしくもあり，比類のないユニークな体験であります。赤ちゃんを初めて腕に抱えたとき，母親にとってそれは途方も無く，心動かされる経験でありましょう。それでしばしばごく自然にそれを誰かと是非にも分かち合いたいといった，ニーズが生じます。彼女はそれを言葉で直接的に語りたいとは思わないかもしれませんけれども。普通彼女にとって一番大事なことというのは，夫が彼女の感じるところのままを理解してくれて，赤ちゃんにだけではなくて，妻である彼女の感情にも充分に関心を払ってくれるということでありましょう。

　身近な親しい友人というのはこの時期とても重要であります。ことにお母さんになったばかりの彼女の気掛かりに喜んで耳を傾けてくれるとしたら……。時として，もしも彼女らにしてもかつての同じような経験を話したがるとしたら，それも結構でしょう。話すこと，しかしまた耳を傾けることも大事です。ちなみに，人の一番大事にしているせっかくの経験を聞かず，わざと別なものに話をすり替えて，お株を奪うといったことをする人がおられます。それにすぐさまなんでも助言を提供したがる人，それも助言する事柄のディテールについてまず最初に充分に配慮しなくてはならないわけですが，相手の気持ちをまるで忖度せず，まったく無頓着にただ自分が喋りたいことを喋りちらかす，そうした人がいることをわれわれは知らなくもありません。

　夫と喜びを分かち合い，そして友人とも互いの出産をめぐってあれやこれや情報を交換し感想を述べ合うといったこと，それらは赤ちゃんの誕生を迎えた嬉しさと達成感に伴うところの重圧ともいえる責任感をいくらかでも軽くするといえましょう。

　そんなふうにして，母親がいつしか心もとない気分もやわらぎ，落ち着

いてきて，それにいささか無力といった幼児的な感情に浸っていたのが，どうにかそれもしっかりとサポートされてゆきますと，彼女は母親としての役割においてやがてぐんぐん自信がついてゆくでしょうし，いっそうのこと思い入れを込めて赤ちゃんのお相手をしてあげることができてまいりましょう。

## 父親になるとは

　母親が産院に居る間，赤ちゃんの誕生後の最初の何日か，たぶん何カ月に及ぶこともありましょうが，夫は居ても居なくてもいい存在といったふうに，どこか自分が余計なものに感じられることがありましょう。それが時として結婚生活上のストレスを喚起させ，それで余計ものと感じたパートナーがその傷ついた感情ゆえに別の女性に慰藉を見出すといったこともあるかと思われます。その一方では，こうした情緒的なストレスが夫婦としての二人をより緊密な関係に結びつけるといったこともあるはずです。

　父親は，こと出産に関してはその始めのうちから，自分は必要とされていると感じられることが大事であります。事実彼は，パートナーシップというものが結婚である以上，必要な人であるわけです。つまり，まずは母親にとって，そして間接的ながらも赤ちゃんにとっても，それから徐々に極めて直接的なありようで赤ちゃんにとって必要な存在ということになります。

　もし夫なるひとがその最初の何日間かにおいて妻がどれほどいたわれる必要があるか，つまりどんなに彼女が疲れやすいか，それでイライラが募ったり，また赤ちゃんのためにきちんとやることをやっているのかどうか時としてひどく自信がなくなり，それで気を揉んでいるかといったことを感じとることができますなら，彼女に息抜きが時には必要で，だからいざとなれば'選手交代'で自分にも出番はあると了解できましょう。それは結構嬉しいことなのであり，'母性へのあこがれ'を大いに満足させられることになりましょう。どれほど隠されたものであり，もしくは否認されていたとしても，それは本来父親の誰にも自然な本能としてある程度備わ

っているものと思われるのです。

　そうした'母性へのあこがれ'は，もしも赤ちゃんに限って排他的に向けられるだけで，妻と張り合ったり，それで何かとあれこれ子育てに難癖を付けたりするとしたら，到底役に立つものと言えるはずもありません。夫婦が子どもの注意を引くことに，またその愛情をめぐって互いに競り合うとしたら，赤ちゃんにとって二人の母親を持つことになり，ひどく混乱させられるでしょう。これらは父親と母親，母親と祖母，もしくはそれが他の誰であれ，そうしたことが言えると思われます。もしも二人の人が赤ちゃんの世話をしてゆくとしたら，調和がまず肝心であります。つまり，分かち合うということです。

　最初のしばらくの間，大概のおうちでは，赤ちゃんの世話をする人として母親は間違いなく一番重要な人でありましょう。この責任を担うために，またそれを楽しめるためにも，彼女は大概のところでは絶対的に夫のサポートを必要とします。赤ちゃんにとって自分が母親であるということに危うさを感じずにいられる自信をものにするためにも……。

　もしも夫なるひとが，彼自身充たされないもしくは未解決の幼児的な欲求を持っていて，それが赤ちゃんの訪れたことで活性化され，疎外感を募らせ，そのため赤ちゃんに嫉妬を覚え，そして子どもじみた行動へと退行し，あたかも彼女が自分の母親でもあるかのように妻の注目をめぐって赤ちゃんと張り合うといったことがあれば，それは母親にとって大いに余分な負担を強いられことになりましょう。夫のほとんどが，おそらく時としてはつい無意識にそのような子どもじみた行為に陥るということもありましょう。〈ぼくの夕飯はどうしたのさ？　用意してくれてないじゃないか。帰宅してみれば，おむつは部屋中に干してあるし，哺乳びんはストーブの上に消毒殺菌のために置いてあるし，もうウンザリだよ〉といった具合に……。

　妻と赤ちゃんがあまりにも親密で自分の入り込む余地がないといったことで夫に時折起きる嫉妬心やら，赤ちゃんのせいで自分が除け者にされてしまったといった傷ついた感情を忍耐でもって理解してあげるのは妻にとっていくらか余分なストレスとなりましょう。もしも彼が，自分が父親と

して，そしてまた妻のパートナーとしても何らかの役に立つことがあると実際に感じられるならば，こうした感情に陥ることもそれほどなくてすむものと思われます。

　こうした理由から，彼らがここで一つの小さな家族になったということを考えますと，まず妻側のスタンスとしては，実家の両親もしくは母親を頼るのではなく，主として夫にサポートを頼むのが，夫婦双方にとってもよろしいかと思われます。もちろん，祖父母もしばしば掛け替えのない人々でありますし，実際のところ充分お役に立ってくれるわけですが，しかしそれで，新米の親になった者同士として夫が，また妻としてのあなた自身が'カップル'として互いに信頼し合うことが犠牲にされるのはよろしくないでしょう。もしも新米の父親になった夫であるひとが，妻であるあなたに，そして祖父母にも，小さな男の子みたいに扱われるとしたら，あなたは彼にただの小さな男の子のように振舞うことを求めていることになりましょう。でも，新米の父親たちだって，新米の母親たちにも似て，親になることを学ばねばならないのです。そしてもしも彼らがそれを当然そのようなものとしてチャンスを与えられなければ，そうした役割を真っ当にこなしてゆくことは難しいといえましょう。

　彼らはまた，性的にも夫として尊ばれ続けることを欲しますから，その役割において自分はもはやお払い箱にされるのではないかと恐れを抱きがちであります。時にはそれも充分根拠のないことでもないわけですが……。そこで，妻としては，夫の手だすけを得ながら，物ごとをうまく片付けてゆくことを試みるのが賢明でしょう。それであまりに育児にあなたが心身をくたくたに消耗させないことです。そして赤ちゃんのことはしばらくの間どこか別のところに置いて，邪魔されずに夫婦が一緒に二人だけのプライベートな時間を割くことができたらよろしいように思われます。


## 事例：B夫人，わが子そしてすべてが初めて

　ここにご紹介するのは，産院で誕生した初めての赤ちゃんに付き添う若い母親であります。ずうっと赤ちゃんが欲しくて，結婚後6年目にしてよ

うやく授かったということです。

　出産は予定よりも2,3週間早めでした。しかしその男の子は体重が7ポンド近くもありました。分娩はいたって軽いもので，赤ちゃんの誕生の30時間後にはもう母親はベッドに坐った恰好でくつろいで訪問客を迎えることができております。
　B夫人は挨拶が終えると，すぐさま訪問客に〈赤ちゃんをご覧になりますか〉と熱心に尋ねます。ところがわが子を抱き上げてみますと，それがひどく眠たげでいっかな目覚めそうにないものですから，母親は当惑し，いくらか恥じ入ったふうにも見えました。病棟の他のお母さん方は赤ちゃんに授乳しておりました。そこで彼女は，アントニーもお乳をちょっと吸ってみたらどうかなと思います。〈まだこの子ったら何も口にしてないの。でもそろそろ今日ぐらいには始めていいかしら……〉などと言います。彼はちょっと腕のなかでぐらぐらとぐらつきます。そして彼女は，やや心もとなげに，〈赤ちゃんがもしも最初からちゃんとおすわりができて，それでお話もできたらどんなにいいかしらね……〉と言います。
　彼女は，着ていたパジャマの上のボタンを外します。おっぱいの乳首の先に軽く数滴のお乳を搾り出し，そして赤ちゃんの口へとそれを近づけます。口はかすかに開いておりました。でも彼の唇は，接触に反応しません。口は開いたままではありますが，吸おうとする動きは見せず，お乳は彼の口からダラダラと垂れて顎へと流れてしまいます。B夫人は，何度か試みます。訪問客にお喋りをしながら，そして赤ちゃんのことで言い訳をします。〈充分に目覚めていないみたいだわね。生まれてからまだしっかり目が醒めていないの……。〉
　彼女はわが子に向かって愛情深く，そしていくらか心配を隠せないといったふうに語りかけてゆきます。〈ほらね，いい子でしょ。うまくやれるとこをママに見せてちょうだい。あらあら，なんだか面倒を起こしそうだわね。結局のところ問題児ってわけ？　おやおや，どうやらうちの子じゃなくて，間違ってよその赤ちゃんがきちゃったのか

な……。〉
　彼女はわが子を目覚めさせようと試み，指を顎に当てます。それでほんのわずか彼は泣きます。それからまたぐっすりと眠り込んでしまいました。彼女は再び試みます。彼は再び同じふうでした。彼女は〈あらあら，同じだわねえ。ちょっと泣いただけで，それからまた眠っちゃうわ……〉と言います。そんなふうに彼女は訪問客に向かって折々に語り続けておりました。
　赤ちゃんの口元が突如として1，2度ほどリズミカルに吸う動作をしました。それを母親は逸早く認めます。〈こんなふうに口を動かすのはこれまでもあったの。それでそろそろお乳を吸えるかなと思ったんだけど。でも乳首を与えても，吸うところまではゆかないのよ〉と言います。それから赤ちゃんの眼が開き，母親の顔に向けて首を回し，見上げます。眉をひそめて，鼻そして上唇をほんの少ししかめます。〈あら，見てくれたのはいいんだけど。でもこの子ったら，ママの顔を見てもお気に召さなかったみたいよ〉と，母親は少しばかり気落ちしたふうに言います。
　看護婦さんがB夫人のためにあたたかいミルクの入ったカップを持ってきてくれました。そしてそれから彼女は，母親の座っている位置をいくらか加減をして，もう少し楽に赤ちゃんにおっぱいを与えられるようにしてあげます。彼女はちょっと訪問客にも話しかけ，そして赤ちゃんのことを〈とてもお母さん似ですこと〉と言います。その一言で母親は嬉しさで頬を赤らめます。そして看護婦さんは，彼をしっかりと抱え直させ，そして母親におっぱいの乳首の部分を片方の手で添えさせて，赤ちゃんの顔にぐっと近づかせるようにしてあげます。母親は赤ちゃんの頭を，左腕を折り曲げてしっかりと支えていたわけですが，看護婦さんはやさしくもう片方の腕を伸ばし，母親の手に添えながら，赤ちゃんのゆるく開かれた口元を差し出されたほうの右側のおっぱいへと近づけさせます。看護婦さんは穏やかに母親の右手を支えてやりながら，赤ちゃんのかすかに開いた唇の間に咥えられた乳首をやさしく撫で回すような動きを促してゆきます。

すると彼は突如，その数分前したのとそっくり同じ口の動作をし始めます。その折にはまだ抱かれてはいなかったわけですが。ここで5,6回，ゴクゴクと勢いよくお乳を吸います。乳首をしっかり咥（くわ）えております。B夫人は深い安堵を込めて，〈あらまあ，ちゃんと吸ってるわ〉と息を殺しながら呟（つぶや）きます。看護婦さんは〈ほんとに，どうやら吸ってるみたいですわね〉と同意を示します。彼はこの吸うリズミカルな動きを再び繰り返します。それから口を微かに開けて乳首をちょっと離し，どうやらまた深い眠りへと落ちてゆくようであります。B夫人は彼の足を優しく撫でております。看護婦さんは手のひらで彼の頭を支えながら，彼の唇が再び乳首へと近づくようにそっと押してやります。すると，再び彼は同じようなリズムで吸う動きをします。
　この全体のプロセスは2度3度，全然急がない，ゆったりしたペースで繰り返されました。看護婦さんはB夫人に焦らずリラックスして，気を楽にするようにと言いました。〈この子は，もう大丈夫みたいですわね〉と言って安心させます。この数分後に看護婦さんが，今度は片方のおっぱいもやってみたらどうかと言いました。そこでアントニーの抱っこの向きが変えられます。そしてすべてが同じ手順で始まります。しかし今度はどうもそれほどうまくゆきません。吸う力がどうやら弱いのです。彼の口からお乳がダラダラと垂（た）れてゆきます。看護婦さんが〈あらまあ，もっとがんばらなきゃダメじゃないの〉と言います。それからちょっと急いで，あたかも母親の感情を傷つけないように気遣（きづか）ってか，〈でも，この子は早産だったのよね。赤ちゃんが予定日よりも早めに生まれると，外の世界に慣れるのにちょっともたつくみたい。それでいろんなことどうしたらいいかなって手間取るみたいですのよ。お水をちょっとあげて，飲むかどうか様子をみてみましょうね〉と言います。
　それから彼女は，曲げた恰好の腕に彼を危なげなくしっかりと抱え，そして水の入った哺乳びんの先を彼の口元へと近づけます。すると今度は，彼はとても勢いづいて吸いつきます。それからリズミカルに間隔をおきながら，それまでよりもはるかに断然しっかりした吸い方で

す。

　B夫人はちょっと伏し目がちになり，〈この子ったら，お乳よりも水のほうがいいみたいだわ〉と言います。すると看護婦さんは慰めるふうに，〈それはとりあえず楽だからなの。でもね，直にお乳の味をちゃんと覚えたら，もう水なんか飲みたがらなくなりますわよ。ほらね，これを与えてみます？〉と言ってから，赤ちゃんと哺乳びんを母親に手渡します。彼女は彼を抱きかかえます。ちょっと不確かな感じで，看護婦さんがしたふうではなく，赤ちゃんとの間にはやや距離があります。そして彼の背中をより平らに傾けさせております。彼は吸うのを止め，やがてうとうとと眠りへ陥ってゆきました。

　看護婦さんは彼女にもう少ししっかり抱いて，赤ちゃんのからだを立ててやるように手を貸してやります。すると彼は再び吸い始めます。ゆっくりとそして持続的に，それから徐々にゴクゴクと哺乳びんに入っていた水を全部飲み干してしまいます。それもごく少量で，1オンス程度でしょう。そうこうする間にも，B夫人は傍らの友人とお喋りを続けております。自分と夫がどれほどこの赤ちゃんを欲しがったかということやら，でも今や彼が誕生してみると，どこからどう手につけていいものやら，彼らのどちらもがもう真底すくみあがってしまったということでした。しかし，直にお互い気心が知れてゆくのじゃないかしら，と彼女は思うのです。〈ほんとに，考えていたのとまるで違うわけなのね。だけど，この子の動きで私のからだが覚えてるものがあるの。ことに私の膝の上にからだ全体をたゆませて，デレーッと伸びているときなんて，おかしな身震いするような微(かす)かな動きがあるの。それはこの子が私の胎内にいるときに私が感じたものに似てるわけ。それがどういうことなのか，その時は知らなかったけど。今やっと分かったわ。〉

　アントニーは，哺乳びんを吸い終わるちょっと前に毛布から手を出しました。その毛布にしっかりと包まれていたのでしたが。彼は哺乳びんを吸いながら，それら両手をその乳首の周りに添えます。母親は，〈そうするんじゃないでしょ。手を下ろしておかなきゃね。看護婦さ

んがきちんと毛布に包んでくれたのだから，そうしておかなくちゃね……〉と言い，そして彼の手を再び毛布で包み込みます。

　その1，2秒後，彼は哺乳びんを吸い終わり，それから彼女は彼を枕の上に横にします。その枕に授乳していたときに彼の体を凭れかからせていたのです。彼はほんのわずか弱々しげに泣き声をあげました。彼女は彼を枕に凭れさせて立たせます。そしてゲップをさせます。彼女は嬉しげに〈ほらね，大丈夫でしょ……〉と言います。しかしそれから彼はちょっとお乳と水を吐きました。それから息を止めたふうにして顔をしかめます。母親はぎょっとします。それは傍らで見ていた友人もそうでした。彼の顔は赤黒くなってゆき，お乳をさらに吐き出し，ぐずり声をあげます。母親が彼を膝の上に横抱きにして座る位置を前向きに変えてやります。〈最初この子がこんなふうだったとき，私はもうすくみあがってしまって，それで急遽看護婦さんを呼んだわけなの。昨日この子に授乳しようとしたんだけど，何も受けつけなかったし。だから吐いたのはお乳ではないはずよ〉。今度は，看護婦さんを呼ばず，びっくりしていくらか怯えたふうではありましたが，でもなんとかなると気を持ち直したみたいです。

　上記のB夫人及びアントニーの観察から明瞭に，われわれは，若い母親が最初のわが子にどんなふうに授乳するか，そしてどう世話してやればいいのかを懸命に学ぼうとしながらこころの内に覚える，決して珍しくはない不安感そして覚束なさについていくつかヒントを得ることができましょう。

　このお母さんはこの赤ちゃんの訪れを随分待っていたようであります。赤ちゃんはほんの少し早産だったようですが，まずまず健全な状態のようであります。よくあることですが，おそらくは予定より早く産まれたせいで，吸うことを学ばねばならない赤ちゃんの一人のようです。それは母親の側にほんの少し余分に辛抱が，そして根気強さが求められます。幸運なことに，ここの産院の看護婦さんはとても行き届いております。明らかに母親の不安やら気掛かりに気持ちを寄り添ってくれていて，すなわち授乳

はいずれうまくいくようになるから大丈夫だと励まし,赤ちゃんはほんとうに間違いなくあなたの赤ちゃんなのだからと自信を持たせようとしてくれているようであります。

　このお母さんは,看護婦さんが赤ちゃんはママにそっくりですわねと言ったとき嬉しさで頬を染めております。また,赤ちゃんが彼女のおっぱいよりも看護婦さんが与えた水のほうが気に入ったみたいだと彼女がしょげ返ってしまったとき,看護婦さんは赤ちゃんを彼女に手渡し,そして彼がお乳に,つまりのところ母親ということになりますが,慣れた頃には,赤ちゃんは誰か別の人がくれる水なんかよりもずうっとママのお乳が気に入っているはずということを請合ってくれているわけであります。

　どうやら心もとなさゆえに,最初このお母さんは赤ちゃんに対していくらか不器用で,おどおどしたふうにならざるを得なかったようです。彼女は赤ちゃんをどこか覚束なげに抱っこし,そして時としてはぴったりしていない,やや隔たりのある感じなのでした。それで看護婦さんは,彼らをもっとかっちりと一緒にさせようと手だすけをいたします。それで赤ちゃんはどうにか安心できて,そして母親のほうもまたそうですので,それでおっぱいを吸わせるといった関係性がようやく始まったということになり

ます。彼女は，間違いなく赤ちゃんにちゃんとしたものを与えられるかどうか，世話もちゃんとしてあげられるやらと大いに気を揉んでいたわけです。そしてわが子の息が止まったようすに気を動転させます。でもこの度は，なんとか看護婦さんを呼ばなくても自分で対処できたようであります。

　看護婦さんの誰もがこのようなサポートを新米のお母さんそして赤ちゃんに与えられるとは限りません。時としてお母さんは，自分の母親からそれを得ることもありましょう。もし彼女ら相互の関係性があまりにも競争意識が高じて複雑になっていなければの話ですが……。また時としては，彼女自身の夫からそうしたサポートを得ることだってできましょう。そして，それが一番いいことのようであります。

# 第2章　新生児の視点から見てまいりましょう

あなたの赤ちゃんはユニークな個性です！

　あなたの赤ちゃんは独特な個性的存在であります。他のどんな赤ちゃんとも違い，そしてあなたがこれまでに持ったどの赤ちゃんとも違い，これから持つかもしれないどの赤ちゃんとも違うといっていいでしょう。ちょうどそれは，あなた自身のパーソナリティが本質的かつ不変的なものをどれほど有しているとしても，あなたの子ども銘々にとっては微妙に少しずつ違うお母さんであるということにも似ております。

　母子の関係性というものは，それぞれ互いの性質を了解し，馴染み合ってゆくといった能力が試みられるわけでして，それらをとおしてどちらもが双方共に育ってゆくものなのです。あなたの赤ちゃんが育ってゆくために食べ物，慰安そして空間を必要とするように，愛情深い関係性のもたらすところの安心感がまず必要とされます。そうであってこそ子どもは自

らを表現し，それで彼自らを知ってもらえるようにもなるのであり，そして己自身，それに自らの多様なさまざまな感情についても学んでゆくわけであります。その身体的および情緒的ニーズへのあなたの反応をとおして，彼はあなたを知ってゆくのでありますし，世話をしてくれて愛おしんでくれる人への信頼をも培ってまいります。そしてその届けられた彼からのメッセージがあなたに的確に解釈されることをとおして，彼はまた彼自らを知ってゆくともいえましょう。

　たとえば，もしもおなかが痛いとしましても彼はそれがどんなものなのかさっぱりわかりません。それでどうしたらいいのか，そして何とかして欲しいと思ってもどう訴えたらいいのかもわかりません。そして最初の時期ですと，母親であるあなたにしても，時としてはまったくどうなっているのやらさっぱりわからないといったことがありましょう。そのぐずる泣き声から，そしてもがくありさまを見て，それが何を意味しているのかを解釈しようとします。とりあえずおなかがすいているのかと察して，それであなたは授乳に取り掛かることでしょう。そのとおりであったならば，赤ちゃんはその痛みをもはや感じなくなりましょうし，そのニーズは充たされ，それで理解されたという思いも充たされることになります。

　しかしそうではない場合には，つまりそれはゲップが出ないせいだとか，もしくはおなかの調子が悪いということもありましょうから，おっぱいをもらっても，かつて適切な状況ではそれは慰めともなり安堵ともなったわけですのに，おなかの痛みがいっそうひどくなるということでしかないことになりましょう。そうしますと，彼は理解されず，つまり'誤解された'という経験を味わうことになるわけです。

　もちろん，こうしたことが起こるのも時としてはやむを得ないことであります。なぜなら，あなたは彼をいつも間違いなしに正しく解釈をすることなどできませんでしょうから。あなたもまた，わが子にとって母親になることを学んでいる最中でしかないのです。つまりそれというのは，わが子を理解することを学んでゆくということなのであります。たとえあなたがこれまですでに10人の赤ちゃんを産み育てているとしても……。

　たとえばあなたに他にも赤ちゃんがいて，母親であることは経験済みだ

としたら，そのことは大変役に立つことには違いありません。あなたが初めての赤ちゃんの母親であって，それに他の人の赤ちゃん，もしくはあなた自身の幼い弟やら妹を観察したり世話をしたりした経験がない場合にしろ，それでもなおあなたは今ここに何らかの経験を引き継いでいるともいえるわけです。すなわち，あなた自身がかつてあなたの母親の赤ちゃんであったということです！　それは比類なく，極めて重要な経験といっていいでしょう。それをあなたは意識的にはまるで覚えていないとしても，そうした経験があなたの赤ちゃんのニーズに対して直感的レベルで反応し，寄り添う能力を深いところで梃入れ（てこい）しているわけなのであります。

　これについては後にまた述べることにいたしましょう。しかしここで私がぜひお話したいのは，母親としてあなたはその都度何らかの経験をおのれの内から引き出すことがあるとしても，その経験はあなたが赤ちゃんとともにさまざまな状況で試行錯誤してゆくうえでのヒントでしかなく，決してお誂え（あつらえ）向きの模範解答やらお定まりの簡便な方法であってはならないということです。つまりのところ，むしろそれはわが子との新しい経験にあなたの気持ちがよりいっそう向けられるよう活かされるべきものなのであります。

　「経験をとおして学ぶ」ということで避けられないのは，間違いをおかすということであります。つまり'試行錯誤あり'というわけです。そうだとしたら，あなたはそれら間違いを認め，そしてそれから学ぶということに対しても心を開いてゆけるものと思われます。もしもあなたが理想的な母親でなければならないとあまりにも高いハードルをご自分に課すことがなければの話ですが……。赤ちゃんが育ってゆくなかで，そして後には児童期そして青年期を通してですが，子どもたちにとって親とのかかわりで至極重要な体験になると思われますのは，わが子らを理解するうえで間違いをおかすこともあると率直に認め，いつも親だから正しいとは限らないということもわきまえており，だからたとえ間違っても次にもしチャンスがあればもっと違ったふうに振る舞おうと努力する，そうした親を持つことであります。

## 赤ちゃんに'世界'はどう見えるのか

　生まれたばかりの新生児の最初のニーズとは，しっかりと包まれること，抱えられること，そして過酷な外界からの刺激という侵入から身を護られることであります。事実それは，胎内にもそっくり似た状況を再び与えられることでありまして，そこから折々にほんの少しずつ赤ちゃんは外界との接触へ向けて身を乗り出そうとするのであります。

　母親のからだの温かみ，そして保護してくれるケアの一つひとつが彼に必要なしっかりと抱えられているという気分そして安心を与え，それで徐々に赤ちゃんは新しい経験を目指してより大胆になってゆけるわけであります。お母さんは，主としてわが子のために2つのニーズを充たすことになります。まずは不快な感情，痛み，それにどうにもいやな落ち着かない気分といった，それらをすべて取り去ってあげることです。それらはオシッコとかウンチなどの排泄物，それに吐乳したり，ゲップをしたりといった身体面でもあらわされることでしょう。そしてもう一つ，わが子のいのちが育まれるのに必要な食べ物を与えることです。そしてそれと一緒に，愛情および彼の感情面へ向けられる理解もです。それはお母さんの声，その手，そしてそのからだの全体の感触でもって表現されることでしょう。

　最初の頃，母親はまるごとそのままが赤ちゃんにとっての'世界'ともいえます。（この場合，母親はわが子にとって日々の暮らしを共にして世話してくれている人という意味であり，それはごく普通の恵まれた状況ではそうであるものと仮定されるわけですが。）赤ちゃんはその初めにおいては，母親を母親として，もしくは全体に一人のひととして把握しているわけでは決してありません。むしろ彼のそれぞれに相異する感覚が，そしてその相異する身体部位が経験するところの，一瞬一瞬の記憶された列なりでしかないのであります。それらは，赤ちゃんに慰安もしくは欲求不満を，快もしくは苦痛を与え，そこから身体的および情緒的反応のどちらもが喚起させられることになるわけであります。

　お母さんは，わが子を抱き上げる手であり，衣服を着せたり脱がせたりする手であり，顔を洗い，そのお尻を軟膏でやさしく拭いてくれる手であ

ります。お母さんは腕であり，からだであり，膝であり，身をくるんでくれる温(あたた)かさであります。そして，彼女は乳首であり，おっぱいです。それは赤ちゃんの口をぬくもりで満たしてくれて，満腹でもって赤ちゃんの空腹の痛みを宥(なだ)めてくれるのであります。でもその一方で場合によっては，お母さんは，赤ちゃんにとって全然そうした慰めやら癒しにならない，つまり機能不全に陥っているそれらすべてのものとして見なされることにもなるわけです。

　最初のところ彼はこれらの感覚，これらの経験がいったい外側から来るのかあるいは内側から来るのか区別がつきませんし，対象からなのかあるいは自分のからだから来るものかをも知らないと言えそうです。でも多くの赤ちゃんたちは，ごく初めの頃から，本能的におのれのニーズを充たしてくれるところの対象へと向かう，はっきりした意志を示します。それはあるきわめて独特な，充たされることを期待するような感覚と言っていいでしょう。たとえばおっぱいを，そして乳首を探し当てるといったふうに……。

　もしも赤ちゃんが外界に向けて積極的に伸びてゆこうとする傾向があり，自分が欲しいものをはっきりと伝えられる赤ちゃんでしたら，母親にとっては概して対処しやすいでしょうし，気持ちも楽かと思われます。赤ちゃんを満足させてあげられ，落ち着かせてくつろがせてもあげられるといった経験の積み重ねがあってこそ，母親は自分がわが子に適切なものを与えられているようだし，赤ちゃんにしても，そのニーズが理解され，それに見合ったものを与えてくれる誰かが側に居てくれるとの信頼感が培(つちか)われているふうにもうかがわれ，母親としての自らの能力に自信がさらに募ってまいるわけなのです。


## 赤ちゃんの'抱えてもらうニーズ'について

　すでに述べましたように，赤ちゃんは世界とのかかわりをまずはお母さんを知ることをとおして発達させてゆくのであります。つまりお母さんが子どものニーズを解釈し，それを充(み)たすべくさまざまに対応しようとするその姿に日々接し触れ合いながらであります。ですから，そのかかわりは

身体的であると同時に，情緒的かつ精神的ともいえましょう。

　初めのうちそうした赤ちゃんのニーズというのはさほど多いともいえませんけれど，しかしもしもそれらがすぐさま充たされずそして事態が緩和されないならば，赤ちゃんはひどく脅（おびや）かされ身を竦（すく）ませてしまうでしょう。新生児が心身をバラバラに崩壊することなく，またカオスやら苦悶といったふうな状態に引き戻されることなく，耐えられるフラストレーションの程度というのはごくわずかであります。ニーズやら期待感のフラストレーションに耐える能力はきわめて少しずつしか育ってゆきません。それがそうなるのは，理解されたとかニーズが認めてもらえたといった経験の蓄積をとおしてであります。それはこころに内在化され，何かしら難儀に出くわしたその折々に援用され，'つっかい棒'になってくれましょう。でも生まれたばかりの新生児にはまだこうした経験はないわけであります。

　おそらく赤ちゃんは，母親の胎内において抱えられていた経験を有しており，そこでは生き延びることに必要なものは胎児自らが意識的に求めずとも充たされていたといってよろしいでしょう。

　また多くの生まれたばかりの赤ちゃんが顔をしかめたり，落ち着かないグニャグニャした動きやら，機械的なかすかなぐずり泣きをするのは，胎内から出て，突然に保護されない状況へと押し出されたことに対してのからだの震えの反応であるといえましょう。それでベビーベッドのなかでしっかりと包（くる）まって寝かせられるばかりではなく，母親の腕のなかでかなり頻繁に抱っこされて，そしてやさしく揺すってもらう必要があります。それは，不親切ともいうべき外界の刺戟の侵入から彼の身を守る'緩衝（クッション）'にもなってくれるわけです。それでいくらか安らいで，赤ちゃんに自信が付いてきますと，ますます積極的に生きることに前向きとなり，その自らのいのちをしっかりと我が物として把握できるようになるかと思われます。

　この胎内で抱えられること，そしてさらには母親の腕の中に抱えられること，それはカオス（混沌）を隔絶（かくぜつ）する仕切りとしての'最初の防壁'でありまして，そこにおいて彼のパーソナリティは発達してゆくものといえましょう。そうした防壁，保護膜（フィルター）を育んでゆくのは，まさに母親のわが子

へ向けられた'感受性 sensitivity'であるといえましょう。それを盾にして心身とも擁護されながら、赤ちゃんはその足場を固めかつ成長を大いに拡げてまいりますし、それで外界の経験をどんどん取り込んでゆくこともできるようになるわけであります。

　まず初めのところ赤ちゃんは自分が何を欲しているのかさっぱり分かっていないといえましょう。赤ちゃんのなかには、最初はただ平穏だけが必要であり、つまり'胎内戻り'というわけですが、そして生きることの障りとなるものをすべて払いのけることだけしか念頭にないといったふうにしか見られませんでしょう。

　またそれとも違って、どうやら'訳の分かっている'赤ちゃんもいるみたいです。口をもぞもぞと動かしながら、触れるものを希求しております。それで何らかの満足に出くわさないときにはどうにか探そうとするといったふうに……。時として母親は、手を差しのべてやさしく刺激してやるなり、もしくは赤ちゃんがニーズをいまだ感じられていないとしても、それを促してやらねばなりません。B夫人の観察事例においては、産院の看護婦さんはお母さんにそんなふうに介添えしてあげておりました。それで母親はどうにか授乳することに自信を持てたわけです。看護婦さんは、母親と赤ちゃんが互いに出会うべく、気持ちの準備が整うまでには時間と辛抱が要るということを承知しておいでだったのでしょう。


## 赤ちゃんは自らのニーズをどのように表すのか

　赤ちゃんが自らのうちにわずかにしろ経験をもてるようになったとき、それは'一人のひと'に少しでもなり始めたということになります。すなわち、赤ちゃんのニーズがお母さんに解釈され、正しくそれが充たされるといったことをとおして、赤ちゃんはそれら自らのニーズについてのアイディアを持ち始めるわけですが、徐々にそれらを積極的に、もっとはっきりと伝えようとし始めます。

　ごく直にお母さんは、赤ちゃんと互いにもっとしっくり馴染んできたころには、折々にそれぞれの状況において異なる泣き声を聞き分けることを

学ぶでしょう。最初の頃の泣き声は，時として単なる条件反射以上のものとは思われないかもしれません。機械的で，ストレスを発散させているといったふうに。それがやがて母親の感情に‘雄弁に’語り掛けてくるような，痛苦がより人間的な色彩をおびて響いてくるようにもなります。苦痛もしくは失望の泣き声は，空腹の泣き声と比べますと少し違ってきこえます。その場合には断固たる調子があり，それで母親は〈はやくー，すぐにお乳ちょうだいよー〉と解釈するわけであります。こうした空腹時の泣き声は，どちらかというとはっきりと怒りの声音(こわね)をおびることがあります。もしその泣き声が待たされるのが少し長引いてしまったりしますと，いざそれがやっと到着してもらえたとしても，どうやら‘険悪なもの’になってしまっていて，もはや受け付けないといったといったことに気づかされ，母親はあれっどうしちゃったかなと驚き，戸惑うことがありましょう。そして赤ちゃんがすっかりなだめられ，どうにか機嫌が直って，それで‘辛(つら)くていやな気分’がすっかり払拭されるまでは，それが自分の待ちに待っていた望ましいものとは全然認められないのであります。

　赤ちゃんの泣き声に混じる苦悶そして悲哀といった声音(こわね)はまた別の意味での発達が絡(から)んでまいりまして，とても重要なことであります。それはいずれ後にお話することにいたしましょう。

### 母親はどのようにして赤ちゃんにとって‘一人のひと’になるのか

　赤ちゃんは，このようにニーズが充たされるといったあらゆる経験をとおして，それらを徐々にまとめながら，やがてだんだん‘一人のひと’としての母親のイメージを形づくってゆくわけであります。それは，赤ちゃんにとって信頼できる誰かであり，そして慰めをもらいたいとか理解されたいやら，また一緒に側に居てほしいとか，遊び相手になって欲しいといったときに呼び求めるところの誰かということになります。

　しかし，もしも理解されるとか，慰められるとかが全然ないといった経験，まず何より最悪ともいえる不快やら恐怖に震えているときに，手近なところに母親が不在であるといった経験はどうでしょうか？

幼い子どもはそうしたこともまたそれなりに意味づけをし，考えをまとめることをいたします。それらを認知できるかたちにするわけです。つまり厭な対象として，自分はそれらとは関係など一切しないといったふうにきっぱりと片付けて，それで自らの外へと排斥せんとするでしょう。そして慰めを与えてくれてニーズを充たしてくれ，そして彼自身の一部分として，つまり彼という存在の中核として，しっかり固定させているところの母親のイメージからそれを断固切り離し，画然たる別々なものにしてしまうのであります。
　こうした理想的な母親と一体であると感じられること，そうした完全な至福そして無上の喜びを獲得することは赤ちゃんのさらなる発達にとって極めて重要なことであります。言うなれば，それは天国のプロトタイプでもあります。そしていつか悲嘆の極みで絶望していても，もしそれを忘れずに覚えていたとしたら，たとえ今失われているとしても，改めて目指す価値があるといったふうに，何らかの希望を蘇らせてくれる支えにもなってくれるでしょう。
　こうした一体感，完全な調和がもたらされる最も完璧なありようとは，母親と赤ちゃんのいずれにとってもハッピーな授乳状況をとおしてであるといえましょう。そのような身体的な接触において母親は自信に溢れて，そして自らを赤ちゃんに与えられることを大いに喜べるようになりましょう。母親なら誰しもそうすることができるともいえません。それぞれなりに自らがなんとか工夫を試みるしかありません。母乳を与える授乳状況がうまく成立するか，失敗するかは周りにどんな援助があるかということにも結構左右されるものと思われます。お母さん方はその最初の頃，助産婦さん，医師，看護婦，そしてしばしば彼女自身の夫たちによってそうした援助を得るといってもいいでしょう。
　その生まれたばかりの赤ちゃんの最初の数週間における母親との接触のパターン，すなわち口と乳首，手とおっぱい，手と母親の着ている上着など，それらは赤ちゃんが一人でベビーベッドに横にされているときに，それ自らによって再現されることがよくあります。たとえば，親指と口，手と手，指と毛布といったぐあいに……。こうしたことは彼自らの感触を思

い出すばかりではなく，そのイマジネーション（想像力）において，母親の存在を繰り返し想起しているわけなのです。そのようにして彼は，どうやら万能感的にお母さんが不在で一緒に居ないときにもあたかもそこに一緒に居るもののようにしているといえましょう。

　もちろんのこと，こうした万能感は挫(くじ)かれます。赤ちゃんの'母親を創造する'といった幻想は消失します。それはそのニーズがあまりにも甚だしくなったとき，あまりにもおなかがすいていたり，もしくは不快だったり，また赤ちゃんの感情が'偽(にせ)の'宥(なだ)めすかしではもはや間に合わないほどに強烈になったりしたときであります。指しゃぶりにしても，身体的もしくは情緒的な飢えがあまりに甚だしくなったときにはもはや役に立たないということになるわけです。

## 母乳について

　赤ちゃんの誕生に続く数週間において，母親と赤ちゃんにとっては，何とかうまく授乳関係を成立させることが他のどんなことよりも優先されて重要になります。しかしそれもしばしば時間が掛かることであり，辛抱が要ります。決して無理強いはできません。もしもあなたの赤ちゃんがすぐにも吸うことに準備があり，まるで'どうすればいいのか分かってます！'といったふうだとしたら，とてもラッキーと言えましょう。そういう赤ちゃんがいるのは確かですし，そうしますと母親にとってどんなにホッとすることでしょう。しかし多くの赤ちゃんは初めの頃には抱っこやらあやしてもらうことがいくらか必要とされますし，それでも一向におっぱいの吸い付きが悪いといったことがありましょう。（B夫人のアントニーがその例です。）

　こうした親密に寄り添う関係性は，母親の自らのからだのなかに含むところのものを巡っての無意識の感情に深く影響され，かつ決定づけられるということがあります。すなわちこの水っぽい液体の性質とは何かということですが，多くのお母さん方は当然ながら初め懐疑(かいぎ)的となるのです。哺乳びんから出てくるミルクにわずかなりとも似てはいるわけですが，でも

そっちのほうは計量できますし，かつ科学的に病原菌を煮沸消毒できるといったわけです。これらの不安感を宥めるための一番の助けになるのは，しっかりと吸ってくれて，満足げであり，そしてすくすくと成長してゆくところの赤ちゃんであります。でも少なからず赤ちゃんは，いくらか手助けがなければ，こうしたハッピーな状態に至ることはできません。

　これがどうにか克服できたとしますとき，それでおそらく母親と赤ちゃんが共に親密で完璧な一体になることができて，そして誕生時に赤ちゃんがこの世に姿を現したときに失われた母子一体感のいくらかでも取り戻すことができましょう。と言いますのは，誕生とは赤ちゃんそしてお母さんの双方にとっても'喪失'なのですし，ショックでないはずはありません。誕生後にほんの少しの間でも，赤ちゃんをおっぱいに近づけて抱っこしてあげるならば，赤ちゃんは物質的な栄養といった点では何も求めないとしても，でもこうした母子の密着した一体感の喪失を大いに紛らわすことができましょうし，そこから新たにまた違った意味での親密な関係性が築かれてまいりましょう。

## おしゃぶりについて

　赤ちゃんは時には，おなかがすいていないときでも，いっかな眠りに就かず，そして焦れたふうだったり，もしくは慰めようのないほどに哀れっぽく泣き続けるときがあります。そうした場合に一番いいことは，まずはお母さんが赤ちゃんを抱き上げてやって，おむつを換えるやら，しばらく抱っこしたままにしてやることです。それで彼の気分が変わり，落ち着いてきて，再び横にしてあげても大丈夫になるまでは……。

　しかしお母さんは時として忙しくて手が離せないとか，もしくは赤ちゃんをなだめてあげるには気持ちが動揺しすぎているということがあるかもしれません。そうした場合には「おしゃぶり」というのはどうでしょうか？　今では'赤ちゃんによろしくない'といっておしゃぶりを与えることに眉をひそめる方は少なくありません。でも赤ちゃんが口の中のおしゃぶりで満足しているならば，ベビーカーのなかで大声で泣き喚いて暴れて

いるよりも，そっちのほうがずっといいではありませんか。傍らに不安げで疲れきった母親がどうしてあげようもないといったふうに佇んでいるのを想像しますと……。しかし，おしゃぶりというのはほんとうの意味では決して'慰め'の代理物とはなりません。すなわち慰めが'理解してくれる誰か'を意味するとしたら……。ですから，まずはそれを赤ちゃんは十分に経験しなくてはなりません。それで，必ずしもお母さんが外的に存在していなくとも済むように，でもその間赤ちゃんのこころのなかに母親の活き活きしたイメージが保持されるといったふうに，それでどうにか母親の不在に耐えるのを学ぶまでは……。

このようにモノに頼るということでは，後になりますと，もしもわれわれが自らを子どもに対して情緒的に与えるにはあまりにも疲れ果ててしまい，神経過敏で，そして抑うつ的であるとしますと，つい子どもとの関係性にたくさんの補完物を持ち込むといったことに拍車が掛かるかと思われます。われわれはおのれ自身をお菓子やら，玩具，もしくはおしゃぶりといった類いのものとして，そして子どもがしがみつくためのからだとして，つまり彼がその求め次第でいつでも手近に居ることを期待していいもの，彼のあとを付き従い，片付けるやら，常に彼のために良かれと思うこと，つまりは「転ばぬ先の杖」になってあげる，そうした'都合のいい誰か'として子どもに与えてしまうことだってできるわけです。

われわれが無意識にわが子に対してこのように振舞うことに陥ってしまうとしたら，事実それは長い目で見ると彼にとって生きてゆくことを決して容易にすることにはならないでしょう。その子は'断念する'といった経験を持たず，それが何であれあまりにもしがみついてしまうわけですから，それでやがていつまでもしがみついている自分に腹を立てることにだってなりかねません。

もしもわれわれがわが子をプレゼントでもって気を逸らそうとすれば，それで彼を常に'欲しがりやさん'にさせて，しかも決して満足を覚えることのない子どもにしてしまいかねません。つまりモノに対しての飢えというのは，それで情緒的な欠乏を充たそうとしても決してそうはならないということがはっきりしてまいります。

おしゃぶりは普通ダミーと呼ばれるわけですが，事実そのとおり 'ダミー（偽のもの）' なのです。もしおしゃぶりがお母さんとの関係性に取って代わられるものとして赤ちゃんに常時与えられますと，そのいかにも一件落着といった状態がやがて高い代償を支払うことにもなりかねません。ですから，授乳したあと少しでも時間をとり，赤ちゃんを抱っこしてあげ，なだめるやら，そして語りかけなどしてあげてみるのはいかがでしょう。そうしますとわれわれがしばし遠ざかったとしても，なおも彼を慰めてくれるところの '理解してくれる誰か' が居てくれるといった経験をその内に抱えていられることになり，それで彼にとって無理なく独りでも大丈夫にしていられるといったことになりましょう。その折，おしゃぶりを時としてその誰かさんを思い出すために必要とするかもしれませんし，もしくは全然それを必要としないかもしれません。

　たぶん，おしゃぶりは，ひどく忙しく家事にてんやわんやしていて，子育てに掛かるまえに活力を取り戻すのにまずは少しばかり自分の時間が要るといった母親にとっては，いっとき役に立つ '助っ人' としてあるとしたら大いに有り難いものともいえましょう。それで彼女がいざわが子に向かい合ったときには，赤ちゃんに対してもっと自分を与えられるようになるためにも……。

## 事例：R夫人，母乳へのためらい

　お母さん方は，どなたもご自分の赤ちゃんと一緒に，やがては穏やかな（そして互いに楽しめるといった）関係性を築いてゆけるものと思われますが，そのありようは実にさまざまであります。さて，ここで一人の母親とその赤ちゃんについての観察記録をご覧いただきましょう。そこではまずは沐浴時をとおして，二人が互いに親密になり始めたようすがうかがわれます。

　　　ロバートは自宅出産で誕生しております。若いご夫婦の最初の子どもであります。彼らは小さな菓子店兼喫茶店を経営しておりまして，

住居は店舗の上の階にあります。彼の誕生の翌日に訪れますと，母親のR夫人はベッドに腰を掛けておりました。頬を上気（じょうき）させ，興奮して，いかにも幸せいっぱいの様子です。彼女は赤ちゃんのほうを指差しました。毛布に包まれているので顔はまるで見えませんでしたが，その揺りかごにはとても美しい青いリボンが付いております。なぜ青いリボンなのかというと，それは彼ら夫婦が絶対に男の子が誕生すると大いに期待していたからです。母親が彼を抱き上げますと，その腕に沿う恰好でグジャと弓なりにからだを曲げます。母親の腕はまだわが子をどうしっかりとうまく支えてあげられるか会得していないふうでした。彼はとても可愛い丸々とした赤ちゃんで，黄疸の症状が出ているのか，ほんのわずかに黄色っぽく見えました。

　母親は興奮をまじえてわが子の将来についてあれこれ夢想しながら，お喋りを続けます。そこでは彼はもうすでにズボンを履いた男の子になっていて，部屋中を駆け回り，そしてまさに学校に父親に連れていってもらうといったところでした。こうした夢想の最中にも，折々に彼女の気掛かりが頭を過（よ）ぎるようでありました。いかにしてこれから子育てしていったらいいものか，次の週そしてこれからずうっと続く日々のなかで……。これらの気掛かりの主なる関心事というのは，赤ちゃんに母乳を与えてやれるかどうかといったことであるようでした。彼女は，そうできたらいいんだけど……と頻りに言います（母乳を与えられた赤ちゃんというのはよりいっそう健康で頑丈に育ってゆき，ぶよぶよと太りぎみな子どもにはならないと信じていたからです）。それから，子育ての他にも家事の切り盛りをし，それからお店の手伝いも一緒にどうしたらできるものかとの心配もあったようです。

　この1週間後には，彼女の多幸感はすっかり消失してしまいます。その奥底に潜（ひそ）んでいた抑うつ感そしてどうにもやる気を失わせる何かが痛ましくも明らかになってきたのであります。彼女は赤ちゃんに母乳を与えようとしておりました。これが一番いいことだとまだ信じ込んでいたからです。しかし彼女のお乳は彼にとって大丈夫かどうか全然不確かなのでした。水っぽくはないかしらとひどく気掛かりになり，

わが子に充分な滋養を与えるかどうか，とても疑わしく思ってしまうのでした。

　彼女は今や彼がおなかのすいたときなど，それでおっぱいを与えられると，どんなに物凄い剣幕になるかということ，それにむしゃぶりつき，それからその'黒い部分（乳首）'から身を反らし，あたかもそれが彼を傷つけたみたいに泣き喚くのだということを語りました。彼女は，赤ちゃんが泣くたびに抱っこしてあげなくちゃという気持ちになるのですが，それは彼を甘やかすことになり，だからそうした'悪習'に染まることになるのもまずいとつい気持ちが萎えてしまうんだそうです。彼女はちょっと皮肉的な笑いを浮かべて，産院での産婦さん向けの講座を回想します。そこで赤ちゃんをどう沐浴させるかを実演してもらったわけですが，赤ちゃんのモデルとしてお人形さんが使われたわけでした。しかし実際はというと，〈でもね，この子はお人形さんじゃないわけ。もうグジャグジャにからだは暴れるし，泣き喚くわけなのよね〉。

　しかしながら，わが子が沐浴中に暴れてたり，泣き叫んだとしても，彼女が授乳状況よりもこちらのほうによりいっそうの満足を見出したことは明らかでした。彼女はいくらかだらだらと時間を掛けて，彼のからだを隅々まできれいに洗ってゆきます。それからひじょうに注意深く濡れたからだを拭いてあげます。わが子のからだがとても丈夫そうで，それに皮膚も透き通って綺麗だと語りながら，うっとりとわが子を見惚れるふうに眺め入り，いちいち歓びの声をあげます。赤ちゃんはこの沐浴時に泣いたり喚いたりいたしましたが，初めの数週間というものは彼女はまったくのところ耳を貸すことはありません。からだを洗ってあげてから，彼女は赤ちゃんをほっこりあたたかなタオルで包み込み，それで粉を掛けてもらい甘い香りを匂わせた彼をしっかりと自分のからだに寄り添わせて抱っこするのでありました。

　難儀にも見えた沐浴を終えたあと，こうしてタオルに包まれ抱っこされるのは，この赤ちゃんが積極的に楽しんだともいえる最初の母親との親密な関係性であったようにうかがわれます。5，6週目の後，

彼は沐浴の時間になりますと，それがとても待ち遠しいみたいで，ぐんぐん楽しめるようになってゆきました。それは母親そして赤ちゃん双方にとっても至極楽しい時間になったわけであります。そして時には父親も，ちょっと暇を盗んで店から姿を現し，彼らに加わるといったことがありました。
　ロバートが大きくなりますと，ふわふわしたオムツが彼にとってお気に入りで格別な慰めになりました。それは最初の頃にタオルで包まれたことから派生したようであります。彼はそれを加減が悪かったり食べたくなかったり，もしくはベッドに連れてゆかれるときなど，そしてその何カ月後かに彼が最初に立って歩み出したとき，そして未知のテリトリーを探索するときに，彼はそれを片手でぎゅっと握っておりました。それはまるっきり彼にとってある種の'お守り'といった感じなのでありました。

　R夫人は，赤ちゃんにとって母乳が最良だと本当に信じてはいたわけですけれども，彼女自身のおっぱいについてはどうにも疑いが晴れません。それはこの観察記録からうかがわれます。(その'黒い部分（乳首）'が赤ちゃんを猛々しく悪意ある危険なものにしてしまうといったふうに……。)しかしながら，彼女はわが子のからだを洗ってあげることには全然危なげなく，むしろその能力については自信が溢れておりました。彼のからだを洗ってあげているときは，彼女自身を赤ちゃんにうんと近づけ，寄り添わせ，完璧にわが子を受け入れられていたわけなのです。
　こうした沐浴場面からだんだん彼らの関係性は安定し，落ち着いたものになってゆきました。そしてやがて彼女は彼に食事をさせることも楽しめるようになったのです。それは彼女が母乳を与えることをついに諦めたあとの話であります。結局のところ母乳哺育は決して満足的とは言えずに終わったわけなのです。そして彼女は，わが子に特別に手作りの滋養のある薄いスープをこしらえ，それを哺乳びんでのミルクを補うために与え始めたのであります。
　R夫人が何故自分のお乳が水っぽいと気に病み，それにわが子は丈夫で

健やかに育っていて，ちっとも弱々しくなんか見えないとわざわざ安心させてもらう必要があったのかということですが，その謎を解く手掛かりは，事実彼女が妊娠中ずっとひどい下痢に悩まされていたということにあるのかもしれません。彼女は後になって告白したのですが，ほんとにその当時はちゃんと自分に子育てが大丈夫やれるものかひどくやきもきしていたとのことです。そしてもう一つ，思い出したことがあります。その昔，学校時代に彼女の友人たちが皆将来結婚するといった話をしているのを聞きながら，彼女は内心〈確かに結婚はするかもしれないわね。でも赤ちゃんなんて絶対無理。死なせてしまうに決まっているもの……〉と呟いたことがあったということでした。

　この学校時代に抱いた，赤ちゃんを育てることの懸念は，R夫人が9歳のときに罹った深刻な病気，それは治癒するのに何カ月もかかったわけですが，それとも関連がありそうです。その当時弟が産まれており，彼女の母親は，幼い娘を何カ月もの間看病するために赤ちゃんに母乳をあげることを諦めてしまったということがあったのです。

　弟が産まれたばかりのその頃，彼女がかなり長引くことになった病気をしたということがどういうことであったのか訝しく思われます。それが彼女にとってどんな意味があったのかしらと……。そしてこの出来事が，それにそこに含まれるところの要因とともに，彼女のわが子に対する態度になんらかの意味をもたらしたということが想定されるかもしれません。

　これら再び活性化された幼少時にまつわる不安感，つまり自分の人生はハチャメチャで，ただもう厄介の種を撒き散らすばかりだとか，おそらく何もかもグジャグジャに台無しにしてしまうのではないかといった恐怖を切り抜けられるのに，少しばかり彼女には時間が掛かったのであります。やがてすべて杞憂にすぎないことを悟る時期がまいります。この間，夫の忍耐強さは計り知れない助けとなりました。家庭内の整頓も彼女に代わってやってくれましたし，折々に汚れたおむつの片づけまでもしてくれました。そんなふうに彼は，わが子がとても清潔で愛らしい赤ちゃんであって，抱っこしてあげても大丈夫ということを妻がますます安心して実感できるよう充分にサポートしてくれたわけなのであります。

# 第3章　赤ちゃんはようやく生後6カ月目になりました

## 外の世界と自分が少しずつ分かってきます

　誕生後の最初の1年目の中頃，もしくはそれよりも少し前からですが，大概の赤ちゃんはいくらか苛立ち気難しかったり，疝痛（コリック）を起こしがちであったのが，もう随分と快適な日々のルーティンにおさまってまいります。初めて第一子の赤ちゃんを産んだお母さんたちも，母親であることについて多くの事が身に付いてきますから，それで母親になるという事態がもたらす責任の重さに押し潰されて抑うつ的になったり塞ぎこむといった傾向も大概ですといくらか回復してまいります。

　赤ちゃんは今やぐんと活発になり，外の世界にも大いに関心をいだき始めます。彼の視野が広がってゆくわけです。それに，ますますさまざまな社会的反応も出てきて，誰彼に対しても快く迎え入れ，見覚えることもで

きて，興味を示すといったこともいたします。こうした彼の前向きともいえる動きやら変化は，母親から見てもわが子が大丈夫うまく育っていること，そして自分がちゃんとわが子の世話ができているということをも保証してくれるわけです。

こうした赤ちゃんの興味のありよう，外界の一つひとつが謎めいたものとして不思議に感じられること，そして次々に赤ちゃんの関心が漂ってゆくさまを眺めておりますと，母親としてのわれわれも'赤ちゃんの目をとおして見える世界'というのを再発見することができましょう。ですから，もしもわれわれが他のことに気を奪われることからしばし自由になって，子どものために時間を割いてやり，いくらかでも心を開いて子どもに付き合ってみる気があれば，実に魅力的な時期ともなるわけであります。

もちろん，赤ちゃんがこの世界に向けて希望に満ちているかどうか，それを探索し，かつこの段階で新しいものごとを取り込む用意があるかどうかは，それまでがどうであったかに大いに拠るわけであります。すなわち，それ以前の最初の6カ月間において慰めをもらい，そして理解されるといった経験の繰り返しをとおして，赤ちゃんの内側において信頼を寄せることのできる，'信じるに値する母親という存在'をどうにか内在化することに成功したといった体験にそれは大きく依存するものと思われます。

おのれの情緒および印象などに関連させながら，つまり何が何とどう繋がっているのかといったふうに，赤ちゃんはいろいろ見聞きしたことを考え合わせながら，関心をもつところの人々およびモノなどのさまざまに異なる側面を認識することができるようになってまいります。また子どもは，自分のからだの部分の異なった性質を，そしてそれらが相互に係わりあっている関係性にも気づくようになります。たとえば，手と目を連携させたり，手から別の手へとモノを移したり，それから自分の足の先に指があることにも気づき始めるわけです。

同時に，赤ちゃんは自分と母親との間の違いといったことにも何かしら考えを持ち始めます。自らのからだの境界線をも見つけ始めます。からだの部分の何が何であり，それが他のとどんなふうに繋がっているかといったことです。赤ちゃんは，どれが母親のものであるのかに気づき，彼の手，

彼女の手に気づき，彼の頬，彼女の頬といったふうに感じるわけです。それから，母親がいなくなったときにはどこに行ったのかと興味を抱くようになり，それで彼女が戻ってくるのをじっと見ています。

赤ちゃんは成長するなかで，その狭い小さな世界の観察されたさまざまなものを獲得し貯えてゆきます。そして母親への愛着を見てみましても，それはますます複雑で統合された'一人のひと'としての母親に対してであります。その時々の断片的な外観・単なる印象の列なりではもはやありません。

それぞれの赤ちゃんは，それ自身に独特なありようで自らの心を整理し組み立ててゆくわけであります。そんなふうにいっそう統合されてまいりますし，学ぶことにおいても，もしくは時としては学ぶことを拒むことにおいても個性的になってゆくのであります。そうした赤ちゃんのありようから，彼は母親，父親，兄弟・姉妹，それにその狭い交際範囲において登場するところの他の誰とも違った，'固有なる存在'と呼ぶに相応しいものにますますなってまいります。

## 赤ちゃんは'親'を発見してゆきます

赤ちゃんが母親を自分とは別物であり，それ自身が'一人のひと'であることに気づき始めるちょうどそのとき，父親をもまた自分とは違う，もう一人別の誰かとして気づき始めます。そしてまた，父親と母親が互いに，自分を別にして彼らだけの関係性をもっていることにも気づき始めるのであります。彼ら同士，互いにコミュニケートし合うありようがあり，それはまだ彼には全然理解しようのないものなのであります。

赤ちゃんは6, 7カ月目ぐらいになりますと，母親と父親が互いに話しかけ合っている様子をじっと見詰めて熱心に耳をそばだてているといったことがあります。そのうち，負けまいとするかのように，赤ちゃんは前にからだを乗り出し，彼らの会話のリズム，そして不明瞭ながらも彼らの音声のバージョンを再現しようと努めます。それも，そうした親たちの会話の意味をほんの少しであれ理解することができるずっと以前に……。

ここに至っては，多くの父親にとって，それまで自分が赤ちゃんにとってまるで無用なもので，接触から遠ざけられていると思っていたのが，実は子どもの目に自分がちゃんと存在していると悟り始める時期ともなります！　そして少なくとも時として，ほんのしばらくであれ，子どもにとって父親は母親よりもずうっと関心の的であることに気づかされます。母親と赤ちゃんの双方が互いに少々煮詰まってしまうことがあり，それでほとほとうんざりしているときなどは，父親の登場はどちらにとってもちょっとした息抜きになり，つまり'渡りに船'というわけで，大いに救いとなるのであります。

　父親がまぎれもなく'重要なひと'になるとき，赤ちゃんは他のひとびとについてもまた気づき始め，それぞれ誰が誰なのかの区別も付くようになるといっていいでしょう。また家族に他の子どもたちがいれば，それらとの関係性にも慣れ親しんでまいりますし，また彼が規則的に出会うことのある他所の子どもたちもしくは大人たちに対してもそうです。

　赤ちゃんの世界は随分と拡がり始めます。でも，もし母親との最初の関係性が充分に安心してくつろぎの感じられるものであれば，そこにエネルギーを補給しに，もしくは休息を求めに戻ってくることができましょう。お母さんの懐，それは外界に息づく彼をしっかりと支え，さらには赤ちゃん自らの内なるこころの平穏さを支えてくれるわけでもあります。そうであればこそ，彼はどうにか強烈な興奮および情緒的な動揺にも耐えられるわけで，それでむしろさらなる関心を募らせ，刺激を覚えるといったことにもなりましょう。

　それぞれ赤ちゃんは各自おのれのペースで世界を発見してまいります。ですから，赤ちゃんの感覚が鋭敏であるといったことはことさら有利というわけでは必ずしもありません。ですから，赤ちゃんの心が準備できてる以上に，この段階で，もしくはこれ以降のどの発達段階においてもですが，赤ちゃんにあえて刺激を与えて，さまざまなものを取り込ませようとしたり，挑戦させようとするのは，害はないとしても，極めて不必要といわざるを得ません。

　もしもあなたの赤ちゃんをご覧になって，生後6カ月目もしくは7カ月

目になっても，日常的にただぼんやりしたふうで，反応が鈍く，人々にも何ら関心を向けないといった様子がうかがわれましたなら，ぜひ掛かりつけのお医者さんにご相談なさるのがよろしいでしょう。あなたのお子さんの発達についてはっきりとしたところを査定してもらえると思いますので。

## 赤ちゃんの'親離れ'できる能力とは

　外界のひとびととの経験を意味あるものにするためにも，子どもは徐々に彼自身の外にあるものと，こうであって欲しいとの願望から生じる，自分の内に帰属するところの'幻想'とを区別してまいります。

　赤ちゃんがそのいのちを知る最初のステージとは，おそらくは母親の胎内で抱かれているときであり，それからきっと彼女の腕のなかにやさしく抱っこされているときでありましょう。そしてさらには，母親は自分と違うということ，つまりこの抱っこしてくれて，慰めてくれて，ハッピーにしてくれるそのものと自分は同一ではないということを気づくときがまいります。その'慰めとなる存在'に対して絶対的パワーもしくはコントロールというものを自分は持ち得ないということなのです。こうした気づきは彼にとってとても受け入れ難いでしょう。ですから赤ちゃんは，こうした'慰めとなる存在'をあらゆる手段でことあるごとに再現させようと努めます。玩具を使いながら，自らのからだを刺激することで，また記憶力および想像力を援用しながら……。そんなふうにして，赤ちゃんは外の世界，母親そして父親，それに他にもお気に入りの誰かで信頼を寄せるところの人々との親しい接触を維持してゆこうとするわけであります。

　ところで，子どもが母親に愛着し，そしてその母親から離れて一人で居られるかどうかということになりますと実にさまざまであり，ある子はどちらかというと他の子と比べていっそうそれが困難のように見受けられます。つまり，そんなにも大事なお母さんがいなくなってしまい，自分をほったらかしにして他のところで別の用事にかまけてるなんて，そんな勝手は断じて許すことなどできない，だからぼく一人でご機嫌よくなんかしていてやるもんかといったふうに……。それでなりふり構わず母親にしがみ

つき，視界からちょっとでも母親の姿が消えてしまうと大騒ぎすることでしょう。それから，もしかしたらどう見ても母親の不在をそれほど気に留めないふうで，いかにも自立しているように見えたりする子どももいます。いくらか早熟といっていいほど，母親がいなくとも平然としているわけです。しかし，内心母親それ自身が自由を有することにどうにも耐えられず，全然折り合いが付けられないでいるとしたら，その子の自立は脆(もろ)く不安定で，いくらか情味の乏しい冷ややかな性質を帯びるものになりましょう。それに，母親の方もまるでその怠慢を子どもに詰(なじ)られているみたいに感じ，あるいは充分にいい母親と見なしてもらえていないといった理由で実のところ内心密かに怒っている場合にはなおさらにどこか無理があろうかと思われます。

　最初の6カ月を過ぎた頃に赤ちゃんに見られる父親への'偏愛'は，こうしたことがしばしば基盤にあるといえましょう。これが，もしも母親が一緒に居てくれないということでその憤りをなんとかこらえようと四苦八苦して繰り返される時期的なものということならば，それはそれで結構でしょう。それからまた逆に，子どもが母親へと立ち帰ることだってあります。それは自分をほったらかしにして，ママの注目を引こうとあれこれ指図ばっかりするといった'けしからん，気まぐれな父親'に抗(あらが)っており，そこでこの場合には母親が'防波堤'になるわけです。両親は，その関係性がしっくりしている場合ですと，子どもの注意を奪い合うといったことが必要とされていないわけですから，こうした子どもの'パパが好きだったり，ママが好きだったり'の気持ちの揺れ動きにも，下手に付け入られることなく，どうにか対処できるかと思われます。子どもは，おのれの占有欲をめぐっての葛藤に対処するにあたり，両親自らの占有欲をめぐる葛藤に耐えられる能力によって援助されるといっていいでしょう。

　時として，内には良き経験を維持していながらも親離れの難しい子どもは，その後の人生において，自らが所有することのできないものには価値やら楽しみを見つけることのできない人，もしくは他の人の達成したものを褒(ほ)めたり，よく思うことの難しい人，もしくは他の人が所有しているものやら達成したものをむやみに欲しがり，しかもそれらを当然自分のも

のであったはずと烈しく憤るといった人に得てしてなりがちに思われます。または，気分が不安定でかつ妬（ねた）み深い人といったことになるやもしれません。あるいは，自ら達成したもの，所有しているもの，もしくはおのれの幸運といったものを見せびらかすやらほのめかすといったふうに，他人に羨（うらや）みやら妬みを覚えさせることを極力避けるといった気遣（きづか）いのまったくできない人であるということもありましょう。

　こうした'羨望（せんぼう）'は，すでに幼い子どものなかにあるわけで，それは大概のところ誰かに自分が依存しているといった感情と密接な関係がありそうです。そういう誰かとは，まずは母親であり，次には両親というわけですが。自らがハッピーで身の安全が守られるために必要とされる全ての点で，彼らは彼自身よりもはるかにパワーに溢（あふ）れていて，才能豊かでもあるといったことになります。すなわち彼らは事実，子どもの小さな世界において全権を掌握している立場にいるわけです。そこで彼は，そんなにも自分が誰かに依存していると思うとひどく傷つくわけでして，それでその心の痛みを回避するために，彼の王国の支配者であるところの誰かさんの'靴'のなかへとすっぽりと潜（もぐ）り込み，つまりは'なりすまし'というわけですが，〈ぼくがママなんだ〉とか〈ぼくがパパなんだ〉とばかり居座って，それで，「全世界」はことごとく彼を中心に廻（まわ）っているといったふうに思い込もうとするわけです。つまりは，万能感的な「赤ちゃんキング（王様）」であります。

　今や，時として，家族内が子どもを中心に廻っているといったときがあるといえば確かにたぶんそうでしょう。しかしながら，それがずうっと延々に長引くとしたら，彼にとっても，もしくは両親もしくは他の子どもたちにとっても良いことではありませんでしょう。お母さんがわが子についてそのニーズにぐんと馴染んできた頃には，食事であっても入浴であっても，少しぐらいなら待たせても大丈夫といったことが分かってまいります。彼がやかましく騒ぎ立てるとしても，そうした泣き喚（わめ）きが助けを必死に求めているのか，ただ威張（いば）り散らしているだけなのかを見極めることができましょう。

　あなたは，ご自分の心のうちで，本当のニーズと'貪欲さ'というもの

を区別することを学ばねばなりません。そうでなければ、あなたの子どものなかにそうしたことの区別を見抜くことはできませんでしょう。そうしますと、果たしてこの瞬間、わが子がほんとうにどうしようもなく体調がおもわしくなくて、それで母親のやさしさを必要しているのか、もしくは一人にしておいてもどうにか大丈夫でいるだろうといった判断が付かなくなりましょう。実際のところ彼が、あなたは自分の言いなりになるはずであって、そうでなければならないものと飽くまでも頑なに心に決めているとしたら、それもなかなか手ごわいわけでありますが。

　'制限をもうけること'は規律の一つの側面であります。しかしまたそれにはもっと広い意味もありますし、極めて重要な何かであります。つまりのところ、いずれわが子がその児童期および青年期をとおして、自信をもっておのれの真の値打ちというものを会得し、将来自分にはどういう可能性があるのかそして何に挑戦してゆくべきかといったことをあれこれ思案しながら、いつしか真実 '一人の大人' としておのれを見出すことを思いますと、そのためにも規律は、われわれ親が彼らを援助してあげられる一つの手立てなのであります。

## 赤ちゃんの複雑な感情表出——愛、敵意、罪意識そして悲哀感

　赤ちゃんは、お母さんが居たり居なくなったり、それで彼女自身にも固有の暮らしがあるということが解ってまいりますし、ますますお母さんがどんな気分でいるのか興味を覚え、その顔の表情をよく見守っております。どんなことがお気に召すのか、どんなことなら褒めてくれるのか、それでどうすれば大丈夫と励ましてくれるのかをよく見ているものです。もうひとり別の誰かとしての母親に関係づけが深まるにつれ、赤ちゃんは母親のことをいつも居てくれて当然と見なすことはもはやできなくなるでしょう。もし子どもが順調に育っているとしたら、真に愛する能力が芽ばえ始めるときに誰しもがそうするように、ただ単純に誰かを必要とする代わりに、今や彼女を大切に思うことが始まるものと思われます。

　それから、あれやこれやいろんな日頃見聞きすることがらを考え合わせ、

推測もしまして，やがて彼はおのれが大切にし，愛してもいる母親，慰めや日々の暮らしで依存しているその人が，実のところ自分が求めているときに来てくれなかったり，それで欲求不満に陥らせたり，敵意を感じたりする相手でもあり，そしてまた邪悪なる何か，そして痛苦をもたらすもの，そして心の平安を乱すところの有り難くない侵入者といったふうに時に恐れたりする相手とまったくのところ同一人物なのだということを徐々に理解するようになります。

　こうしたことが分かってゆくことは，ひどく心の痛みを伴います。そして，もしも幸運にも，われわれにいくらかでもそこそこ愛の潜在能力が備わっており，そしてそうした愛が育まれることを可能にする環境に恵まれるとすれば，こうしたことはその後も繰り返し幾度となく，われわれの生きてゆく人生において否応なしに心に浮上すると言ってもよろしいでしょう。

　愛情と気遣いとともに，罪意識そして悲哀感もまた生じてまいります。それはわれわれの邪悪なる感情ゆえに，つまりのところわれわれの羨望，嫉妬心，それに愛の対象へ向けられる占有欲，またそれに対しての苛烈な要求がましさといったものから起こるわけです。さらには，悲哀感が避けようもなく浮上してくるのは，われわれは決して万能ではないということ，それで愛する人の身を危険から護ってあげることはできないといったことに気づかされるからであります。つまりはどうしたって全然自分などの力の及ぶところではないということです。そうした辛い目覚めがまさにほんの少しずつ意識にのぼり始めるわけであります。

　赤ちゃんはその後の人生において，母親との関係性に端を発した「愛なるもの」をその限界を超えて，さらに拡げてゆかねばなりません。そして，煎じ詰めると「生きてゆく」とは，その愛が萎れ凍えてしまう，そうした危険に絶えず身を晒すことを意味することになろうかと思われます。その脅かしが彼自らから発するものかもしくは外界に帰すものかいずれにしても……。そして終生，その愛が滅びることのないようにどうすればいいのか，追々に学んでゆくことになりましょう。

### 好奇心そして嫉妬心について

赤ちゃんはお座りができるようになったとき，もしくは母親が行ったり来たりしているのを眺めながら，母親と父親の間で何がいったい起きているのかと思うことがありましょう。お隣の部屋にいる他の子どもたち，その物音，それらは耳には届くのですが，いっかな見えないとしたら，どうでしょう？　俄然好奇心が頭をもたげます。しかしまた，多くの場合それらを知りようがないとしたら，どうしても苛立つことになります。そこで，時として赤ちゃんはスプーンとか歯がための輪，もしくは椅子の上のトレイにあった木製のブロックなどで，バンバンと烈しく打ちつけ，それでとんでもないかなきり声で喚きたてるといったことになるわけです。あなたの目にも，しばしば赤ちゃんは頻りに歩きたがっているふうに見受けられましょう。それで何がどうなっているのか，お隣の部屋に行ってちょっと覗いてみたいといったふうに……。

ここである一人の男の子を思い出します。生後5，6カ月目頃でした。彼はしばらくの間靴にひどく執着を示しておりました。父親，もしくは母親，もしくは訪問客が部屋のなかに入ってきますと，すかさず彼の目はまっすぐに彼らの足元へ注がれるのでありました。それからちょっと興味を失ったふうになり，でも彼が10カ月目に這い這いができるようになりましたとき，彼がしたことの最初の一つは，母親の洋服ダンスへとダッダッと這ってゆき，そこに収納してあった彼女の靴を取り出し，そしてなんと彼は両手をその靴の両方に押し込んで，そんなふうな恰好で嬉々として床を這いずり回ったのです！

この同じ赤ちゃんですが，5カ月目の年齢に達した頃，両親が彼を揺りかごの中に横にして，それから彼らだけで一緒に食事を始めようとしますと，強く抗議をするようになりました。それまでは彼はいつもまず最初に食べさせてもらい，そして両親は，彼が部屋の隅でおとなしくしている間，食事をすることにしていたわけです。しかし今や彼は全然どうにもなだめられません。それでついに母親が彼を抱き上げ，膝の上に坐らせて食卓についたわけです。彼女が食べているものをほんのちょっと彼の口に入れて

あげますと，それでどうにか落ち着き，そして彼は両親の会話に参加するようになにやらブーブーッと声を発するのであります。そこで母親と父親は赤ちゃん用のハイ・チェアーを買ってあげようと決めたわけです。それまではむしろ二人とも低い椅子のほうが間違いなく赤ちゃんには安全だからという見解でいたのですが……。

赤ちゃんが母親やら父親，そして他の人々にも関心が募（つの）ってきた頃に，あなたがたが一緒にしていることにときどき仲間入りをさせてあげることはいいことのように思われます。それで彼が‘家族の一員’というふうに感じることがまさに始まるのでしょうから……。そうしますと，たとえば，おもしろそうなことが声の届く範囲で起きていて，でも彼の視界には全然届かないといった場合に，それでひどく嫉妬したり焦（じ）れたりしないですむかも知れません。

## 貪欲さについて

貪欲（どんよく）というのは，実際に必要とされる以上のもの，分相応な取り分とされる以上を欲しがることを意味します。それは食べ物でもそうですが，もっとあまり確かに感知されない，たとえば愛情とか注目といった点でもそうしたことはあるわけです。われわれは誰しも，われわれの子どもらと同じく，いくらかそうした貪欲さが備わっているといえましょう。そしてそれが他と較べても少々過剰にあるといった人がおります。それをどうにかコントロールしようと葛藤している人にとって，それは彼にとっての問題になります。その一方で，それを自らのうちに見ることの無い人，そうした葛藤を味わうということの何ら無い人というのは，得てして彼の周囲の誰彼にとって問題になるというわけであります。

われわれはどうしたら子どもにおのれの内なる貪欲さを気づかせ，それに制限を加えることを学ばせてゆくことができるでしょうか？　まずわれわれはそれをそれとして認め，そして本当のニーズからそれを区別することができなくてはなりません。もしそれができるならば，われわれはどうにかそうした貪欲さを控（ひか）えることを子どもに教えてやれるものと思われま

す。

　不安は貪欲さを募らせることがあります。しかし，もう充分にもらうものをもらった後になおももらおうとすることは不安感を減じるよりもむしろさらに募らせることになりましょう。不安が募れば，なおももっともっと欲しいという感情を増大させます。そこから悪循環が生じるのです。これは「過食」といったことの基本的問題として明らかであります。すなわち自らを食べ物で詰め込んでいっぱいにするといった傾向でありますが。それは実のところ，内側の，もしくは自分以外の世界との関わりにおいて，何らかの空虚感を埋め合わせしてるわけなのです。

　何ら食べることに楽しみの感情を抱くことなく，消化できる以上の食べ物をむやみに手で攫みとろうとする子どもは，実際にはそれを内心負担に感じているといったことがあるとも思われます。それにその心の内側では，'奪われかつ搾取（さくしゅ）された母親' といった内的経験が日に日に積み重なってゆくのでありまして，ですからどんなにしても安心には繋がらないわけであります。

　そうしたことが，ジミーという名の男の子の事例にうかがわれるのですが，それは次章でお話することにいたしましょう。その前に，ここでは母親との間で，複雑極まりない感情の絡（から）みあった関係性を示していた幼い赤ちゃんの観察を2例ほどご覧いただきましょう。

### 事例：J夫人，オリヴィア（6カ月）とのゆるやかな関わりあい

　これは誕生6カ月目の赤ちゃんの日常の暮らしの記録です。母親の友人のある方が定期的にこの家庭を訪れておりまして，そこで観察された事柄がここに書き記されているわけです。

　オリヴィアは今，誕生6カ月目になりました。前回私が彼女を見たのは1カ月前でした。その折に母親がこんなふうに語っております。〈赤ちゃんはとてもいい子で楽なのよ。こんなふうにずうっとゆくといいのだけど……。どうやら大きくなっても，毎晩両親の寝室に飛び

込んでこようとする厄介な子どもにはならないみたい……。〉母親は，いかにも断固たる口調で，彼ら夫婦はプライバシーをとても大事にしていると言いました。私は，オリヴィアを訪問した際に，彼女がいつか問題を起こす子になるような兆しを認めることはできませんでしたから，母親が何を気掛かりにしているのかと少々訝しく思ったわけです。

　今日私が訪れますと，オリヴィアは椅子に坐っておりました。もうあと一時間ほどは授乳されないはずでした。私は彼女のいる部屋に入ってゆき，J（母親）がキッチンから戻ってくるのを待っておりました。彼女は，膝に横になっていた自分の左手をじっと熱心に見下ろしておりました。それから何度か，彼女は右手を伸ばし，丸い輪を描くようにしました。そしてそれを膝の上の左手の指を摑んで握りしめるような恰好に戻し，これを２回ほど繰り返します。右腕はキッチンの方向へと円を描いているふうでした。突如として彼女は私がそこに居ることに気づき，そして右腕を私のほうへと伸ばします。そしてからだを私のほうに伸ばす姿勢で腰を屈めて，歓迎の意を表するようにして私の微笑とハロー！に応えて，彼女もまた大きな笑みを顔に浮かべました。われわれはそれから母親が戻ってくるまでに，ほんのしばらく互いに打解けた'お喋り'を交わしておりました。

　オリヴィアは大きく顔を輝かせながら母親を迎えました。よだれを顔中いっぱいにたらしながら……。母親は彼女に話し掛けながら口許を拭いてあげます。〈ここほんのしばらくの間に，この子はまるっきり'正真正銘の小さなひと'になってきたわ。……この子ったら，イヤと言うことを知ってるのよ。そんなときにはどこであろうと吐き散らすわけなの……〉と言って，母親が彼女に向けて口をすぼめて吐くような格好をして見せますと，オリヴィアも口をすぼめ，よだれが唾になったり泡になったりいたしました。それで彼らは互いに面白がって，しばらくそうした'会話'を続けておりました。Jは，赤ちゃんが体重を増やしていること，そして固形食をも食べるようになったので，一日に３回だけに母乳を減らしたということを語りました。あと

6, 8週間ほどは授乳を続けようかと考えており，もしオリヴィアがカップを利用するのに慣れてきたら，まだそれはやってはいないのだけれども，哺乳びんを与えることも必要なくなると考えているのでした。

　オリヴィアの眼はその間，母親の顔から私の顔を見比べるように行ったり来たりしておりました。母親は私にコーヒー茶碗を手渡してくれました。そして赤ちゃんは前に少しばかりからだを傾けて，われわれがコーヒーを飲んでいるようすをじっと眺めております。彼女の唇はかすかに開いており，そして舌を突き出したり引っ込めたりを繰り返します。〈舌をちゃんと閉じるのよ。お行儀が悪いでしょ……〉と母親は言います。赤ちゃんはのどを鳴らしながら嬉しげに母親のほうへとからだを傾けます。抱っこしてもらえるかと思ったみたいです。ところがそうではなかったので，彼女は母親のほうに伸ばしていた右腕の手を口のなかへと入れます。そしていかにも哀れを催すふうな，落胆したかのようなすすり泣きを始めました。それがすぐさま彼女の母親のこころに触れます。彼女は赤ちゃんを抱き上げて，慰めるような声掛けをしました。赤ちゃんはそのよだれで濡れた顔をまっすぐに母親の頰にもってゆきます。ちょっとからだを引いて，両方の手で母親の口のあたりに触り，そして引っ張ります。それから自分の口に手をやり，それを引っ張ります。〈わたしたちみたいに自分も何か食べるものが欲しいって思ったのね。いいわよ。ちょっと待っててね。もうじきあなたの番が来るわよ……〉と，母親は赤ちゃんに語ります。

　しばらくして，母親はラスクを一個与えて赤ちゃんを揺りかごの中に横にさせます。彼女はラスクを右手に摑んだままです。その腕をグルッと円を描く格好で振り回し，そしてそれを口へと戻すということを繰り返します。ラスクを目で追いながら，それにいかにも執心しており，そしてどうやら何ごとか訓戒を垂れるふうにしてそれに頻りにアウ・アウなどと話し掛けているのでした。こうしたことの最中に，ラスクはまだ口のなかに入っていなかったのですが，赤ちゃんは唇をすぼめて，舌をその間から覗かせておりました。この時点で，彼女は

左手をあげて口へと運び，それで舌を摑もうとしていたようであります。

　以上のオリヴィアについての観察記録からわずかながらも，誕生6カ月目の赤ちゃんが内的に葛藤している，その複雑な思いそして関係性のありようについて何らかのアイディアを得ることができるのではなかろうかと思われます。離乳期はすでに始まっていたわけであります。母親はそれをゆっくりと徐々に進めてゆくというふうに心していたわけですし，そして赤ちゃんのほうも，母親との間の繊細で，理解のある関係性といった脈絡ながら，そうした事の変化に懸命に取り組んでいたともいえそうです。
　訪問客が現れたとき，赤ちゃんは母親がキッチンにいなくなったことに気を奪われているふうでありました。そっちのほうに向けて腕を伸ばし，それから膝の上のもう片方の手にそれを戻すといったことをしております。後に彼女は，手に摑んだラスクを，腕を伸ばして彼女から遠ざけ，それからそれを口へと持ってゆく動作をいたしました。こんなふうにして，いかにも母親との距離を目で見積もるふうに，赤ちゃんは〈お母さんイナイ！　お母さんイタ！〉を劇的に再演しているわけであります。その想像力のなかで，それをリハーサルしたりコントロールしたりしているともいえましょう。そんなふうにして彼女は，ひとときの分離，喪失に耐え，そしてきっとまた現れてくれるはずと母親の再現を心待ちにしながら，それに懸命に取り組んでいたともいえましょう。こうした葛藤は子どもが次第に大きくなりますと，いっそうのこと彼らの'遊び'のなかに見られるようになります。つまりさまざまに折り合いの付かない感情を発散させ，それらを'物語'に仕立ててどうにか自分なりに気持ちのうえで落とし前をつけるといったわけであります。
　この時期，赤ちゃんが直面するところの喪失の体験は，まずまず彼女のどうにか辛抱できる範囲内にあったといっていいでしょう。そう考えますと，日頃からニーズに対して示される母親の繊細さに赤ちゃんは信頼を寄せることができていたともいえましょう。J夫人は，赤ちゃんが明らかに不穏なムードになるまでは，自分なりにどうにか気持ちをなだめるのに

任せております。それから頃合(ころあい)を見計らって赤ちゃんを横にして，ラスクが与えられます。それでいくらか落ち着かせることができ，そうして彼女は訪れてきた友人とほんの少し長めにお喋りを続けられたわけであります。母親はわが子を'一人の小さなひと'として信頼しているようであります。赤ちゃん自身が意思をもっているということ，そしてもしも何かしらイヤだと思うことがあれば，気持ちが圧倒されないためにも，それらを吐き出すといったこともできるということを認めているようでもあります。

### 事例：アラン（4カ月目），感情面での育ち

　アランはちょうど生後4カ月目になります。二人の子どものいる家庭で，下のこどもです。彼のお兄ちゃんはようやく2歳になったばかりです。アランは穏やかでハッピーな，ごく普通の暮らしを送っております。母親は2人の子どもの世話をどうにかこなしておりますし，彼らのどちらにも授乳するのを楽しんでおります。アランはまだ母乳を与えられており，それはこの子にとっても母親にとっても双方共に楽しみなことでした。しかし2カ月目頃から，ほんの少し固形物も与えられるようになっております。ここで，そうした彼の成長ぶりについて書き綴られた観察記録をご覧いただきましょう。

　　今日二人ほど親戚筋のお客さんが来られておいででした。母親がちょっと遅めの朝食の準備をしております間，アランは，この時間帯にしては珍しく目覚めておりましたが，それらお客さんの膝の上に代わる代わるに抱っこされて坐っておりました。お兄ちゃんのほうはといえば，辺りをバタバタと走り回って，時折お客さんたちに向けて何やら言葉掛けを発したりしています。
　　そうした日常の決まりごとに邪魔が入ったということもあり，それで沐浴の時間がいつもよりも遅めにずれ込んでしまいました。でもアランは，とても機嫌よくそして人びとにも気を逸(そ)らさずに，すべて事の成り行きを眺めていたわけですが，今や指しゃぶりを始めます。そ

## 第3章　赤ちゃんはようやく生後6カ月になりました

れから彼の目は，ことに母親の姿を追い，注視し続けます。しかし彼はまだ泣きはしません。それから，ふいとそれら二人のおとなの訪問客のほうを見るのを止め，彼らのまなざしを慎重に逸(そ)らすかのように顔をそむけるようすがうかがわれました。

　母親が沐浴のために彼の着ているものを脱がせますと，機嫌よくなって，よく笑い，足をしきりに蹴っておりました。そしてお母さんが彼に話し掛け，頬を彼の頬にこすりつけますとキャキャッと声を立て喜びます。それから沐浴を済ませて，母親は彼をベッドの上に一人横にしたままほんのちょっとの間中座します。彼は2人のご夫人から顔をそむけております。彼女らはそのまま彼を見ておりました。そしてアランは再び指しゃぶりを始め，それからもう一つ別の手を摑んでその甲をも舐(な)めておりました。

　母親がわが子の着衣に再び取り掛かっているとき，彼はなぜか平静さを失いかけます。特にジャンパーを着せられるとき，それが彼の頭の上にかぶさったときです。しかしそのぐずり声は彼女が彼を抱き上げ，そして授乳する態勢になった時に，ぴたりと止みました。彼はすぐさまおっぱいに吸い付き，でも数回ゴクゴクと力強く吸ったあとに，突如吸うのを止めて，なにやら宙を見詰めております。母親がやさしく彼の顔をおっぱいへと向き変えさせます。それから彼はなにやら気乗りしないふうに吸うことを再開しました。だがその1，2分ほどほんのしばらく経って，アランは再び吸うのを止め，それからなんとも胸のつぶれんばかりの猛烈なすすり泣きを始めたのです。一見してどうにも理由がわかりません。母親はなんだろうと頭をひねります。そしてこのことにひどく動揺します。〈こんなことってひどく珍(めずら)しいわ〉とつぶやきます。それから，わが子の真底なにやら悲しげな様子にやさしくあやすような声音(こわね)で頻りに慰めておりました。心配そうにそのシクシクの泣き声に耳を傾けておりましたが，しばらくして彼のその泣き声がどうにかおさまった折に，〈さて，もう片方のおっぱいを飲んでみようか？〉と言って，別のほうのおっぱいを差し出します。すると彼は，それをまだまだ全然気乗りしないといった感じで受け入れ

ます。そして徐々に落ち着いた吸いのリズムを取り戻してはゆきましたものの、やはりこっちのおっぱいもさほど気乗りしないままに終わりとされたのであります。

それからその後に母親の膝に坐り、シリアルを食べさせてもらっております。それをいくらかぼんやりとした、どこか気持ちが遠くに行ってしまっているといったふうに口に入れておりました。母親は、〈普段この子はこれが好きなんだけど……〉と言いながら、熱心に彼の口を開けさせようとします。しかし今日のところはどうにも彼の口はしまりがなく、それら口にしたものの半分ほどがだらだらとこぼれ落ちてしまいます。その後彼は静かに、いくらか物思いに沈んでいるふうな面持ちで、いつものベビー・チェアーに坐っておりました。そして母親がお皿を洗ったり、部屋の片付けをしているのをぼんやりと眺めております。母親は〈いつもと違って、いろんな人が行ったり来たりで、この子ったら、どうやら気持ちが乱(みだ)されたみたいだわね〉と言いました。

この観察されました出来事の描写から、どうやらアランは当初見知らぬお客さんたちに関心を抱き、彼なりに受け入れることができたようなのですが、やがてそれから少し落ち着きがなくなり、そして指しゃぶりに慰めを求めるといったふうに変化してゆく様子がうかがわれます。彼は母親をじっと注視しております。そしてそれら見知らぬ人たちの存在は見ないようにすることで、視界から切り離そうとしているようです。母親に抱っこしてもらうと、彼は機嫌を直して、それから彼女とのやりとりを楽しんだといえましょう。しかし再びほんのちょっとの間にしろ見知らぬ人たちと一緒に置き去りにされたとき、再び落ち着きを失います。どうにも気がそぞろになってゆくわけです。彼らを視界から遠ざけて、そして母親を身近に感じようとするかのように、彼は指しゃぶりやら手の甲を吸うことに気持ちを集中させようとしました。そうすることで、彼自らが自力で乳首の感触やらおっぱいの肌触りを取り戻そうとしていたようにも思われます。

母親が戻ってきたとき、それでアランはいくらか気分がましになり、動

揺した気分をそのまま母親にぶちまけたともいえます。たとえば上着を頭からすっぽりと着せられたときがそうです。赤ちゃんはしばしば嫌がってむずかるということがあるわけですが……。それから，母親が驚いたことには，普段ですと嬉しがるはずの母乳をどうにもアランは受付けないわけです。変に落ち着きがありません。つまりのところ，今や彼は，なんだか無性に気分がいらつく，どうにも進退窮(きわ)まったというふうに，そうした思いをそのまま露(あら)わにすることにしたようであります。母親はそうした彼の悲嘆を察してやり，それで彼に少し折り合いが付くまで時間を与えようとしたのであります。そこで気分転換に別のおっぱいを，別の彼女自身の部分を彼に与えてみたというわけでありましょう。

　それに対して彼は，いかにも考え込むふうでなおも慎重です。いつものようには飛びつきません。まるっきりいささか幻滅を味わされたといったふうであります。そして授乳が終えたあとでも，いつもの母親とのご機嫌のいい語(かた)らいは全然ありませんでした。普段ですと朝食の間に，もしくは食事後も，母親と一緒にそんなふうに語らいを楽しむことがあったわけですが……。なにやら気乗りしないふうな，半分は親しみを残しながら，でもどこか半分敵意をふくんだふうな，それに悲哀感も入り混じったみたいで，そうした彼の感情が母親との密着した関係性を何やら微妙なものにしたようであります。そして彼は極めて明らかに，そうしたことにこころの内で深く思いを凝らしかつ経験していたともいえるのであります。

　お母さん方はご自分の赤ちゃんとの経験から，疑いなくこれに似たよう

なことを，同じような状況で，そして発達段階のこれと同じ時期に，わが子に認めることがおありであろうかと思われます。すなわちここに至って，赤ちゃんは他にもたくさんの人びとの暮らしている世界というものに慣れてゆかねばならない時期をようやく迎えたのであります。またこの時期は彼にとって，母親の注目を競う合うところの'ライバルたち'についての自らの感情にも気づいてゆき，そして母親がかつて思っていたほどには排他的に自分の占有物などではないといった新しい考えにも慣れてゆかねばなりません。そうしたわけで，赤ちゃんは微妙な意味合いでまさに小さいながらも「考える人」にならざるを得ないということになりましょう。

# 第4章　離乳について

離乳の始まり

　母乳で授乳されていた赤ちゃんにとって，離乳開始の時期は普通一年目の後半を過ぎた頃になるかと思われます。その頃には母親のお乳の出が幾分少なくなってまいりますし，赤ちゃんは他のいろんな食べ物を口にしてそれらを味わうことにも慣れてきますし，それで母親から直接もらう栄養に依存していたのをそろそろ断念するこころの用意ができてくるからであります。

　母乳哺育ではなかった子どもにしても，哺乳びんとの関連でいえばこれと似たような経過を過ぎてゆくわけですが，時として哺乳びんにしがみつく傾向は長引くことがありましょう。それは母親に帰属するものではなく，

彼のコントロール下にあるものだからです。いずれにしましても，離乳とは身体的なプロセスであると同様に心理的なプロセスでもあるといっていいでしょう。

　赤ちゃんに母乳を与えていた母親にとって，離乳はその心の奥深くに影響を及ぼすところの変化といえましょう。母乳の授乳は普通お母さんにとって楽しめる経験であります。ごくユニークな親密なありようで赤ちゃんに成長を充たし促す機会を与えるわけですし，赤ちゃんの満足にも充分に同一化できるわけであります。したがって離乳は，どんなに彼女が意識的にそれを導入させる意志があったとしても，やはりある種の'断念する'ことには違いないわけで，子離れに直面することになるのです。それで，ほんの少し'喪'を含むともいえましょう。赤ちゃんにとってと同様に彼女にとっても……。しかし授乳の経験が満足的なものであり，他にもいろんな母子共に楽しめる関わりを排除してこなかったとしたら，必ずしもそれほど難しく考えることは要らないでしょう。

　赤ちゃんの離乳体験とは，その後の人生でわれわれ誰しも遭遇するところの多くの状況の原型（プロトタイプ）と言っていいでしょう。すなわち，そこには別離，断念，変化，発展あるいは新しい活動範囲を暫時拡げてゆくといったことが含まれます。もちろんそれも，まったくのところ初めてとはいえません。すなわち誕生，それこそが最初の別離であったわけですから。慰めと安心に満ちた胎内を諦め，そしてそれが未知なる世界に取って変わられたということ，それはひとえに未知なる成長の可能性へ向けてのことであります。離乳は諦めることを含むものではありますが，しかし前進をしてゆくという見方もできましょう。それまでに赤ちゃんが培ったところの能力を地固めしてゆくなり，さらなる発達を遂げてゆくうえでは必要不可欠なものなのです。


## 離乳はゆっくりと進めてまいりましょう

　離乳は，子どもの生活における他のすべての主要なる進歩および変化にも似て，たとえば，学校に通い始めるといったこともそうですが，喪失に

つきまとういろいろな不安やら恐怖を伴うものであります。ですから，それは可能な限りゆっくりとことを進めていくことが肝心でしょう。そうして子どもにそれについて考えさせるチャンスを与え，1歩1歩それぞれの段階を踏んでゆくことに慣れさせてゆくこと，そしてその都度彼がこころに抱くであろう感情にしても，じっくりと余裕をもって味わうだけの時間をもたせたいと思うのです。もし子どもらがその後もおのれ自身について，そしてその能力についても自信を持って成長していくことを考えますと，決して急がせてはなりませんでしょう。自分というものを知ってゆくこと，なぜこのように自分は振舞うのかを理解できるようになってゆくこと，そして自らが今ここで経験している事柄を充分に咀嚼吸収し味得するのには時間が必要なのです。

　もし経験が予期せぬものであまりにも突然であり，あまりにも圧倒的だとすれば，彼らは事態に対応することができませんし，そしてそれに対して'感覚の遮断'といった処理法を得てして試みることになりましょう。すなわち，一切見ることそして感じることを自分とは関係ないものとして片づけてしまう，つまり'切捨て御免'にするわけであります。われわれ大人だって誰しもが皆，過剰な不安を招く出来事に遭遇した際には，一時的にせよこうした態度に出ることはよくあることです。ですが，もし子どもにおいてそうした点が甚だしく顕著だとしたら，それはその子のパーソナリティの潜在力および感性といったものの質を大きく低下させることになりかねません。そしていずれ後に学校に通うようになってから，'学習困難'が明らかになるといったことが憂慮されましょう。

　いかなる幼い子どもの発達段階においても，われわれがわが子と親密な調和のもとに暮らしているとしますと，われわれ自らの幼少期に遡るところの《感情の記憶（memories in feeling）》が再び活性化しがちであります。メラニー・クラインがそのように名付けたのでありますが，この概念はいかなる感情も記憶に留められ，知らずして心が感情を憶えているといった意味になります。言うなれば，それら感情はわれわれのからだの奥深くに沁み込んでおり，意識以前の心に刻まれているわけです。つまりのところ，幼い頃に反応したこころの動きが無意識に呼び醒まされ，それをそっくり

繰り返す傾向がわれわれにはあるということになります。それで，われわれはわが子にかつてのわれわれとそっくり同じ反応を期待しますし，もしくはわれわれは時としてそれと極端に違った，まったく逆を期待するといったことにもなるわけであります。

　子どもが変化やら別離に遭遇した際に，怒りとか気を動転させるなどの感情を表出させることは重要であります。それで，あなたから見ても，彼が何をどう思っているのかを理解してあげられますし，それで同情をも伝えられるでしょうから，その意味でも役立つわけであります。しかし必ずしもあなたの同情に乗じてあなたを操作せんとする子どもに唯々諾々と屈していいはずもありません。そのやり口があまりに目に余るといったふうにエスカレートさせないためには親としてはかなり慎重を期してゆくことが大事で，そこら辺りは微妙なところです。したがってどのお母さんお父さんにしても子ども各自に応じてそれぞれの対処方法を見つけてゆかねばなりませんでしょう。

　ここで一般的な規範といったものをお話することは意味がなくはないでしょう。たとえば，人は一度にあまりにも多くの変化もしくは刷新というものは欲しないものです。しばしば子どもに，彼がそうしたことに慣れて，それでそれを安心して受け入れられるまでに何回かはそれら新しい物ごとを拒否する機会を与えねばなりませんでしょう。これは，もちろん，赤ちゃんにとっての新しい食べ物にも当て嵌まることであります。固形物を導入すること，そして後には母乳もしくは哺乳びんのミルクの量を減らしてゆくといったことであります。その場合も理想的に申しますと，ごくゆっくりと時間を掛けるのがよろしいでしょう。たとえば，一日のうちにある時間帯における授乳を一回ほど止めてみるといったことです。もしも赤ちゃんがそれでひどく騒ぎ立てたりすれば，その時にそうだというのでなくとも，しかしちょっとその後でそれがそうであるとしたならば，その時にはほんの少しばかり母乳をあげるということをお考えなさるでしょう。そしておそらくちょっと余計目に抱っこしてあげたりしますと，それでたとえおっぱいをもらえなくなったとしてもこの世の終わりではないということを彼に気づかせてあげられるチャンスになるかもしれません。

おっぱいもしくは哺乳びんを諦めさせることは，ますます多様な新しい食べ物を大いに楽しんでゆくことで充分埋め合わせされますでしょう。赤ちゃんはやがておっぱいそしてお乳が必ずしも母親のすべてではないことをいっそう理解することになりますから，それでいくらか赤ちゃんにとって気持ちのうえで楽になるということにもなります。それで，もはやまったくのところお母さんに依存しているわけではないにしろ，今までどおり親密で，しかもより多様に拡がりのある関係性をもつことを学んでゆくわけであります。

もちろんのこと，子どもの心底恐れてるのは，おっぱいがもらえなくなるということが母親の喪失を意味するからであります。ですから，母親はたぶんこれまでにないほど高まる哀れっぽい泣き声やらしがみつきに対応すべく心準備が必要かと思われます。時としては手に余るほどひどく厄介な事態になる場合もありましょう。そして時としては，母親はこんなふうに考えるかもしれません。〈あらまあ，存分に悶え苦しんで，それでさっさと片づいてくれたら助かるわね。いずれ諦めてくれるでしょうから……〉と。それは誤っております。確かに，母乳を与えることが終われば，赤ちゃんを自分の母親とか，もしくは手伝いの誰か，もし居ればの話ですが，その人に預けて，彼女はさっさと数日間夫と一緒に休暇を過ごしにどこかへ出掛けてしまうことだってできるわけです。

でもそれは，離乳後あまりにもすぐにということは賢明とはいえませんでしょう。こうした場合，彼女はどうやら自らの幼児的な離乳期の抑うつ感および喪失感から逃れようと反応しているのはまず確かのように思われます。こうしたことが起これば，当分の間赤ちゃんのニーズに対する彼女の知覚は鈍り，ごく曖昧なものになりかねませんでしょうし，そうすることで彼のなかにも同じく有無も言わせずといったふうな'唐突すぎる否認'，すなわち喪失に対処するのにそこから何かしら学んだり，それを通して成長するといったことが妨げられるような，何らかの心のパターンを永続化させてしまう傾向が生じるかもしれないことが懸念されましょう。

もしかしたらたぶんこうした母親は，ここで断固とした態度をとらなければ，つまり優柔不断であるならば，それに子どもは付け込み，彼女の

上手(うわて)を行って，それでいつまでも断乳させられず，言うなれば生涯彼に縛られてしまうといったふうに感じておいでなのかもしれません。つまりのところ，それというのは本当のところでは，彼のなかにたぶんぼんやりとそれらしきものがないとは言えないにしろ，でも真実のところ彼女自らの内に薄々気づいていなくもない，でもいっかな認めたくないあるもの——'猛烈なしがみつき'——を見ているということになりましょう。それが今にも優勢となり，暴れだすのではないかと恐れて，断固とした処置をとることで，自らとは一線を画しておかねばということであるのかもしれません。

### 事例：L夫人，わが子の離乳へのためらい

　ここで一人の母親の事例をご紹介しましょう。彼女はわが子に母乳哺育をしておりまして，そろそろ終える頃だと思いながら，それがとても難しく感じて，必要以上に伸ばし伸ばしにしておりました。実際のところ，ある意味それは全然子どものためになったとは言えなかったわけであります。

　　L夫人は若い女性で，年齢は30を超えておりません。彼女の生い立ちはどちらというと乱雑で，愛情の乏(とぼ)しい家庭を背景にしております。19歳になる前に彼女よりも数歳年上の男性と結婚しました。その彼は，専門職をめざして研修中の身であったわけです。それから彼女は2人赤ちゃんを儲(もう)けました。男の子と女の子です。次々と……。彼女そしてその夫が落ち着いた家庭を持つ前に，そして彼らがカップルとして互いを充分よく知り合う前に，であります。しかしながら，最初の子どもの誕生に従い，その後このカップルはどうにか多くの情緒的なすったもんだをくぐり抜け，互いについてよりましな理解に至り，それでもう一人子どもを儲けることにしたようであります。この最初の2人については事前に計画してではありません。赤ちゃんがひどく欲しいといった願望よりむしろたまたま性交の副産物でしかなかったわけです。

けれども，三番目のトミーの場合は違います。L夫人は赤ちゃんの誕生をひどく心待ちにしておりました。2人の上の子どもたちは今や8歳と9歳になっております。そして彼女としては子育ての手も離れて，ようやく秩序だった生活を営めるほどになっていたわけです。小さな男の子，トミーが生まれたとき，彼女は母乳を与えました。それは上の子どもたちにはしておりません。そして彼ら二人とも，その幼い頃には乳母車のなかに一日のうちの大部分放置されていたわけであります。それに比べますと，トミーは母親にいつでもどこへでもくっ付いて回っており，たいそう溺愛されていたといえます。それはあたかも彼をとおして，彼女の以前の，情味に乏しい，手抜きの育児を，さらにはかつての彼女自身のほったらかしにされていた子ども時代を‘償（つぐな）う’ことを欲していたかのようであります。

　このことは，トミーにいつおっぱいを諦めさせるかが問題になったときに，ことに顕著となりました。彼はおっぱいをいつも欲しいときもらえるということになっておりまして，授乳の規則的なパターンというのはついぞ定まったことがなかったのです。もし彼が騒ぐと，母親は彼に「ちょっとおやつ」と彼女が呼んだところのおっぱいをすぐに与えることをしていたわけです。子どもに飴（あめ）をしゃぶらせるのに似た感じでありまして，それで彼は2歳半ばを過ぎた頃になっても，その「ちょっとおやつ」を要求することを続けたわけです。その当時にはもはや母親のおっぱいからお乳が出ていたともいえなかったわけですが……。夫もそして上の子どもたちすらも時折これについて母親を諫（いさ）めることをしたわけです。子どもたちは，どこそこの弟やら妹らはもうずうっと前におっぱいなんて吸っていないよということを指摘します。彼らが幼児的な嫉妬心を刺激されていたのは確かでしょう。しかし赤ちゃんが成長してゆくことを思えば，おっぱいにしがみつかせておくのはよろしくないといった分別はあったもののようです。

　トミーを離乳させることの困難は，L夫人自らの‘子離れする’ことの難しさと関係しているかのようにうかがわれます。あたかも，彼のなかに，彼女自身の昔かまってもらえなかった‘幼子の部分’のみ

ならず，またもしも彼女が〈もうダメよ〉とでも言おうものなら，そしてどんな意味でも彼の欲求に応えないということなら，永久的に恨みを心に抱き，決して母親を許してくれない，そんな幼子を彼のなかに見ていたようなのであります。上の息子がある日彼女に言ったように，〈まるで母さんはトミーを恐れているみたいに思うんだよね〉というわけであります。トミーは2歳児になって，ますます要求がましくなりました。母親の生活はますます制限されることになってまいります。なぜなら彼女が彼を一緒に連れて友人宅にお茶をしに出掛けたとしますと，そこで彼はごねて，〈ぼくのおっぱい！〉と要求するからです。彼が大きくなるにつれて，彼女はお乳を与えることにどこか罪悪感を抱くようになってまいりました。トミーが万能感を募らせ，同時にいつまでもおっぱいを自分の勝手気儘に消費できることでむしろ疚しさを募らせていることを，どうやら無意識裏に薄々感じるに至ったわけです。彼女は友人らに気兼ねもし，自分が批判されていないかと神経質になっておりましたが，自ら感ずるところにすでに批判が含まれてもいたわけであります。

　彼女の夫は，こうした状況を苦にしながらも，どうするのが正しいのかの判断に迷い，それでやがて掛かり付けの主治医に相談してみてはどうだろうかと妻を説得したのです。この主治医は，幸運なことに，同情的かつ賢明な方でありました。それで，彼女を面と向かって批判するということはいたしませんでした。それはむしろ反抗を挑発することになったでしょうから……。それで彼女がトミーに厳しく躾することができず，そしてもしもおっぱいをあげなかったらわが子は自分に対して刃向かうようになるのではといった恐れにも共感しながら話を聴いてあげたわけです。この医師は，彼女が赤ちゃん——もちろん，もうこの時期にはよちよち歩きの幼児であったわけですが——に対して真実思い遣る気持ちがあるのを認めてやり，でもそれはそれとして，彼女もすでに承知しているとおり，子育てというのは幾分か欲求不満なしには済ませられないものなのだということを指摘しました。このようにして彼は，彼女に‘子離れ’を促したことになります。それで

この'処方箋'どおりに，主治医と話をしたその後の数週間において，彼女はどうにか実践を試みたわけであります。その結果は，すぐに欲しいものをもらえないということで，トミーは一度ならずカンシャクを起こさずには済まなかったわけですが……。ところがその週に引き続き，彼女は彼との間により穏やかな関係性をもつに至りました。彼はもはやそれほどごねることもしがみつくこともなくなり，母親に連れられてよそのお宅を訪ねたときなどは，自分と同じ年齢の子どもたちと一緒に遊べるようになっていったのです。

たぶんわれわれの社会において普通ですと，母親がわが子を乳離れさせるのにこれほど手こずるのも珍しいかと思われます。しかし一般的に申しまして，われわれにべったり依存している赤ちゃんを追々に'親離れ'させてゆかねばならないということになりますと，その困難は，母親としてわれわれほとんど誰しもが折々に感じるといってよろしいでしょう。

これは実に多くの場合，われわれ自身のなかでまだ同化されていない，そして意識されていない'赤ちゃん的要求'に関連していることがあります。そうしたものは，われわれ自身の過去において赤ちゃんとしてのニーズが真実充たされなかった，つまり何らかの'剝奪(はくだつ)'から派生されていることがあったりいたします。それはある程度Ｌ夫人については言えることのようであります。

Ｌ夫人は，赤ちゃんを２歳になった頃もまだその折々におっぱいを与え続けておりました。それは，彼の中の万能感的な，かつ幼児的部分の執拗な断固たる要求を満足させるものであったでしょう。つまりのところ，変化を欲しないのでありまして，永遠に母親がまさに彼の言いなりになり，それでずうっと世話をしてくれるはずといったことを信じていたいわけなのであります。

事実，彼自身はそのより現実的な部分の発達，つまり正しい選択をするうえで実際的なサポートを必要としていたわけですが，それを母親は阻(はば)んでいたともいえましょう。彼は，おっぱいをある種の'ダミー(おしゃぶり)'として利用することを諦める必要がありました。そして事実，精一

杯持てる力を結集して外側へと気持ちを向け，他との交流にも大いに興味を抱くこと，たとえば他の子どもたちと一緒に遊ぶといったことが求められていたわけであります。

　母親に過度にしがみつき離れようとしない子どもは，実際に彼女を必要としている程度を越えておりますと，どこかしら自分が母親をひどく損(そこ)なっている，だから彼女はそのことで内心自分に腹を立てているにちがいないといったことを感じるようであります。そもそも子どもは，自らの内側にどれほどの力が備わっていて，どういう状況なら何とか耐えられる，だから大丈夫と自分に言い聞かせるだけの現実的な分別も余裕も持ちませんので，それも手伝って，母親がいつか性根尽き果て(しょうこん)，怒りのあまり彼を置き去りにしていなくなるのではないかと無闇に怯(おび)えるようになることがあります。こうした恐怖が動機づけにもなって，彼はさらにもっと烈しくしがみつくことになりましょう。つまり悪循環になるわけでして，それでそれを断ち切るためには外部からの援助がほんの少し必要といったことになります。L夫人の事例はまさにそれだったように思われます。

# 第5章　子どもがよちよち歩き始めた頃

### 子どもに従順を教えるということ

　あなたの赤ちゃんは，歩き始める前にもすでにあなたに〈イヤ！〉ということを，言葉でないとしても，動作で示すときが結構あるかと思われます。赤ちゃんで最初に発する言葉が〈イヤ！〉というのはよく耳にすることであります。彼らはそれを言えるようになる必要があるのですし，時としてそれは尊重されねばならないといっていいでしょう。何よりもそれは，彼ら自らがその瞬間において感じるところの何らかの外的な力，敵対的な侵入から身を守らねばならないといった彼らの切迫したニーズの表現なのですから……。

　でもあなたは，それを違ったふうに捉えておいでかもしれません。たとえば，食卓でホウレンソウを，もしくは他のどんなものでも与えられたら，それをイヤだの何だのとあれこれ文句をいわずに食べるのがまったくのと

ころ赤ちゃんのためではないかといった具合に……。それで時として彼の〈イヤ！〉を無視してかかるとすれば，あなたはわが子を過度に従順な子にするか（それでいつか彼が力を貯えたあかつきには爆発して反撃してくることもありましょう），もしくは過度に頑固な子にしてしまって，その場合は，いざ言われたとおりにするのがほんとうに重要だというときに全然当てにならないといった困ったことになりかねないでしょうが，いずれにしてもそれらどちらかということになるやもしれません。

　われわれの言うことに素直に従うには，子どもはまずわれわれを信頼することを学ばなくてはなりません。時としてはなぜこれをしなくてはいけないと命じられ，なぜこれをしてはいけないと禁じられるのかさっぱり分からないということがありましょうが，でもわれわれの命じることの背景にはそれなりの根拠がありそうだということが徐々に会得（えとく）されてゆくといえましょう。後になって，彼はそれらがなぜなのかという点で親たちに議論を吹っかけてくるかもしませんし，それで彼の言い分が正しいということすらありましょう。考えてみますと，われわれは，わが子がいつか青年期に至り，それで物事を深く熟考し，そして疑問を持つようにもなり，やがてその後には'自分というものをしっかり保有している'，そんな一人前の大人になって欲しいと望まなかったでしょうか？　つまり，たとえわれわれが自分のことをそこそこ悪くないと自負していたとしても，わが子をわれわれの'レプリカ（複製）'にしたいとは思っていなかったはずです。

　われわれは小さな子どもたちに，何をして！とか何をしちゃだめ！とか言わなくてはならないことがあまりにも多いわけです。それは彼らの安全のためでもあり，もしくは彼らにとってそれが必要な導きだからということもありましょう。〈ほらほら，早く！　お食事よ……おもちゃを片付けて……さあ，ベッドに入るのよ……ジョニーにボールを返しなさい……道路を渡りましょうね。ちゃんと私と手を繋（つな）いでね〉といった具合に……。でありますから，われわれは彼らに不必要で余計なことまでも付け加えることは止（よ）しましょう。お母さんはただの壊れたレコードみたいに，同じことを繰り返しがなり立ててるといったふうに思われないためにも……。そ

うしますと，当然ながら子どもだって耳を塞いでしまうことになりかねませんし，それで何を言われてもこころに留めることはないでしょうから……。

## 禁止するということ

　われわれが子どものすることを禁じたり，もしくは〈いけない子ね〉と叱ったりするとき，ちょっと間を置いて，本当に彼がしていることは悪い（いけない）ことなのか，もしくは彼自らにとってあるいは他の誰かにとっても害をもたらすものなのかどうか，しばし考えてみるのがよろしいでしょう。

　子どもが指しゃぶりをしていたり，もしくは性器を手でもてあそぶといったことをしている場合にそれを止め立てすることは本当にどんな意味があるといえるのでしょうか。これらの行為のどちらも決してそれ自身悪いことであったり，有害といった意味などは全然ないわけです。しかしそれがあまりにもしつこく繰り返されている場合には，おそらく何らかの不安感をあらわすサインといえましょう。それでわれわれ自身に不安を喚起させるわけであります。そういうことですと，われわれが，もし彼のそうした行為を止めさせようとするのは，実のところわれわれを悩ますのを止めさせようとしていることになりましょう。実際のところでは，われわれは彼に〈それを止めなさい！　でないと，ママの気持ちが落ち着かないから……〉とか，もしくは〈それをしてるのを見ると，ママは腹立たしく思うから……〉などは言わないでしょう。むしろその言外にある微妙な含みは，陰険な脅かし，もしくは恐喝めいた何かとして子どものこころに沁み込むことになりましょう。

　ここで問題になるのは，われわれが親として'悪いことをする'子どもに向かって，自分などはそんなことは金輪際無縁だといったふうに誇示し，決してあり得ないほどの絵空事ふうな'完璧'といった高い基準を子どもに課すことです。両親は，幼い子どもたちとともに密着して暮らしているおかげで，彼ら自身の児童期に緊密に結びついているわけでして，そして

否応もなしに未解決な児童期の情緒が甚(はなは)だしく活性化されるということがあるわけなのです。それで時として両親の反応が不合理であるといったことなどは，第三者の立場ですと，ごく容易に見て取れることがありましょう。もしもわれわれが両親としていつも厳格すぎるのでなければ，時には子どもに対してフェアーでなかったり，焦(あせ)りすぎたり，辻褄(つじつま)が合わなかったり，ということもあることを認めることができましょうし，また時として後で内省し，次回にはもう少しましに振舞うように気をつけるといったことになるかと思われます。おのれの中の'不適切さ'を認め，それをもしもあなたの結婚パートナーと分かち合えるとしたら，そうしたことはとても慰めであり，支えにもなるかと思われます。

しばしばわれわれは，到達しようもない完璧さに対するおのれ自身の要求によってあまりにも縛られていて，それで深く悩まされている場合には，それらをわが子へとそっくり手渡してしまう傾向にあります。つまりのところ，われわれはそうすべきと思っていながらも，でもほんとうのところ自分だってそんなことはとても叶(かな)えられないといった無理難題を子どもに押し付ける，そうしたことはよくあるわけです。

## 子どもが自分でやれることはさせてあげましょう

われわれは，この段階で，わが子が自分で自分のことをやりたがり，それで懸命に格闘しているようすを傍らで眺めながら焦(じ)れずにいられるためには，ほんの少しだけ余計に辛抱が要ることでしょう。ともかくも彼がそうしたいと思うことなら何でも自分でやらせてみる，そうしたチャンスがまずは与えられるということが最も肝心なわけです。もしわれわれがなんとかそうしたことに耐えられるとしたら，双方の'意志のぶつかりあい'はどうにか避けられるというのがポイントであります。

これは，たとえば食べ物などについて起こりがちであります。もしも彼が自分で食べるということを言い張るとして，それでそのままにさせておりましたら，食べ物を口へ持ってゆく代わりにそれで遊び始め，しかもそれを手でグジャグジャにあちこち塗りたくったりしたら，親としてはとて

も目も当てられません。しかしそれでさっさと片付けてしまって，彼の汚れた手や顔をきれいにしてやる前に，少しだけでもそうしたことをさせてあげる時間があってもよろしいわけです。もしもわれわれが感情をイラつかせて，わが子がそのように食べ物を粗末にして取り散らかすことに対して下手に反応しますと，そもそも食べ物とは母親に密接に関連づけて考えられるものでありますから，食べ物を拒んだりもしくはグジャグジャにしたりすることが，まさに母親そのものを攻撃したり拒否することにもなり，そのように子どもに経験されるとしたら，それはちょっと問題かと思われます。こうしたことは，子どもにとっては少しばかり'アンビヴァレンス（両価的感情）'を表出する手段なのです。それも，いつか将来もっとどうにかコントロールできるようになる前にそれらを表現するチャンスが必要とされるわけであります。ですから，わが子に〈だらだらと食べ物と遊んでないで，さっさと食べなさい……〉といったふうに強要することは，憤りもしくは依怙地さをもたらすものでしかありませんし，そのどっちつかずの，またどっちでもあるような両価的感情を自分なりに始末をつけてゆくうえで何ら役に立つとはいえませんでしょう。

　子どもは這い這いできたり，立っちができてあちこち動き回れようになってまいりますが，それはまさに'自立'が樹立されてゆく過程での画期的な出来事であります。彼はわれわれが目の前を行ったり来たりしているのを目で追うことができますし，以前ですとただ眺めているだけで満足していたものを今度はその対象に直接手で触るといったことで好奇心を満足させることができます。そして明らかに彼が好奇心に任せてあちこちと動き回りますから，危険から身をまもってあげなくてはなりません。それでどんどんわが子から目が離せなくなります。まずは部屋のなかを前もって整頓しておきましょう。そうすれば，その自立した探索をあれもダメこれもダメとしばしば押し留めることで，子どもを欲求不満に陥らせることもなくて済みますでしょう。

## 排泄のしつけについて

　この歩き始めの時期において'いい子'と呼ばれるのは，意識的にしろ無意識的にしろ，清潔であることとしばしば同等視されることになります。すなわち'排泄物'を内にこらえておくということ，そしてそれからきちんとした場所，つまりトイレでそれらを片付けられるということであります。

　排泄のしつけについては，今日ではわれわれのほとんどは，子どもが歩き始めるまでは厳しくしないのが一番いいということで同意されているかと思われます。もしもあなたの辛抱をそれまで持ちこたえられるとしたらではありますが……。母親のなかにはこうしたことにとても難色を示される方がおられます。その理由としてよく耳にするのは，もしも赤ちゃんがもっと早めに'おまる'に坐らせられるとしたら，おむつも節約できるし，手間も省けるといったものです。しかし，もし1，2カ月の間赤ちゃんの便通に素早く合わせて，その都度おまるで対応できたとしても，あなたは彼を訓練したことにはなりませんでしょう。ただ彼の便通に差し当たり何らかのリズムがあるということを察して，どうにか先手を打つということでしかなく，そうしたリズムにしても遅かれ早かれ食事習慣が変わるにつれて変化するのは明らかなことなのです。

　赤ちゃんの汚れたおむつ，ウンチやら食後に排出されるものについて，もしもわれわれがひどく不安感を覚えるとしますと，彼のなかに注ぎ込むものについての無意識的な不安感にしばしば密着して関係づけられているせいなのであります。もしも，それについてこころの深層で大いに拘泥しているとしますと，われわれはそれをできるだけ素早くさっさと片づけてしまいたいと思うでしょう。つまりのところ，それは「罪悪感を引き起こす証拠物」といったわけです。母親は，赤ちゃんのからだのなかに注ぎ込むものについてもう少し確かな感情を抱けるようになったとき，赤ちゃんの排泄物についての妙な囚われ方は減ってまいりますし，それでもっと実際的に事も無げに後始末することができるようになります。

　ロバートの母親は，わが子が3週間目になったとき，授乳をしている間

にも膝の上に彼を抱えながら'おまる'の上に坐らせることをしておりました。しかし2，3週間後，彼女はもうそんな手間を掛けるのも面倒と止めてしまい，そして彼が15カ月目になった頃までは'おまる'のことは放って置いたわけであります。彼が18カ月目になったとき，日中時にはお漏らしのないままで過ごせるようになり，そしてその6カ月後ぐらいになりますと，大概のところ夜も昼もおむつなしでお漏らししなくなってまいりました。

　赤ちゃんがおむつの要らなくなるようになるというのは，基本的に決して急がすことのできることではありません。もし赤ちゃんが本当に準備のできてるとはいえない時点でそれを強要するとしたら——その準備ができているというのは，すなわち彼が快く協力してくれて，それでごく自然な成り行きでそうしたいと思うということでありますが——その場合，それで彼の気を大いに煩わせることを思えば支払う代償があまりにも大き過ぎるといえましょうし，そうするだけの価値はないものと思われます。つまり無駄な骨折りといっていいでしょう。

　普通ですと子どもは，少なくとも2歳の半ば頃にならないと，排泄のしつけに協調を示すといった積極的なステップを踏むこころの準備はないと考えられます。そして赤ちゃんのなかには随分と手間取る子どもがいます。うまく行くこともあれば，しくじったり，それもたまたまそうしてしまったということもあれば，わざとやったりとさまざまであります。中にはどうしても言われたとおりに'おまる'に排泄するのをひどく嫌がる子どもがいます。それはまさに母親の命令には抗うところの彼らなりの秘密の手段なのです。彼らは言うなれば，〈ぼくのウンチはぼくのだ。だからぼくの好きなようにしたいもん……。だからぼくが気の済むかぎり，ぼくのものにしておくんだもん……〉といったふうにどうやら感じているようであります。

　もしもあなたがこうした排泄のしつけの点でわが子に強要することを始めますと，互いに双方の意志がぶつかり合うことになりましょう。たとえば，食べ物の点でも，子どもが拒んだり，もしくは自分で好きなときに気儘に食べるといったことであれば，しょっちゅうぶつかり合うことは避

けられないのにも似て……。子どもの気持ちから推して考えてみますと，自分のからだのなかから出てくるものを自分でコントロールすることができると感じられることは大事なわけです。それで，もしそれを欲するならば出さないということだってあってもいいわけで，そして時としてはわざとしくじりをやってみせたりといったことも，それで事態がそれほど惨憺たることにならないとしたら，それでもいいじゃないかと，そんなふうに感じることがあってもよろしいでしょう。しかしながらちゃんと自分の排泄物を正しい場所つまりトイレに片付けるまでは漏らさずに内にこらえていられることができるようになれば，お母さんは喜んでくれるといったことをわが子に分からせてあげること，それは事実まさにその通りであるわけですし，それを彼が承知してくれるとしたら，大いに結構なことと言ってよろしいでしょう。

## 子どもは自分の排泄物についてどう思うのか

子どもにとって，おのれのからだから排出されるものとはありとあらゆる万能感的なパワーの備わったものであります。ぞっとするほど凄まじくも恐ろしいものであり，そしてまた極度に理想化されてもいるわけです。それらは，おのれの心身両面において滞った過剰な刺激物を取り除く，彼にとっては主要なる身体的手段の一つであるといっていいでしょう。実際のところお腹の痛みといったものはひどくいやな気分を伴います。それでゲップとか，おならとか，ウンチとかオシッコを排出することで，それらいずれをも取り除こうとするのでありまして，時にはそれがうまく行くわけであります。安堵，そしていい気分といったもの，それはこのようにして生じるといえましょう。それは母親の共感および承認，〈賢かったわねえ〉といった言葉掛けにはっきりと示されるわけですが。彼が有している万能感的な感情をさらに盛り上がらせることになりましょう。それは，この世界において自分がひどく無力に過ぎないといった感情に対しての防衛の一つと言ってよろしいでしょう。

当初彼は無力であったわけです。しかし自分が依存している事実に気づ

いておりません。彼の最初の'思考'，もしくは経験の解釈というものは'魔術的'であります。ただ願うだけで慰めとなる母親の存在がすぐ傍らに来るものと思っておりますし，同じように苦痛やら厄介な感情も彼のお尻やら口から排出させることで取り除かれるものと思っているのです。

　そしてごく緩やかに，彼は現実に目覚めてゆくわけです。決して世界をコントロールしているわけではないということ，母親に依存しているということ，それもその母親というのは自らとはまったく別個の存在であり，それ自身の心を持つ存在でもあることにやがて気づくことを余儀なくさせられてゆくわけです。そして，自らの依存性を認めるうえでも，もしもその依存するところの母親が信頼に値し，理解してくれて，愛情をかけてくれるとしたら，そしてまだ幼子としてそしてまだ小さな児童としても，彼女を信じ安心して身を寄せていられるとしたら，何も恐がることもありませんし，心丈夫でいられるわけです。

　そうであっても，子どもにとっておのれの依存性を気づかされることは，どうにも万能感そして自尊感情を痛く傷つけられるものといえましょう。われわれはそうしたことを大人になってからも少なからず経験するわけでありますが，しかしそれは幼児期にすでに始まっているのであります。母親および父親の子育てにおいて肝心要といえることは，わが子がこうした依存性に気づくことであまりにも苦痛を覚えずにすむように護ってあげることであります。もし親御さんに思いやり，そして信頼性が備わっているとしたら，子どもは空想に浸ったり，それで欲望のままに駆り立てられる代わりに，物事をありのままに学ぶということにやがて直面してゆくでしょうし，その意味でも適切な状況は保証してあげねばなりません。親たちを信頼することで，子どもは徐々におのれ自身に精通してゆくでしょうし，やがては自分を取り巻く世界のなかでおのれの占める位置というものをも知ってゆくのであります。つまりそれも親たちと一緒に協調しながらであって，強制的に屈服させられてということでは決してありません。

　子どもは，どの段階にしても，自分のからだの内側のことが今一つ不得要領なわけで，それにまつわるおのれの感情にどうにか対処してゆけるようになるには時間が掛かります。やがてその時が来ればそれ相応に，括約

筋はコントロールすることを欲するようになり，そしてからだがそうしたことを難なくできるようになれば，それに喜びが加わります。それは，彼が自分でやれたということを感じることのできる何かであります。でもそれはあなたと一緒にその協力を得てどうにかできてゆくことなのです。たとえば'おまる'を使うといったことなどもそうですし……。そうでなければ，いつどこでウンチをするか，オシッコをするか，自分で思いどおりに決める自由を母親に奪われたというふうに感じるでしょう。であれば，子どもの身になってみますと，自分自身の排泄物に対してコントロールする責任が自らに与えられているということにはならないわけです。

　もちろんのこと，4歳，5歳を過ぎてもしょっちゅうオシッコとかウンチのお漏らしをする子どもはおります。そしてそれがずうっと長引くようでしたら，何がどう問題なのかを見極めるうえで専門的な援助を求めることが要るでしょう。特に身体的な異常・原因が見当たらない場合，それがそうであるのは稀なのですが，あなたの子どもとの，それから彼自身を取り巻く周りの人々との関係性において，整理し片付けなくてはならない何かがあるということになります。それで子どもがサイコセラピイ（心理療法）を受けるということが一番いい場合もありましょうが，あるいはあなたが援助を受けて，それでことの次第をよりいっそう明確に見定めることができたあとで，事態を満足的に対処できてゆくこともあり得るかと思われます。

　もちろんのこと，排泄のしつけがうまく行っていたとしても，途中でうまく行かなくなることが起こります。心に動揺を来したときとか，なんらかの危機的状況に遭遇したときであります。たとえば，新しい赤ちゃんが誕生したといった事態において，こうしたことが起こるのは全然珍しいことではありません。それらは実に，普段ですとより適切なありようで抱えられる，もしくは表出できる能力の域を超えた不安感もしくは敵意といったものにさしあたりどうやらその子どもが圧倒されているといったサインなのであります。あなたにしてみれば，ようやく上の子がこれで手が離れたと安心していたときに，二人分の汚れたおむつを洗濯しなくてはならないとしたら閉口してしまうでしょう。しかしながら，結局のところ，ま

あカッカしても始まりませんので，のんびりと構えて，そして子どものなかにある，ちょっと'おとな的な自分'を励ましてあげると問題をこじらせずに済むでしょう。彼を厳しく叱りつけても，それで再び彼を'服従'へと駆り立てることもできるかも知れませんが，そうはならないかもしれませんわけで……。確かなことはそれだと，彼の恨みの感情，つまり赤ちゃんに許されていることが自分には許されないからと恨みを募らせるといったことになりましょう。ですから，むしろ子どもに協力を求めるというのはいかがでしょう。それだと，いかにも自分が大人扱いされたといったふうで満更でもないでしょうから……。

しかしこの最後に申し上げましたことにはいくらか修正が必要であります。もしもあなたの子どもが，お母さんはぼくがウンチを漏らさないでいられるかどうかなど全然関心を払っていないと感じているとしたら，全然役に立たないわけです。そうした場合には，他のことでもそうなのですが，実際的でメリハリのある対応が問われましょう。ほんの少しがっちりと油断なく気を引き締めて掛からねばなりませんし，時には適宜わが子を大いに励ましてあげることも必要であろうかと思われます。


## 子どもの睡眠障害について

もしわれわれが時としてよく眠れないといったことがあり，それでよくよく考えますと，どうやら日中に持ち上がったところの心配事とか未解決な問題が何かしら心のうちにわだかまっているらしいということに辛うじて気づかされるわけであります。こうしたこころの内でうまく咀嚼されないところの経験のいくつかが，ひどく厭な夢とか悪夢といったものの'素材'であるといえましょう。

われわれは大概，就寝時の'儀式'とでもいっていいような決まりごとをもっております。それはこころをどうにか居心地よく落ち着かせ，そして日中の未解決な心配事を心の内から払いのけるためであります。そうしたことをいちいち意識していないとしても……。

もしあまり心が急いていなければ，われわれはおそらく大概のところ本

能的に，幼い子どもたちにも，できるだけくつろがせ不安をなだめるためにも何らかの'儀式'を考えてあげていることでしょう。それで彼らが目を閉じるときには，瞼(まぶた)のうらに自分が慰められかつ護(まも)ってもらえてるといった記憶の残像があるといった具合に……。

小さな赤ちゃんにとっても，授乳後にそしてベッドに運ばれて横にされる前に，愛撫されるやら抱っこされてあやされるということはどうにか気分を落ち着かせ，それで眠りへと導かれることが容易になるかと思われます。子どもが歩き始める頃になりますと，絵本の読み聞かせをしてもらうこともあるかも知れません。小さな幼児たちは，母親がわが子を主人公に，日中にあった何らかの出来事を反復するかたちで小噺(こばなし)をつくって聞かせてあげますととても喜ぶものです。それが何かしら明日を待ち望む気分にさせてくれるわけであります。

幼い幼児たちの多くがひとしきり眠ることを恐がり，そして悪夢に怯(おび)えることがあります。ハムレットはそれを'夜驚(やきょう)'と呼んでおりますが，罪悪感に絶えず付き纏われ，その良心の呵責(かしゃく)ゆえに，こころを煩(わずら)わせる人は誰しもそうしたことがあるわけでして，それを劇中（『ハムレット』第3幕・第1場）で，彼は次のようにその懊悩(おうのう)する心のうちを独白しております。

　　　〈死は眠り……ならばいっそのこと……だが眠れば，夢も見よう。それが厄介至極(やっかいしごく)なのよ……〉。

確かに，ひどい惨憺(さんたん)たる悪夢は，極めて非現実的で，懲罰的で，そして報復的な類いの'良心の呵責'なるものの産物としてみることができましょう。

眠りを恐れ，夜を，暗闇を恐れるのは，'分離不安'の一種といえます。子どもは，彼にとってごく馴染(なじ)みのある日常的な世界から切り離されることを恐れるのです。彼の両親，それも特には母親ですが，そうした一緒にいることが安全と感じられる誰かから切り離されることが怖(こわ)いのです。そして馴染みの無い，未知で不可解な暗闇の世界に捕えられることが恐いの

です。そこに誰が誰やらはっきりと定かではなく，ただおぼろげにしかその姿を捉えられないとしても，想像ではとんでもなく恐ろしい何か，魑魅魍魎のやからがいて，自分を'捕らえにやってくる'といったふうに思われるわけです。

時として歩き始めの頃の子どもは，どんな夢を見たのかをあなたに語ることがありますでしょう。でも時としては夢を見てもそれを憶えていなかったり，もしくはもう少し年齢が上の大きな子どもたちほどには明確にそれをどう話したらいいものか分からないといったこともありましょう。

ここで，夢を語れる年齢になった子どもの見る悪夢といったものの一例をご紹介いたしましょう。

### 事例：マリオン(5歳)の悪夢，その謎解き

マリオンは5歳で，何にでも'自説'を主張するタイプで，ちょっと'おませさん'なのであります。学校で読み書きを教えられておりまして，字を読むことができるようになることに非常に野心的でした。それで自宅でも母親の助けを借りようとしました。学校では，彼女は「音声表記法（発音どおりの綴りにしたもの）」を教えられておりました。その入門書をテキストにしておさらいしていたとき，'カーゴ（cargo）'という単語が出てきたわけです。それで母親が辛抱強く説明をしてあげたのにかかわらず，その単語は'K-カーゴ'と読むんだということを彼女はしつこく主張してやみません。

さて就寝の時間になり，彼女はなおも興奮を引き摺っており，立腹したままで床に入ったわけなのですが，それから突如夜中に目覚めてかなきり声をあげます。何ごとかと父親が駆けつけ，彼女を慰めますと，彼女は，ママがどっか遠くにいなくなっちゃったということ，そして角の生えた，トナカイのような巨大な動物が窓際に寄ってきて，ひどく脅すような声音で〈ほら，ワタシは'K-カーゴ'だ。おまえをとっつかまえに来たんだぞ〉と言った，と頻りに訴えたのです。

つまりのこと，マリオンの夢の中で'いつものママ'は遠くにいなくな

り，そして悪夢的な存在（すなわち彼女自らの母親への敵対感情の産物！）にすり替わってしまったということになります。それもあれこれ指図をされたことで彼女は母親にひどく腹を立てていたということがあったからですが。子どもの悪夢には，怪物的で，報復的な人物が登場します。それはまだ子どものこころのうちで充分に咀嚼吸収されずにいる敵意とか，歪曲された恰好の‘報復的な両親’が盛り込まれているのです。こうした人物は，神話とかおとぎ話などに芸術的に表現され登場することがあります。たとえば，ローマ神話に登場する‘わが子を食らうサトゥルヌス’，イギリス民話『ジャックと豆の木』のなかの‘人食い鬼（オーガ）’，それにグリム童話の『ヘンゼルとグレーテル』のなかの‘魔女’といったところです。

　時折，子どもがあなたにどんな夢を見たかを報告するのを聞いても，大して恐いもののように聞えないといったことがあります。マリオンが4歳のときですが，ある晩に両親の寝室にやってきて，とてもイヤーな夢を見た，怖いと訴えます。その夢とは，彼女がキッチンにいますと，小鳥が飛んできて，そして彼女のほうをジッと見たのです。それで彼女はまるで金縛りになったみたいに身を竦ませます。それから彼女はその小鳥に向かって，自分がその日とてもいい子だったという話をいたします。ママのお手伝いをして，じゃがいもの皮むきもちゃんとしたんだといったことです。しかし小鳥はちっとも彼女の言い分には耳を傾けてくれそうにありません。それで彼女は感極まってかなきり声を張り上げ，それでついに夢から覚めてしまったというわけです。これなどは全然恐ろしい夢のようには聞えません。そしてなぜこの小鳥がそんなにも彼女にとって‘恐ろしげなシロモノ’となったのか，なぜ夢の中で彼女は，その怖いものの象徴としてあえて小鳥を選んだのかということについていくらかアイディアを得るためには彼女の生活の実態についてもっと知らねばなりませんでしょう。彼女に〈閉じ込めるぞ〉と脅すところの，ぞっとするような道義上の咎め立てをする人物といった何かであるようであります。そしてそれに対して彼女は，〈自分だってママにちゃんといい子にしてあげたんだから……〉といったふうに宥めんとする作戦で相手を懐柔しようとしているわけであります。

マリオンの母親は当時，なにかしらよろしくないことを彼女がしでかしたのを突き止めた場合，たとえば雇いのお手伝いさんから，母親が不在な折にマリオンがした振る舞いについて苦情を聞いたりしますと，〈あのね，小鳥さんがママにこんなことを言ってたわよ。マリオンがこんな，こんなんだって……〉と娘に言う癖があったのです。ここから，小鳥というものがそもそも何であったのかというヒントをいくらか私たちに告げてくれるでしょう。しかし事実をいっそう確かめ，きっちり理解を深めるためには，当時のマリオンのなかにいかなる無意識的連想および関連づけられる何があったのかということをもっと知らねばなりません。これらは普通，どんなに本人に尋ねても，あるいはどんなにあれこれ綿密に検証しようとしても到底充分に調べ尽くされることではありません。しかし分析する必要はないのですし，子どもの夢をこまかくあれこれほじくりだして分かろうとする必要もないのです。彼らが困っていて，それでちょっと余分に慰めやら安心づけを必要としているということを理解し，その気持ちに寄り添わせていればいいわけです。それこそが肝心なことなのですから……。

## もしも睡眠障害が長引いた場合

睡眠障害，それから食事のトラブルのいずれも，幼い子どもたちにはごく普通に起こります。そして時にはそれらどちらもが並行してあるということがありましょう。それらが明らかに長引いている気配があれば，もしかしたら何らかの身体的な異常を抱えているのかもしれない疑いがありますから，ぜひ主治医にご相談なさるのがよろしいでしょう。

しかしながら，ちょっと時間を置いて考えてみるのもいいでしょう。あなたがひどく疲れ果てて，ひどく神経過敏になっていたりしていないかどうか，それでそのことが子どもの問題を引き摺ることになっていないかどうか，もしそうだとしたら次のこと，つまりあなたのために，また子どものためにも事態を緩和する手立てを何かしら考えてみるのはいかがでしょう。長いこと睡眠を妨げられることほど気の休まらない，うっとうしいことはありません。そしてもしもそれが長引いてゆくとしたら，事態はこの

まま変わるどころか，ずうっと永続してゆくのではないかと焦りを感じ始めるでありましょう。

そのような事態に陥っていた，母親と小さな男の子について次にお話いたしましょう。これは，ファミリー・ドクター（家庭医）が両親揃って児童サイコセラピストに相談を受けるようにと助言しまして，それでその後目覚ましい変化があった事例であります。

### 事例：ジミー（22カ月），睡眠が浅くて過活動ぎみの男児

ジミーの母親のＳ夫人がまったくのところ万策尽きたと感じたのは，息子が22カ月目になった頃でありました。第一子は女の子でしたが，そのお姉ちゃんとも違い，彼はいつも落ち着きのない子どもでした。それはもう出産前ですらそうだったとのことです。まったくの赤ちゃんのときから，彼の食欲は大変なもので，ゴクゴク貪るように吸い尽くすといった感じであり，ところが授乳を終えた途端に泣くわけなのでした。眠りのほうは，昼でも夜でも1時間か2時間ほどしか持ちません。最初の数週間に相談を受けた小児科医がおっしゃるには，これほど深刻な「3カ月疝痛（コリック）」の事例はかつて経験したことがないということだったそうです。不運にも，そうしたトラブルは3カ月が過ぎてもおさまりそうにありませんでした。

彼は，健康な赤ちゃんであったといえます。よく食べますし，そして活発すぎるほどによく動きますし……。発育は順調で，普通の子どもよりも這い這いはどちらかというとやや早めでしたし，やがて歩行もできるようになりました。このことはいっそう問題をこじらせてゆきました。なぜなら彼はしょっちゅうあちこちどこへでも勝手にうろつきますので，母親にしてみれば，彼の姿が見えなくなることがひどく心配だったからです。彼女は第一子の子育てのときのように，実家の母親の手助けを当てにすることができませんでした。というのは，もはやお祖母ちゃんにはすばやく動き回る孫のジミーの後を追いかけていなくてはならないのには体力的にもはや限界だったからです。何度か彼が夜に泣き喚いた折，頑として耳を閉

じて聞くまいと試みましたところ，でもそうすると彼は大暴れして頭をベビーベッドにガンガン叩きつけるのです。母親としては彼がどこか損傷を負いはしないかと気を揉んで，ベッドから抜け出て，彼のもとへ行き，宥めるのに哺乳びんを与えるということをせざるを得なかったわけです。彼の誕生以来，夜に夫とともに気晴らしの外出など問題外で，一晩でもぐっすりと熟睡できたことがなかったのです。このことで真底腹立たしく思っていたのは明らかであり，でもそんなふうに怒っている自分に対してもひどく罪悪感を覚えていたわけであります。

　母親がこれまでの経緯をサイコセラピストに語っていたとき，ジミーは部屋のなかを猛烈な勢いで走り回っておりました。周りで何が起きていても'一顧だにせず'といったふうで，誰にも話し掛けることはありません。母親は彼を見遣ってちょっと悲しげなふうに言います。〈いつもメチャメチャに気持ちが急いていて，それで心ここにあらずというわけで，それだから誰にも関心を向けることもできませんし，転んで傷ついたとしても全然気にも止めませんの。実際そうしたことは極めて頻繁に起こるわけなのですが……。〉彼女は，わが息子が決して落ち着いて抱っこされていることがないという事実に触れ，嘆いてみせました。それは彼の誕生後ずうっとそうだったとのことです。それからまた，これまでずうっと何が問題なのかと考えてきたのですが，もしかして話ができないということではないか，それで自分の思っていることを表現できないせいで欲求不満になっているのではないかと考えたということを語ります。彼女は，彼に何とか気持ちが通じさせようとしても'気持ちが全然通じない'と日頃から思っていたわけです。

　夫のS氏は，妻がジミーについてのこれまでの生育歴についてかいつまんであれこれ話するのに耳を傾けておりました。彼は，それらが回想されるうえで，記憶を掘り起こす手伝いもしました。明らかに彼女に同情的であります。彼女がどれほどの難儀を抱えていたのかということ，どれほど彼女がほとほとくたびれ果て消耗しきっているのかということを新たに悟ったようであります。彼はいかにもすまなさそうに，これまでもっと手を貸してやって，ジミーの世話をする妻を楽にしてあげられたらよかったの

だけど、でも日中普通に勤務をこなしながら、その上に晩にも仕事をしていて、それは将来'庭付きの家'を購入するためで、それができたら家族皆がどんなに自由で解放されるかと楽しみにしており、その頭金を払うため金を貯めるためであることをちょっと言い訳めいたふうに語りました。唯一妻にとって息抜きになったと思えたのは、彼らが週末に皆でクリケット見物に行ったときのことだったようです。芝生に座りながら、他の奥さん方とお喋（しゃべ）りができましたし、そこには周りに他にも大勢の人がいましたから、ジミーがうろつき回って遠くへ行ってしまっても誰かが連れ戻してくれたわけです。

　こうして彼らは、チャイルド・サイコセラピストとかなりゆったりした話し合いの時間を過ごし、特にこれといった解決策を提示されることもなしに一回目の面談を終えたわけです。しかしそこで、ジミーをこの際少しじっくりと観察し、それで彼にとって何があれば気分が落ち着くのか、慰められるのかを見てご覧になられたらどうか、それでもしそれがあれば寝床に就くまえに幾分か彼の気持ちを落ち着かせてあげられるかもしれないといったことが示唆されておりました。ここに至って、彼らにとって何よりも検討を要したのはＳ夫人にもっと息抜きが与えられるべきということであり、それはクリケット場に出掛けるといったことでもよろしいわけですが、とにかく何らかの実際的な企（くわだ）てを考えることへと駆り立てられていったのであります。

　この３週間後に戻ってきた折、どんな成り行きになっているのか経過報告がなされました。彼らはすっかり趣（おもむ）きが違ってきておりました。Ｓ夫人は、〈お蔭さますごく安心しましたし、大いに励まされました……〉ということを語ります。そしてジミー自身はというと、彼はまったく'別の子ども'になっておりました。ずっと穏やかで落ち着いてましたし、人に親しみを表すこともできるようになってましたし、実際に語りかけを自分のほうからもするようにもなっていたのです。

　両親は、どうやら明らかに最初のクリニック訪問の後でじっくりと相談し合ったようであります。慎重にジミーの好きなこと、そして嫌いなことを考えてみたわけです。そしてふと思い出したのですが、最近赤ちゃん

の従妹が遊びにきた折のこと，ジミーはその子が横たわっていた'揺りかご'にひどく魅了されたということがありました。ここで父親の直感がモノを言います。ジミーのためにキッチンにブランコを作ってあげるのはどうかという話になったのです。母親は食事を与えたあとに彼をそこにお座りさせてあげて，やさしく前後に揺らしてあげました。それから直に彼もとても素早く自分でブランコを漕ぐことを覚えまして，そんなふうにそこにずっとおとなしく留まっているようになったのです。こんなふうに毎回食事の後のほとんど45分間程度は……。

　母親の語りますに，どうやらブランコは彼の気分をとても鎮静化し穏やかにするようでありました。こうして日中に，彼女にもちょっと座ってひと息つくだけの余裕が与えられたことになります。それから夕方にもちょっとブランコすると，ベッドへ連れて行かれて寝かせつけられることがスムーズになってまいりました。彼は彼女を傍らにしばらく横にさせておき，それから15分ぐらいたつと寝入ってしまうのです。彼は夜の間に目覚めることがまだありましたが，眠りに戻るということが容易にできるようになってまいりました。実際のところこれまで二晩ほどぐっすり朝方まで目覚めることなく眠っております。〈完璧というわけではまだないんですの，決して……〉と言いながら，母親は微笑を浮かべて，〈だけど，どうやらこれがもうずうっと続いてゆくわけではないと知ればなんとか我慢もできますわ。とにかくこれまでと違ってきたといえることは，今や私はわが子と気持ちが通じ合えるってことなんですの……〉とおっしゃいました。

　希望と励ましを与えられ，それでひとたびわれわれが当面の頭悩ますところの状況から身を引いて少し冷静に見ることができるとしますと，事態を微妙なところで緩和し収拾してゆけそうな何らかの対策がふと思い浮かぶといったことはあるわけです。

　この事例もそうですが，あたかも両親は彼らの苦悩をチャイルド・サイコセラピストに'通じさせられた'と感じ，それで改めて物事を見直すことができたようであります。

　この機会に，ジミーにもたらされた新たな注目が彼を刺激し，それで自分のほうからも進んで語りかけができて，自己表出も言葉を使ってできる

ようになったようにうかがわれます。このことは，子育てのうえで実に語るに値する，重要なことに思われます。多くの観察例からしてもそうですが，子どもは，自らの願いやら考えを表出するために「言葉を学んでゆく」ことを，もしもそれらが誰かに理解してもらえるといった希望があればこそ，励まされかつ価値ありと見なすものなのです。そうしたことがここで例証されているといえましょう。

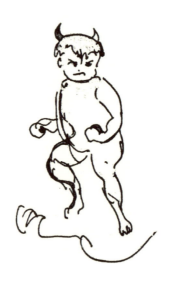

# 第6章　成長を励ますこと

子どもをそれ固有のものとして育(はぐく)んでまいりましょう

　すでに子どもの誕生の1年目から，その後の児童期そして青年期をとおして何度となくわれわれは，それぞれ違った状況に直面しながら自問自答をし始めることになります。すなわち，どの程度子どもに欲求不満やら不安感に彼自ら立ち向かわせ，耐えさせるのがいいのか，そしてどのようなときにわれわれは介入し，わが子を庇(かば)い，代わって責任を担(にな)うべきなのかといったことであります。

　われわれは成長してゆく子どもに，自分が何をどこまでやれる能力が備わっているのかを試(ため)すチャンスを与える必要がありましょう。そうしたことを彼自らが試みるに当たって，母親，父親，もしくは誰か世話してくれ

るひとと一緒にいて，本当に必要なときは手助けを得られるといった状況で安心してやれるとしたら，それは彼にしてみれば，自分がいろいろと学んで力を付けてもいるし，大きくもなり逞(たくま)しくもなっているというふうに感じられるチャンスになりましょう。

　でも，われわれには常に彼にそうした'実験'を試みさせる時間的余裕があるとは限りません。そしてしばしばのことですが，わが子の代わりにさっさとしてあげるほうがはるかに手早く片付けられるであろうときに，あえて彼に試行錯誤をやらせておくといった辛抱がありません。たとえば，1歳の子どもの口に食べ物を押し込んでやるほうが，彼自身が自分で食べるのに任せておくよりもずっと手っ取り早く事を済ませられるわけですし，またあなたの3歳の子どもがきついボタンを自分ではずそうとして躍起になってるときなどは代わってあなたがやってあげてしまえば，当然ながら手間は省けるわけです。疑いなく，急を要するときなどは，どんなにわが子が自分でそうしたいと言い張っても，あえてあなたが代わりにしてあげなくてはならない場合もありましょう。

　しかしながら，子どもたちを必要以上に早く！早く！と急(せ)かせることは避けるのがよろしいでしょう。それぞれに子どもはそれなりのペースで歩んでゆくしかありませんわけで，それを超えてただ急(せ)かされてるとしたら，おそらく不当な不安感を引き起こすものと考えられます。この場合の'不当な不安感'とは何を意味するでしょうか？　それが苛烈でありすぎる場合ですと，どうやらそれを回避せんとするように思われます。つまり，そうした不安が惹起されるような障碍とか欲求不満に真正面から取り組むことから背を向けてしまうわけです。そうしますと，彼の視界に制限を与えることになり，そして苦痛をもたらす衝動なりおのれ自身の何らかの心的領域を，あえて自らのこころにおいて'経験する'ことから切り離して無視してしまうことになりましょう。つまりは，「否認」です。

　あまりにもプレッシャーを掛けられるとき，そうした手段に頼ることになり，それで人々やら対象物，それに一般的に生きているものとのかかわりすべてを制限するやらあえて断ち切るといったことをしがちな子どもがおります。すなわちこうした手段は，周りの世界を認知し感じ取るとい

った能力の統合にしくじらせ、もしくは積極的にそれを支離滅裂にしてしまうことになりかねません。もしそうした防衛機制が過剰に働くとしたら、結果的に自閉的に見えたり、防衛的だったり、もしくは分かりが鈍かったり、無感動だったり、もしくは白昼夢に浸っていて、そのまま土壺に嵌っているといったふうに見えるかも知れません。われわれは誰しも程度の差はあれ、こうした手段に頼ることがあります。たとえ一時的にせよ、あまりにも生きることが耐え難いと思われて、それで逃避したいといったときなどには……。それらが発達を損なう限りにおいて、深刻に捉える必要性が生まれることになります。

　プレッシャーを感じますと、実際に身に備わった能力を超えて不自然なほどに‘大人そっくりさん’をやる子どもたちがおります。そうした場合、いかにも淑女然としていい子ぶりっこして澄ましこんだり、あるいはいかにも紳士然として押し出しもよく、誰が見ても立派で、両親をも大いに喜ばすといったことになりましょう。これらの子どもたちは、自らを大人の内なる‘親的役割’に投影させているといっていいでしょう。その鋭い観察眼が自らを彼らにそっくり似せて、そんなふうに‘大人ぶる’ことが難なくできるわけであります。このようにして、人生上の経験やら技量の点ではまだまだ狭いともいえる段階において、つまりその実年齢に相応しい‘子どもらしさ’をとおして、‘自分らしさ’というものをじっくり学んでゆくことはむしろ痛みを伴うとして、それらを回避せんとしていることになります。つまり‘子どもらしさ’も‘自分らしさ’も犠牲にされているといったことになりましょう。

　時として彼らは、このようにして彼ら自身の過剰なる野心そして競争心をとおして早熟といったふうな、あえて大人っぽく振る舞うことへと駆り立てられるのであります。彼らは、大人もしくは年上の子どもらが持っているところのよりたくさんの楽しみやら特典といったものを羨ましがっているのです。このようにして彼らはせっかくの‘子どもである’ことの楽しみを逃してしまっているといえましょう。しかしわれわれ親もまた、わが子に実際その時に彼らのものであるところの発達段階を充分に経験させてあげるといった時間を許容しないとしたら、こうした状況へとつい彼ら

を追い込んでしまうということになりましょう。

　子どもは，とても早い時期から自分が何ができて何ができないか，それらを他の誰か，たとえばお隣のロビンソンとこのアニーと比べられているといったことに気づき始めます。それで，もしもわが子のほうが断然優勢ということになれば，母親もしくは父親が勝利感を顔に浮かべることをも察知するわけであります。

　それからまた，母親あるいは父親が親としてわが子に責任を引き受けることに不安なり不確かな気分を抱いていて，それで彼が早々に大きくなってくれて自分の世話を自分でできるようになることを欲しているといったことも子どもは敏感に察知し感じるわけであります。それでもしも可能ならば，彼はしばしばそうした親の願いを入れて，親を喜ばすためにもそうすることでしょう。しかしそれは，発達の基本的な基盤となる安定性がいくらか犠牲にされるといえましょう。たとえば植物にしても，もしもあまりにも性急にその成長を強いられるとしたら，いじけて伸びなくなり，いかにもひ弱でひょろひょろしたものになる傾向がありますが，それにも似ているといってよろしいでしょう。

　幼い子どもがもっともっと早く大人にならなきゃと発奮するとしたら，それも彼にそれができればの話ですが，新しい赤ちゃん（弟妹）の誕生に遭遇するといった出来事をきっかけにしてということがあるかと思われます（第7章参照）。


## 制限をもうけること

　どんな子どもにしても，それぞれどういう発達段階にあるのかを理解したうえで，それにわれわれの判断基準なり期待感などを合わせることが重要でありましょう。そしてプレッシャーを与えて心身ともに疲労困憊させるようなことがあってはなりませんので，子どもがどうにかやり抜くことができる以上のことを強いるのはぜひとも控えたいと思うわけです。

　われわれは，子どものうちにわれわれ自身のある側面，つまり我慢できないものを喚起させられますと，どうやら過剰に容赦ない態度に出る傾き

があります。つまりのところ，それといいますのは，われわれが充分に吟味し，そして修正してわれわれ自身のパーソナリティのなかにうまく統合させてゆくことができずにいる何かなのであります。そうしますと子どもに対してわれわれの傾向としましては，まずは抑え込もうとするでしょう。表立った厳格さで，もしくはそれとも違って暗黙のうちに……。たとえば，〈われわれはそうしたことはしないもんだ……〉といった態度を取られれば，それは子どもにとってはとても逆らうことの難しいものであります。

　子どもはおのれの望ましくない，攻撃的感情をコントロールすることを学ぶためには，まずそれらがどういうものかを経験し，直接的に〈なるほど，それはこういうことなのか……！〉と実感できるチャンスが与えられなければなりません。そうであればこそ，おのれ自身の持てる力量を見積もることも可能となり，そしておのれ自身の内に何らかの才覚を見出し，それでどうにかうまく手綱を引き締めて，もしそれが可能ならばですが，良き目的のためにそれらを有効的に活用できるようになるといってもよろしいかと思われます。

　あまりにもいい子過ぎる子どもですと，お母さんがいつでも何でもうまく片付けてくれて，わが子には従順でお行儀のいい子であることを期待するといった場合ですが，彼が学校に行き始めたとき，それが極めて不利になるということが起こり得ます。'いじめっ子'を恐がり，自分で彼らに刃向かえず，全然対峙することができません。もしくは彼自らの了解されていない，もしくは未だ実践されていない攻撃的衝動を彼らに向けて正しく行使できずに，ただ怯えて恐がってしまうわけなのです。まったくのところ，いつもいつもいじめられるしかないような，'いじめられっ子常習癖'になることでしょう。これは，脅したり威張り散らすといった'いじめっ子'のなかに，おのれのまだ理解されない，うまく抱えられていない，加虐的（サディスティック）な部分を'身代わり的に'満足させる，そうした一つの方策にもなっているからだと言えなくもありません。

　幼い子どもの人生のどの段階においても，自分が誰かに何らかの損傷を与えた場合には，それを償うことに向けて少しでも自分で何かしてみるといったことに価値があるとわきまえることは重要です。子どもは時として

ただ性懲りなしにモノを壊すやら，もしくは誰彼との間でも関係性をぶち壊しにすることをしてしまうわけですが，それというのは，自分には何一ついいことなどできっこないといった，まったくの絶望からくることがあります。われわれにしても，これ以上何ら進歩する希望がないと悲観に浸り込んでおりますときには，いっそのこと何もしたくなんかないと思うわけで，それでもっとましな良き衝動すらも放棄してしまうことになりましょう。つまりそういうことなのです。

しかしながら時としては，抑制されない衝動に負けてついエスカレートしますと，それで結局のところ怯えたり，もしくは圧倒されるといった感情に至るといったこともありましょう。そうした場合には，親たちあるいは周りの大人の誰かがいれば，厳しくそうした状況をコントロールし，止めに入るなり，もしくは事態がひどく悪化してゆくようなことがあれば，それが次には起こらぬよう未然に阻止するといったふうに実力行使することが重要であります。もしも事態が子どもにとってコントロールするにはあまりにも手に余ると見なした場合に介入するのは，大人としてのわれわれの責任でもあるわけです。

## 厳格であること，そして甘やかすこと

親というのはたとえ夫婦であっても，それぞれの子どもに対して，まったくのところ同じように振舞うとは限りません。さらにいえば，われわれは誰しも皆，終始一貫しているということもないでしょう。なぜならわれわれは機械ではないのですから。もしもそうした違いが深刻でなければ，それも関係性に面白味を加えるところの'冒険'の類いといってよろしいかと思われます。

極端から極端でありますが，まずはいわゆる世間でいうところの'校長先生'の定評に従い，子どもたちは'かくあるべし'といった教育方針でもって育てられねばならないと信じている親御さんがおられます。すなわち，頑健でなくてはとか，行儀がよくなくてはとか，そして自己コントロールができなくてはとか，それも子どもが歩き始める前からであります。

その対極には，生活がすべて子ども中心といった親御さんがおられます。まったくの溺愛，もしくは彼らの言うところの〈子どもの満足はすべて充たさなくてはならない〉というもので，そしてどんなことでも自ら思ったとおりを自由に口にすることが許されてこそ'完全な人間'はつくられるといったことを信じてもいるわけであります。

　子どもにとって最も苦悩を強いられるのは，おそらくそれぞれの親がこうした極端のそれぞれいずれか片方にあるといった場合です。そうしますと，子どもはまったくのところ混乱してしまいますし，自分がどう振舞うよう期待されているのか知りようがないわけであります。その一方で，むしろこうした状況をこれ幸いとして，ことある毎に親に乗じるすべを心得ていて，つまり'無作法'といった類いになりましょうが，両親をうまく操縦し，互いを張り合わせるといったこともやりかねませんでしょう。

　子どもにとって，それまでできなかった何か悪戯をやってみるのは愉快なことなのです。たとえば，もしも庭の木陰に隠れていて，お母さんが気づかなければ，お昼寝しなくてもいいことになるでしょうし，それからもしもパパが帰宅したら駆け寄ってゆき，それで彼にお菓子をねだるとして，もしもママが〈もう駄目よ。お菓子は充分もう食べたのだから……〉と言う前にまんまとせしめてしまうことができたら，それは'お手柄'というわけなのです。これらのトリックは，子どもなりの'駆け引き'といえましょう。人々をどんなふうに扱えばいいのか，彼らをどんなふうに出し抜くかを学ぶのであります。それは時としてあなたたち親にしてみたところで，頭のいい策略家，小さな'政治家'なるところのわが子に裏をかかれたということを知った時，思わず愉快を覚えるといったこともありましょう。

　しかし，こうしたことがただのゲームであるのか，それとも実際のところ深刻な問題をはらんでいないかどうか，見分けが重要であります。親であるあなたは，子どもの性格および安全面においても害があると承知しながら，つい操作されるがままになってはいないかどうか，自らに問わねばなりませんでしょう。

　こうしたことは，両親の間での差異が深刻で，話し合うことでもその溝

が埋まらないといった場合によく起こりがちであります。もちろん，時として両親が互いにもはや反(そ)りが合わないとしても，結婚生活に幻滅を覚えているとしても，それでもなお，互いにどのようにして子どもたちを育てるべきかについてある程度同意を得て，子どもたちのニーズに充分配慮し，彼らの世話を怠(おこた)らないといったことはおそらくあるとも思われますが。

### 事例：マーガレッタ(3歳)，甘やかされ睡眠障害になった女児

マーガレッタはとても愛らしい3歳児です。専門職にある両親の一人っ子であります。彼らの結婚はいくらか他の人たちに比べると晩婚といえましょう。どうやらそれぞれにキャリアを達成して，ようやく充分な貯(たくわ)えもできて生活の不安がなくなったときに，彼らは結婚したのです。

わが子の誕生はひどく待ち望まれました。母親は仕事を諦めます。それはマーガレッタに'ありったけすべてを注ぎ込む'ためでありました。まさにそのように彼女は形容しております。出産はごく順調でしたし，マーガレッタは健(すこ)やかな赤ちゃんでした。母親はおっぱいで授乳するようには勧められませんでしたし，でも彼女は最初から哺乳びんの吸い付きがよく，速(すみ)やかに育ってゆきました。でも最初の頃から，そんなふうに両親は語っておりますが，マーガレットは落ち着きがなく，過剰によく動き，夜は寝つきが悪く，昼はほとんど眠らない子どもでありました。母親はお手伝いさんを雇(やと)っておりましたし，晩にはしばしば夫の手助けを得ることもあり，それでマーガレッタの要求がましさにはそれほど疲労困憊(ひろうこんぱい)することもなく，気を滅(めい)入らせるといったこともなく過ぎてゆきました。彼女はとても'おませさん'で，しっかりと周りを観察する赤ちゃんでありましたし，やがて際立って魅力的かつ社交的で人見知りせず誰に対してもよく反応する，よちよち歩きの子どもに育ってゆきました。家庭内ではもちろん，親戚が集まったところでもまったくのところ'注目の的'であるだけではなく，両親の交際している子どものいない友人らのサークルにおいてもそうでありました。

しかし彼女の睡眠は，その後まったく改善はなく，注目を得ようと頻り

に要求することが日増しに募る一方で，家庭内に充分に人手はあるにはあったのですが，それでも誰もがへとへとに疲れてしまったのであります。その彼女が３歳になったとき，いつまでも必死に眠りに抗(あらが)って眠ろうといたしません。そしてしばしば悪夢にうなされるということがあり，そうした折に彼女を起こそうとしてもなかなか目覚めようといたしません。動物が彼女を食べてしまうやら，お母さんがいなくなるといった夢を見ていたようなのです。彼女がこうした夢を見たとき，目を開けてもしばらく５分もしくは10分ほどは母親も父親もまるで認知できないふうで，ようやく親たちも事態の深刻さを察知してゆきました。

やがて，彼らのホーム・ドクターが両親に，児童精神科医に相談するのがいいのではと示唆いたしました。

こうしてマーガレッタの両親は，二人お揃いでクリニックに来所なさったわけです。いくらか過剰に不安げで，それでも動機づけは充分にあるといったふうで，とても愛すべき人々といった印象でした。何度も繰り返し彼らの小さな娘がどんなにか日中ハッピーであるかということを強調なさいました。遊びも活発ですし，それに母親の手助けも忙しく，実際母親が家事をするすべてを自分もやりたがるとのことでした。母親が語ったのは，仕事を諦めたので彼女には充分な時間があるということ，それで彼女も夫もマーガレッタを最優先にしているということ，それで彼らは実際のところ娘が誕生して以来夜の外出はまったくのところ控えているといったことであります。しかも彼女がおっしゃるところでは，喜んでそれに甘んじているとのことでした。彼女は子どもがずうっと欲しかったのですし，そしてマーガレッタはとても愛らしい赤ちゃんであり，どこをどう見ても健(すこ)やかなのです。だからなぜこんなふうに睡眠障害といったことが起こるのかまるっきり理解できないといったことでありました。

こうして彼女の両親は，クリニックでの定期的な面談に通うことを始めてまいります。彼らの家庭状況に新たな光を当ててみようということで，それが何かしら援助になればといったことなのでした。それからマーガレッタのほうは，チャイルド・サイコセラピストと一緒に「治療セッション」を受けることになりました。このセラピイの時間中は，好きなように

自由に遊んだり，また自らを表現するといったことが許されたわけでありますが，そこで意図されましたことは，マーガレッタが真に恐れているものが何かを理解し，またそれを彼女にも理解できるように援助してゆくことでありました。

　この治療セッション中で伝えられたことといいますのは，彼女が真実どんな思い込みを抱いていたかということでして，それというのはつまりこうしたことです。すなわち，日中には彼女は美しいお人形さんのような女の子であり，ほんとうに小さな王女さまなのです。しかし夜になりますと，彼女は小さな一匹の‘豚’となり，独りぼっちで，見捨てられているといったふうに感じるということなのです。日中チヤホヤされてお愛想やら褒め言葉やらに取り巻かれているといった，小さな王女さまを気取っていればいるほど，夜になると自分は薄汚い，貪欲な小さな豚でしかないといった思いが募り，それでやがては見捨てられ，懲罰をも与えられることを恐れるわけであります。つまりのところ，彼女はそうした‘悪循環’にあったということになります。

　徐々にやがて彼女は，おのれ自身のなかの‘意地汚い貪欲な部分’に直面し，コントロールできるようになることが援助されてまいりました。それまでのところ，日々の中で両親にとって‘厄介の種’を撒き散らしながら，つまりそのようにして自分の手に余ることを彼らにぜんぶ押し付けていたわけですから，どんなにどう彼らに慰められたとしても彼女にしてみれば決して気が休まらなかったわけなのです。そしてやがてこの頃には，彼女の両親は，自分たちがいかに娘を理想化し溺愛していたかということ，そしてそれがどんなにか娘の虚栄心および自惚れを煽ることになっていたのかについて，いくらか洞察を得てまいりました。それこそが，彼女の実際の成長することの意欲を，そして分相応の居場所に落ち着くことを学び，そして他の人々とも分かち合うといったことを妨げていたわけなのであります。そのようにしてそもそもの動機を把握できたことで，どうにか彼らは娘にいくらか自信をつけさせてあげられるように援助できていったのであります。

## 罰を与えること

　私はここで‘罰を与える’ということを，犯された違反に対して，苦痛，あるいは欲求不満，あるいは何らかの不自由を忍ばせるといった文字通り‘懲罰’であり，またそれらが再び繰り返されることのないように防ぐための措置としての‘規律’でもあるとして規定したいと思います。

　私としては，罰することは規律とも違って，必ずしも子育てにあって当然とは思いません。ただ何らかの‘罰’というものは，折りに触れ，どんな親御さんにしてもわが子に対して与えざるを得ないことがあることは認めるといたしましても……。でもそれは冷え切ったこころでもって与えてはいけませんし，子どものためだからと正当化するのもいけませんでしょう。それは極めて心無いことでしょうから……。

　時として何度言っても聞き分けの無い子どもに対していらいらさせられてとか，もしくは猫やら歩き始めの幼い子どもを上の子どものいじめから救うために，つい平手うちをしたり叩いたりしてしまったなどということの全然無いお母さんというのもごく少ないかと思われます。時折そんなふうに平手打ちされたり叩かれたりしたら，それはおそらく子どもにしても，ちょっとやり過ぎたといったことを意味し，その‘体罰’を真っ当なことと捉えられるかとも思われます。それで頬が痛いやら，もしくは感情面において傷ついたとしても，しばらくはそのままにさせておいて，おそらく何故親にそうした行為を誘発してしまったのかといったことを沈思させておくのがよろしいでしょう。でももしも，いつでも何かといえば叩かれるといったことに慣れっこになってしまっているとしたら，何故に叩かれたのかいちいち事の真相を解き明かす心の余裕を持つことは期待できるとは思えません。むしろただ当惑しあるいは気を動転させるばかりで，それで親との間にトラブルを起こすことに慣れっこになってしまうといったことになりましょう。

　子どもが悪さをして，それがあまりにもやり過ぎたときなどは，親に時たま‘体罰’を与えられるということなら，それは了解できるかと思われます。たとえ彼がほんとうのところ罪ある当事者ではないとしても，他

の誰かが挑発し、そのせいで乗せられて責めを負わされた場合であっても、どうにか自分の非を認め、それで罰を与えられることにも辛うじて甘受することだってありましょう。また子どもにとって、われわれの忍耐が無尽蔵ではないといったことを悟る(さと)ることは教訓的で、ためになるとすら言っていいでしょう。親であってもわれわれにもまた、権利はあるわけですから……。それはそうだとしても、もしそれが教訓となり得るとしたら、これら一時的な'体罰'は、身体的な、またはそれとも違ういかようなものであっても、われわれの側がまずは愛情深く、保護的であり、そして安心を保証してあげられているといった日頃の関係性の範囲内で、時たま例外的に起こるといった条件があえて必要かと思われます。

## 子どもの恐怖心および良心について

幼い子どもが体験する、最も原始的でおぞましい'良心'なるものは、悪夢のなかで執拗に追い回してくる尋常ならざるパワーをもった何かとして表象されることがあります。そこに登場する何らかの報復的な人物には、その子ども自身がもっとも猛々(たけだけ)しく残忍な一瞬において、その凄(すさ)まじい敵意を向けたところの対象に行使するであろうことが空想されており、それがまさにそのまま彼の身に降りかかるといったわけなのであります。それは基本的には、人間というよりももっと原始的な何かであります。それとは察知されていないにしろ'親的な人物'といっていいでしょう。大概のところ彼自身の把握していない、抱えきれずにいるところの'攻撃的衝動'の投影によって捏造(ねつぞう)されたものであります。そこに悪い行為を懲らしめるための意図があるにせよ、実際になされた攻撃には見合わない程に破壊的で徹底的に相手を叩き潰(つぶ)すといったふうに、極めて冷酷非情ともなりかねません。

バージニアという、2歳9カ月目の女の子がいました。可愛らしく、おとなしい女の子で、他の子どもらと遊ぶことにはあまり慣れていませんでした。そしてある小さな保育グループで何日か午前中を過ごすことにしたのであります。そこでは彼女は先生にぴったりと引っ付いて離れようとは

しません。その保育者はバージニアがいかにも無垢で，謎めいた青い眼とカールのある金髪でしたから，特別この子を贔屓にして可愛がったともいえます。最初の数日間，他の4，5人の子どもたちに話し掛けることはしませんでした。そして特に一人の小さな男の子でマシューという子を避けておりました。その子は他の子を乱暴に小突いたり，とても騒々しい子どもだからです。彼女は母親にいかにももっともらしく，マシューについてどんなふうに彼が悪い子なのかということを語りました。〈あのね，チェリルの鉛筆を取ったのよ。それにジョンの鉛筆も，それからジュディの鉛筆も。それからね，私の鉛筆も取ったの……〉と。〈まあ，それでバージニア，あなたはどうしたわけ？〉と，母親が尋ねます。すると，〈あのね，私ね，焚き木にその子を投げ込んでやったわ。それで彼のからだの下に紙を敷いたわけ。そしてマッチで火をつけてやったわけ。するとね，丸焼けになっちゃって，もう真っ黒に焦げちゃったわけ。それで消えてしまっちゃったの！〉と，この天使のような女の子は，物凄い残忍さを露わにして言い放ったということでした。事実というのは，保育園ではマシューに抵抗することなど全然で，まったく指一本あげることすらできなかったのですが……。

　バージニアは，当時夜にベッドでお漏らしをすることがありました。マッチをひどく恐がっていて，でも極めて強烈にそれに魅せられていたともいえる，そんな女の子なのでありました。彼女は他の同年齢の子どもたちに対してはとても恥ずかしがって打ち解けず，どこかよそよそしかったのですが，大人でお母さん的な人物にはしばらくの間ならば充分に友好的で，かつお行儀もよく，なつくこともあったわけです。彼女の母親は優しく愛情の深い人で，あたたかな印象でしたが，でもどちらかというと心配性でもありまして，幼いわが娘にいい子であることを過剰に期待しすぎる向きがありました。

　バージニアは，他の子らの鉛筆を奪うような'欲張りのマシュー'に空想のなかで自分がしたこと，すなわち彼を焼き殺したという話を母親に語っておりますが。しかし実のところ，彼女は自分では'火'をとても怖がっていたわけです。実際にマッチをすって火傷したりなどということは

決してなかったのですけれども……。火というのは彼女にとってあまりにも恐ろしいものなのでした。なぜならその破壊的な特質が，彼女のなかに隠しもっていた'猛々しさ'を表しており，それが密かに彼女を脅かしたというわけであります。そしてそれはあまりにも恐ろしすぎて，それでたとえ正当防衛であっても，そうした攻撃性を表出することなど思いも寄らなかったわけです。しかし，夜のお漏らしでその熱い尿のなかにそれらは'排泄'されていた，どうやらそうしたもようです。

そういうわけで，彼女がマシューに科した恐るべき運命は，もし彼女がいい子でなければと恐れたところの運命であり，それはマッチの恐怖に連想づけられているのがお分かりいただけますでしょう。

これはある意味，子どもの自身のパーソナリティの最も原始的で，比較的修正されずにいる攻撃的衝動を恐れることから派生する，'原始的な良心'の一つと想定されます。すなわち「懲罰的な良心」であります。地獄の炎，旧約聖書の審きの神，それにチャールズ・キングズリー著のおとぎ話『水の子どもたち』(訳註)のなかの《'シタトオリシカエス'大妖精》であります。それは，折々に幼い子どもらが犬やら猫，ばかでかい騒音，そして怖い夢などに不可解なほどに苦しめられるといったふうに，多かれ少なかれ'不合理な恐怖'として体験されるものであります。

これらの恐怖，この復讐心に満ちた'報復的な良心'は，子どもが，安全かつ愛情のそなわった関係性のなかで抱えられながら攻撃性を表出し，そして経験することもできてゆきますと，徐々に修正されてゆくようであります。つまりのところ，バージニアは，もしもマシューに対しての怒りをそのまま率直に母親に告げられたとしたら，夜に悪夢を見ることも免れたともいえるかと思われますし，そのように自らの攻撃性をより建設的に用いることができますと，さほど容易にいじめられることもなく，負けず

---

訳註)『水の子どもたち』(The Water-Babies) (1863)。イギリスの牧師チャールズ・キングズリによる子ども向けのおとぎ話。教訓的な道徳寓話。主人公は煙突掃除の少年トム。川に落ち，そこで彼は溺れ，'水の赤ちゃん'に変身する。そこにトムの訓育係ともいうべき妖精たちが登場する。厳格一辺倒ではなく，寛容が大事といったことがその趣旨。いかに罪は浄化されるのか，キリスト教の'贖い (redemption)'が物語のテーマ。〔邦訳：『水の子どもたち』(偕成社文庫)，芹生一訳，1996〕

に抵抗できるほどの覇気(はき)を持てるともいえるかもしれません。

　親からの理解という助けを得て，幼い子どもの恐怖が了解されたとき，その猛々しい苛烈(かれつ)な感情がどうにか耐えられてうまくコントロールできたとき，彼はそうした経験を記憶し，それが苛酷な罰といったことへの恐怖をどうにか緩和してゆけるようになるでしょうし，さらにはより「心の温かな良心」すなわち'助言的な内なる声'へと志向してゆくことになりましょう。それはすなわち，『水の子どもたち』のなかの《'サレタイコトヲシテアゲル'妖精》であります。《'シタトオリシカエス'大妖精》ではなくて……。

　われわれの側にもし過剰な厳格さがあるとしたら，子どもに恐怖心を募らせ，そして外界の攻撃者のみならずまた内なる'冷酷非情な，原始的良心'をもなだめんと躍起(やっき)になるといったニーズを子どもの内に定着してしまうことでしょう。そして，もし厳しさとともに理解があれば，恐怖に駆り立てられるのではなく，他者に対しての慈しみやら思いやり(いつく)といったことにもっと感化を受けて，いっそう「現実的な良心」を発達させてゆく，そうしたこころの自由が子どもらに与えられるものと思われます。

# 第7章　きょうだい（兄弟・姉妹）になるということ

### あなたの子どもに新しい赤ちゃんが生まれることを準備させましょう

　まず最初にあなたが妊娠に気づいたとき，わが子に新しい赤ちゃんが生まれてくることをいつ伝えるのか，それからどう伝えたらよいものかといった疑問が浮かびます。それからわれわれは，ことにもし子どもがまだ言葉を充分しゃべれない段階にある場合には，彼がそれをどんなふうに意味づけ，またどんなことを考えるかについて理解しようとしなくてはなりません。しかし，幼い子はまだ話すことができないにしろ，たくさんのことを理解しているということを大概のお母さん方はご承知であります。も

ちろんそれも彼ら流にということになりますが……。そこでもしあなたが，まだ歩き始めたばかりのわが子にこれからもう一人赤ちゃんが産まれてくるということを〈ねえ，それってすてきでしょ？〉などと言ってみたりするでしょうが，彼はそれがどういうことを意味するのか，あれこれしばらくの間小さな頭をひねって想像を廻らし，お母さんの言うところの'すてき'とは必ずしも違ったふうに解釈したりするかもしれません。

　重要なことは，赤ちゃんの誕生について告げられて以来，それで実際に赤ちゃんのやってくるまでに，そしてそれ以後も，われわれは必ずしもわが子のこころに去来(きょらい)するもののすべてを明確に推量したり，理解すべきということではありません。ここで何が問題かと申しますと，われわれはある程度のところ，そうした一連のできごとから喚起されるところの葛藤を認めてあげて，それに共感して寄り添ってあげるということであります。彼のこころの動きに対して絶えず関心を払い，彼がそれらについていくらかでも語れるようならば，それで疑問があれば，それもまた聴いてやり，それらに対してごく簡潔にそしてありのままを答えてあげられたらよろしいかと思われます。

　いつ彼にそれを語るかということはなかなか慎重を要することであります。幼い子どもにとってそれを待たなくてはならない時間は不可解なほどに長く感じられるということ，それは多くの母親が経験するところであります。まず子どもの最初の反応は，赤ちゃんがいつ来るのかについてであり，〈それは明日なの？　それとも明後日(あさって)……？〉といった具合であります。その一方で，それを待っている極めて長い時間にも，子どもの心のうちで来(き)るべきできごとをあれこれ思い巡らす時間がたくさんあるということになりますわけで，それで彼はわざといけないことをやってみて，それで大丈夫まだ愛してもらえるとか，要らない子どもになったわけではないといったことを確かめて安堵したりするわけであります。そんなふうに充分な時間が持てるとしたら，彼は，もし赤ちゃんの弟（もしくは妹）がやってきたとき，どういう事態になるのかイメージすることに慣れてゆくでしょう。

　もしあなたが，妊娠のずっと後期までわが子に何も伝えないとしても，

彼は得てしてあなたにこれまでと違うものを感じ，また時としてはあなたが内側に気が奪われているということに気づいているでしょう。たぶん彼はあなたと夫との間で交わされるちょっとした会話からも，それにあなたが実際に新しい赤ちゃんのために何やら準備しているのを眼にすることからも，それなりのヒントを得るということがありましょう。そういうことですので，赤ちゃんがいざやってくるということが雰囲気で感じられ，もはや隠しようがないといった事態になったときには，子どもにも親たちと一緒に心準備をさせてあげて，彼自身がそうした成り行きに対してもはや知らぬふりをしなくていいように，むしろ彼なりの感情をも素直に表すことができるとしたら，そのほうがずっとよろしいかと思われます。

　時折，母親としてわれわれは，上の子どもがおそらく抱くところの孤独感，もしくは親の生殖能力（赤ちゃんの創造）に対しての羨望といったものにあまりにも強く同一化する傾向があります。それで新しくやってくる子どもをことさらに'私たちの赤ちゃん'といったぐあいに強調することがあります。どの発達段階でも子どもは皆，おそらくその嫉妬心に対処するにあたって，自分が赤ちゃんをつくったパパだとか，もしくはママだとか，あるいはそれら両人であるといったふうに空想することがあるわけです。こうした空想を抱く自由は，子どものさまざまな遊戯において，あるいは両親との関係性においても'まねっこ遊び'的に演じられるとしたら，それは彼の想像力の発達という点からしてとても重要な核心的部分であるといえましょう。しかしながらそれは遊びであり，それを想像するにしても日常の'現実'という安全な枠組み内に留められていることが必要でしょう。そうであればこそ，子どもはいつかおのれの現実に向かい合い，さらには将来の可能性に備えるといったふうにどうにか折り合いを付けてゆけるわけであります。

　そこで子どもが，ママやらパパを真似て懸命に'子育て'に加わろうとしますなら，それは彼にとって価値ある経験になりましょうし，そしてあなたたちご両親にとってもそれは愉快でないはずはありません。ですからせっかく子どもがその気になっているのに，〈もちろん，あなたはほんとうのママ（パパ）じゃないのよね〉などと横合いから口を挟んで教訓じみ

たことを言うのは，自分も赤ちゃんの世話ができると喜んでいるのに水を差すことになりますからお止めになるのがよろしいでしょう。実のところ子どもには，赤ちゃんはママとパパが一緒につくったものだという事実を受容するこころの備えが必要とされているわけであります。そして，いざ赤ちゃんが産まれてきても一日のほとんどは眠っており，そしてたぶん時には泣くでしょうし，そしてお母さんの注意をたくさんもらうことになるということ，それでお母さんは彼が小さかったころにおっぱいをくれたように赤ちゃんにもおっぱいをあげるということ，そうした諸々の事実を目の当たりにすることに気持ちを準備させておくことが必要とされます。最初の頃など，子どもは赤ちゃんの傍らに付き添ってあげなくちゃならないということもないでしょうし，そしてしばらくの間は赤ちゃんにしてあげられることもさほどあるわけではありません。でも小さなことでお母さんのお手伝いができることはあるかと思われます。たとえば，お母さんが赤ちゃんに沐浴させる準備をしていたり授乳させる支度をしていたりときなどには手を貸すこともできますし，そんなふうに役に立つことができるといったことを予めわが子に心積もりさせておけば，大いに結構かと思われます。

　われわれは，もちろんのこと，わが子に新しい赤ちゃんの登場に向けて心構えをさせようとして，つい過剰になり，くどくどと要らぬことをも語りすぎ，それでむしろ子どもになにやら胡散臭いものを感じさせてしまうことがあるわけです。つまりわれわれがあまりにもその子のことを気遣うあまり，ほんとうに大丈夫かどうか疑心暗鬼になっているとしたら，子どもはそれを察知して，大っぴらに不安を表出するやら，もしくは赤ちゃんなんてもう聞くのもうんざりといったふうに拒否反応を起こすことになりかねませんでしょう。

　ここで観察の事例を一つご覧いただきましょう。妊娠中の母親とその誕生 18 カ月目の男の子であります。

## 事例：ブライアン(18カ月目)，母親は目下妊娠中

　ブライアンは生後18カ月目になったところです。母親は二人目の子どもを妊娠しており，ちょうど6カ月目です。両親はどちらも若くて，父親はフリーランスのジャーナリストであり，そして母親は彼が誕生後数カ月経たころに在宅勤務の仕事を再び始めております。ブライアンと母親との間はごく親密でありました。母親は，最初の数カ月の間，彼がよく泣くことがあり，それでお乳の出が充分なのかどうか不安を覚えていたわけです。しかし，どうにか母乳を補うミルクを哺乳びんで並行して与えながら，9カ月，10カ月と母乳哺育は続けられてゆきました。それは彼ら双方にとって大いに楽しみであったようです。

　彼女は，もう一人赤ちゃんが生まれてくることをとても待ち望んでおりました。しかし時折最初のころブライアンとの間でトラブったのと同じことが起こりはしないかと気掛かりでもあったのです。〈それに，二人もの子育てなんて，ほんとに大丈夫かしら……〉と。彼女と夫は，ブライアンにごく始めのころから新しい赤ちゃんがやってくるということを話して聞かせておりました。話しながら彼女は，時として彼がとてもしっかりと理解できているように思うことがあり，つまり言葉で言えなくともどうやら理解力はあるといったふうに語っております。彼はここしばらく母親のバック類を開けることに魅了されていました。それに訪問客があるとその人のもっている手提げバックに眼がひきつけられるようで，それらをママのところに持ってきて，中を開けて見せて欲しがるようになったわけです。その一方で，ある日のこと，母親が〈ほらね，赤ちゃんがお腹のなかで大きくなっているの〉と説明しようとしますと，彼はそれには全然耳を傾けようとせず，むしろ何やら早口でお喋りをし始め，いかにも母親に向けて何かを語ろうとしているようで，しかも彼自身のお腹を突き出す恰好をして見せて，クスクス笑いをしたということでした。

　母親は，この数週間の間に彼がどれほど男の子になったかということを語りました。ごく最近までは彼はいつも彼女の傍らに常にうろうろしており，彼女のすることはなんでも真似したがりました。拭き掃除をした

り，料理をしたり，洗い物をしたりといったことです。でも今や彼は，どちらかというと父親がすることにいっそう興味を覚えるようになってゆきました。ことにハンマーに執着しております。彼は板切れに釘を打ち付けることに熱中していたのです。釘をちょっと持って支えてあげなくてはいけませんが……。彼の父親は，ちょっと心配げに，ブライアンはモノづくりと壊すのとの違いがまだよく分かっていないようだということを言います。父親が木材をのこぎりで切るとき，棚に釘を打ち付けるとき，彼は実際のところパパはモノをつくっているということを認知しているのだろうか？　ブライアンがパパの真似をするのはいいんだけれど，それで悪いことをし始めはしないかと内心恐れているわけなのでした。たとえばハンマーを使ってあれこれと物を壊してしまうといったことです。母親は，まだ彼はモノを壊すってことがどういうことが実際に分かっているともいえないということを語ります。彼がコップを床に落として割ってしまったときなど，それが '壊れた' ということではなく，むしろ１つのものが２つになっちゃったねえといったぐらいにしか分かってないみたいということでした。でも父親はなおも懐疑的で，〈そうかな，どうだろうか……〉と言います。ブライアンは利発な子で，何しろ '知りたがり屋さん' なのですし，意欲満々な男の子なのですから。〈時には，あの子ったら，ぼくの首根っこを捉まえて，家中を引き回さんばかりじゃないかと思うんだよね〉と言います。母親はそれを聞いて笑い，そして〈ハンマーはやはり危ないからできるだけ彼の眼の届かないところに置いておくようにしているんだけど。でも近頃どうも彼のお気に入りのオモチャというのが 'ナス' で，それを手に摑んでドタバタと部屋中を駆け回り，さらにはそれを下向きにして，なにやらゲップでもするような音を出すわけ。それってまるで何かに穴を開けるみたいだわ……〉と語っております。彼はそれを入浴中も手放したがらないんだそうです。

　さて，ここでブライアンの行動について，母親の友人のある方がお茶に呼ばれて訪問した折に観察したものの記録がございますので，ご覧に入れましょう。

第7章　きょうだいになるということ　113

　二人のご婦人たちが一緒におしゃべりをしてから，ブライアンを午睡から起こしてお茶にさせようと連れにまいります。彼は目覚めたとき不機嫌な顔付きでした。しかし腕を母親の辺りに向けて振り回し，そして普段ベッドへ眠りに就くとき肌身離さずに持っている小さな柔らかなタオルにしがみつきました。そして顔を母親の首筋の辺りに深く埋めるようにします。まるで抱っこされた赤ちゃんのようでした。彼女は彼をキッチンへと連れてゆき，そこでミルクを温めます。すると彼は哀れっぽい泣き声をあげ，顔をしかめ，そして背伸びして彼女と流し台との間にからだを押し込んで，鍋の取っ手を握っている母親の腕を掴もうとします。それから母親は，いかにも優しげに彼の顔を手で撫でてあげます。その顔はいくらか苦痛と怒りが露わになっておりましたので，それらを拭き取るといったふうな動作にも見えました。それで少しは宥められたふうであり，それでどうにか椅子に座らせられ哺乳びんを与えられますとようやくのこと落ち着きました。すぐさま彼は機嫌を直すことができ，そして彼は訪問客と母親に向けて微笑します。哺乳びんを口に咥えてはおりましたが，まだ飲む気にはなれずにいるといった感じでした。
　彼は座って，母親と友人とが一緒に話をしているのを聴いておりました。それからひとしきり長々と，その意味は明瞭ともいえないにしても，一人おしゃべりをしております。まるで大人の会話に参加してでもいるように聞えました。折々にからだを前に屈んで，彼女らの気を引かんと余念がないようすであります。母親は，彼がどんなにすべてにおいて自分も仲間に加えてもらいたがるかということを語ります。そのエピソードの一つが週末に動物園に行ったときのこと。「アシカ・ショー」を見物していまして，アシカが餌をもらい，それから水のなかでボール遊びをしていたのですが。彼はそのボールを指さして，断固とした態度で，自分もそのボールが欲しい旨をしきりに訴えたのです。あまりに騒ぐので人目を憚って両親は，急遽それが視界から見えなくなるところまで彼を連れてその場から走り去らねばならなかったということなのでした。

ブライアンは，そのうち椅子から滑り降りて，キッチンへと駆けてゆきます。ハンマーを指さしながら，〈マミー，ねえ，マミー〉と呼びます。しかし友人のほうを見ております。母親は，〈この子，マミーというんだけど，別に私を呼んでいるわけじゃないの。何か欲しいときは必ずマミーって言うわけ。他の言葉がまだ出てないの。時折だけど，パパって言う以外はね〉と語りました。まだそれ以上の言葉を話せないということに母親はちょっと気にしているようすでした。彼は呼び続けます。そこで彼女はハンマーを手渡し，入浴する前に少し遊ばせてやろうと思い，彼に板切れにハンマーで打ちつけられる釘を与えます。

　彼はその後，夕方になり入浴のために衣類を脱がされることを喜びませんでした。ハンマーを取り上げられると抵抗し，そしてそれを取り戻すのに手を伸ばそうとしますので，母親がそれを彼がもはや目にすることのできないところへ隠してしまいます。彼女は彼を風呂からさっさと出します。〈近頃，お風呂が全然うれしくないみたいなのよ〉と言いながら……。彼は風呂から出されると静かになります。彼女が彼を膝の上に横にしてからだを拭いてあげると，ちょっとまた抗議の声をあげます。〈お気に召さないってわけなのね……〉と彼女は言います。しかし母親の膝のうえに座ったとき，彼はそれ以前にしたみたいに再び彼女の首に抱きつきます。そしてその少しあとに，彼女はベッドに彼を横にして，パジャマを着せてあげます。それから彼の頬(ほお)の辺りにぬいぐるみを置いてあげました。すると彼は嬉しそうにそれに頬をすり寄せるようにして，それから母親にやさしげに微笑いたします。〈この子ったら，これがお気に入りなの……〉と，彼女は言います。

　彼女は友人と一緒に椅子に座り，夕食を食べ始めます。そしてブライアンにも哺乳びんが与えられました。彼は一応すでに夕食は済ませております。母親と友人はおしゃべりを続けておりました。彼はだんだん落ち着きがなくなり，哺乳びんを手から離して，彼らの間に割り込んでこようとします。彼はソーセージを2切れ一緒に口に入れまし

た。〈一度に2つはダメよ〉と母親が言い、その1つを皿に戻しました。彼はそれから哺乳びんを再び手にし、その乳首をソーセージがまだ入っている口の中に入れ、咥えます。そしていかにもどうだいと言わんばかりに、周りの大人たちに向かって、いかにも嬉しそうな得意げな顔をしてみせます。ソーセージを食べ終わったあと、彼は母親の座っていた椅子の後ろ側にあった観葉植物の葉っぱに手を伸ばし、それをしばらく手に摑んでおりました。が、それを引きちぎるといったことはいたしません。数分後、彼はテーブルの上の何かを指さします。母親は、彼がトマトを欲しがっていると察します。それを一個取って、彼のために薄く切ってあげようとします。彼は大して熱のなさそうなまなざしでそれを見ておりましたが、それをもらって食べようとはせず、ただ指さしをしております。それで彼女はあきらかに事態を正しく解釈したようです。と言いますのは、彼女が彼にトマトがいくつか乗っていた皿ごと彼に与えますと、彼はそれを摑み取ったからです。満足したといったふうに顔を輝かせ、いかにも〈してやったり！〉といったふうに高笑いし、両手で摑んだままそのお皿をぐるぐる廻してみせたという具合でした。

　それを手にして部屋のなかをしばらくうろついていましたが、彼はその皿をひっくり返して、そこに目にしたトレード・マークに見入りました。そして〈ダアーダアー〉と言います。手でその皿の底を叩きます。ひどくそれに夢中になっているふうで、部屋のなかにいる二人のことはすっかり念頭にはないといったふうでした。彼はお皿をやがて床に置き、それから哺乳びんを拾い上げ、それを訪問客に差し出します。母親が〈あなたに、それ飲んでちょうだいって言ってるみたいね〉と言います。そこで友人がそれを手にして飲むふりをしますと、彼の顔がすっかり翳りをおび、そしてそれを彼女から素早く取り上げてしまいます。彼はそれを片方の手にしっかり摑んでおり、もう片方の手はお皿を握って離さずといった具合でした。この友人がさよならを彼に告げるまで、ずうっと彼はそんな具合でした。

この記録から，ブライアンが母親と友人との間に何が起きているのかとても興味をそそられていることがうかがわれます。それに，明らかに父親と母親との関係，またママの妊娠ということにもすっかり気を奪われているようでもあり，つまりいかにも何もかも見逃すまいといった印象です。
　彼の両親は，どちらもがブライアンが赤ちゃんのこと，そして彼らに対してもどんなふうに感じているのかいささか判然としないふうに思っております。彼はちゃんとパパを見倣(みな)って将来大きくなって，パパみたいにモノづくりをする——つまり赤ちゃんをもうける——といったことをするだろうか。もしくはぐんぐん男の子らしくなって，つまりハンマーが象徴するように，いずれモノを壊したり，もしくは父親を家中引き回すみたいになるのだろうか？　彼らは直感的に彼の態度のなかにアンビヴァレンスを感じ取っていたわけです。母親は少々気を揉んでいたともいえますが，でも実際のところ心かき乱されているというよりも，むしろこうした事態に魅了されてもおり，結構面白がっていたともいえます。
　彼の遊びが，そしてその振る舞いも，どんなことを意味しているのか，いろいろと議論したり憶測(おくそく)をしたりすることができるかと思われます。そして確かに母親はそれらに意味があること，つまり彼はなにやら考えており，まだ言葉にはできないにしろ，それら何らかの感情や空想を表出せんとして忙しく頭を働かせているといったふうに感じております。ここで母親はそのようには語ってはおりませんのですが，赤ちゃんが彼女のお腹(なか)で大きくなっているということを話したとき，ブライアンは充分に理解したけれど，でもそれを聞きたくなかったわけで，それで自分のシャツをたくしあげて，彼にとってもっと重要な妊娠，すなわち〈ほらね，ぼくだって，お腹(なか)に赤ちゃんがいるんだもん……！〉と言わんばかりに誇示し，それでどうやら言い紛(まぎ)らそうとしたことがうかがわれます。
　彼は明らかに'お兄ちゃん'にならなきゃと頑張っていたともいえましょう。だから入浴後に母親の膝の上に横にされるといった赤ちゃんみたいな扱われ方には'気を悪くした'というわけなのです。しかし彼の気分は揺れ動いております。ぬいぐるみをしばらく喜んでおりましたわけで，それは母親のやわらかな感触を連想させるものだったからでしょう。しかし

彼は赤ちゃんみたいに哺乳びんで授乳されるといったことはもう実際のところ欲しておりません。むしろそれを自分の手でしっかり握って自分の好きなように飲みたいといったふうであります。母親と友人との間に割り込んだり，彼女らの交流に嘴(くちばし)を挟むやら，そうしたことに興味があるのと同じように……。さらには，アシカさんが遊んでいたボールを欲しがったり，母親がお鍋の取っ手を握っているその腕を求めたりといった具合に，格段に周りのものに興味がどんどん拡がっていってます。彼は口の中に２つのものを欲しがりました。１個ソーセージを取りあげられますと，その後でいかにも勝ち誇ったように，哺乳びんの乳首でその代わりとしました。そして彼はトマトを一切れ欲しいのではなく，それらトマトがいくつか載せてあったお皿を丸ごと欲しがったわけでありまして，明らかにそれはパパに関連付けられていたものと思われます。

　しかし，彼はどれか一つではなく，いろんなものを，そして何もかもすべてを欲しがっております。彼はパパでありたい，ママでもありたい，でもまた赤ちゃんでもありたいといった具合に……。彼が訪問客に哺乳びんを与えようとしたとき，それはあたかも彼女は彼の赤ちゃんでもあるかのようです。でもその哺乳びんを彼女が飲み干してしまい，自分の分が何も残らないのではと内心慌(あわ)てたともいえましょう。〈ボク，まだ赤ちゃんだもん……〉といった，おのれの立ち位置をそう簡単には手放したくないということでしょう。

## あなたが出産のため入院している間，幼いわが子を誰に預けるか

　もし全てが順調にいき，そしてそうした手筈が現実的であるとしたら，あなたの二番目の子どもを在宅出産することには大いに有利な点があるのは疑いを挟む余地はありません。それは最初から本当に家族皆の問題になるわけですし，上の子どもたちをそれほど締め出すことにもなりません。でも在宅出産が実際的でもなく，もしくは望ましくはない場合もありましょう。そういうことでしたら，あなたが入院中に，上の子どもを誰か顔見知りで日頃(なつ)懐いている人，そしてあなたも信頼できるどなたかに世話を頼

むということの取り決めがなされねばなりませんでしょう。もしそれが可能であれば、おそらくそれも彼にとってどうにか我慢できる範囲で楽しい学びの体験となることでしょう。他のどんな挑戦でもそうであるように、それがあまりにもストレスでなければ……。

　もしあなたが産院での出産を予定しており、上の子どもがまだ3歳か4歳以下である場合、彼があなたから一晩でも離れて過ごすとしたらどのように反応するのか、これまでそうしたことを観察する機会は一度もないということがおありかと思われます。もしそうした機会が以前にあったとしますなら、そうした折にわが子にどんなふうに取り計らってあげるのがベストか、いくつかヒントが思い浮かばれることでしょう。それで、どうやらお家に留まることが彼にとって一番いいということが言えそうです。パパと一緒に一晩を過ごし、そして産院にあなたを面会しに行くチャンスを待つということですが、それも産院の規則が許すならばということになりましょう。

　でも、もしも彼が誰か見知らぬ人に預けられるとしたら、もしあなたがどなたか知り合いの親戚とか友人とか、身近に彼が一緒に過ごせそうな人が誰も思い浮かばないといった場合、まずはとりあえず彼にその見知らぬ人に慣れて信頼を寄せられるようなチャンスを与えてやることは賢明といえましょう。彼はママの代わりと思える誰かと一緒にいることが、そしてママがいなくて淋しいときに慰めになる誰かが必要なのです。あなたと離れていたときに幼いわが子がどう感じたか、そして再会した折に彼があなたに対してどう感じるのか、それはあなたが不在の折に彼が得られた理解そして‘母性的な慈しみ（マザリング）'の質に大きく依拠（いきょ）するものといえましょう。それが何であれ、彼はそれをあなたが用意してくれたものとして感じるでしょうし、事実あなたはそのつもりでおられたわけでしょうから……。

　あなたが入院するなり、またどんな事情であれ家を留守にするとしたら、それで家に残された子どもが一人以上いるといった場合には、その間子どもたちは、もちろんのこと、お互い同士寄り添い、慰め合うことでしょう。

　母親であるあなたにとって、愛するわが子と再会した折にわが身が拒絶

されることにでもなれば，自分の不在中に彼をその苦痛から護ってあげられなかったと罪悪感を抱くことになりましょう。それは極めて残念なことと言わざるを得ません（それも必ずしも母子の分離後すぐに起こるとも言えないのですが……）。自責の念でご自分を咎めることは何の役にも立ちません。われわれはすべて間違いをおかすものですし，そして時として誰もがある状況下では子どもたちに辛い経験をさせてしまうといったことがあるわけです。そうした場合，われわれはわが子の尋常ではない，ひどく長引く困難な行動もしくは'引きこもり'にある期間耐えなくてはならないと覚悟する必要がありましょう。それに過剰に反応することもいけませんし，もしくはわれわれ自身が内に閉じこもってしまうのもよろしくありません。その苦痛となった経験へのこだわりをどうにか緩和し，われわれに対して失われた信頼の絆をいくらかでも取り戻せるように，わが子を全面的に支援してあげなくてはなりません。

　こうした「分離体験」という難局をどうにかうまく切り抜けられた子どもは，おそらく自分が母親とも違う，別個なる'もう一人の存在'だということを認知できてゆくものと思われます。それは両親の関係性という現実を受容し，そして家族内での自分の位置を見定め，そして引き受けるということなのです。自分中心にすべてが廻っているといったふうな前提のなかでもはや暮らしてはいないわけです。こうした子どもは，'良き内在化された経験'に頼ることを学んできた子どもともいえましょうし，何かしら難局に遭遇した折にはその'内なる力'が彼を支えてくれるものとわきまえており，それでそうしたおのれの内的資源をますます育んでゆくことでありましょう。


## 幼い子どもが一人以上いる場合の子育てのやり繰り

　最初の頃ですと，家庭にまだ幼い子どもたちが何人もいて，そしてほとんど他に人手がないといった場合には，母親にとって子どもの誰を一番に優先すべきかといった問題は日々生じるわけであります。でもその一方で，もしも一人っ子であれば，母親の不安感やら注目はありったけ丸ごとその

子に注がれましょうし，それで母親にとって'わが子が自分の人生'そのものであるといったふうになるとしたら，それはそれでひどく息苦しいことになりがちです。そこで，母親のスタンスとして，わが子の人生を地固めしてやるためにおのれの人生の経験を精一杯分かち与えたいといったふうに考えを変えてみますと，わが子へ向けての愛情の'集中砲火'といったこともいくらかは避けられるかと思われます。

　もしあなたが一人以上の子どもと家族として一緒に暮らしているとしますと，それぞれの子どもを比較対照づけることもできましょうし，そして幼いながらもどの子にも性格がありますから，同じような状況でそしてまた別の違った状況でもわれわれが果たしてどんなふうにそれぞれに対して違った反応をしているのかも観察できましょう。そうしたことを通して，われわれは銘々の子どもについていっそう学ぶチャンスが与えられることになるわけです。そんなふうにして，われわれが自らの感性で現実の状況からあれこれ憶測し意味づけするのも大事ですが，それと同じく子どもそれ自身の言うことに耳を傾け，その行為にじっくり目を遣ることができますなら，やがてその子を理解するうえでの何らかの'判断基準'が会得されてまいります。そんなふうにわれわれは，わが子の真の意味でのニーズが何かを見分ける独特の力量が備わってまいりますので，たとえその子が周りを操縦しようとしたり，単に狙いが自分自身にもっと注意を向けようと企らんでいたりしても，それにいちいち振り回されずにすむということになりましょう。

### 事例：メリンダ（2歳6カ月），お姉ちゃんになることの内的葛藤

　メリンダは，2歳半の女の子です。そして赤ちゃんの妹マリリンは生後6カ月目です。マリリンはどちらかというとややおとなしめで，騒ぎ立てることなぞめったにない赤ちゃんでありました。最近離乳が始まり，ちょうど哺乳びんに切り替えられたばかりです。それで明らかに訴えることが頻繁になり，母親を執拗に求めますし，しばしば抱っこをせがみ，抱っこされるとからだをしきりに押し付けることをいたします。

メリンダは，いつも母親と赤ちゃんの妹の間に何が起きているのかをじっと眺めておりました。時々は父親の膝の上という安全な場所から……。それであえて面倒なことになりそうな具合に割り込むなどといったことはいたしません。でも母親の手が空(あ)いているときなどは，その隙(すき)を狙ってすばやく母親の注意を引くといったことをいたします。それにまた，母親の友人らがよく定期的に家庭を訪ねて来ましたので，そうした際にはとても行儀よく振る舞い，そしてちょっと余分に注目をもらうとか甘やかしてもらうことをするわけでした。彼女は明らかにとても聡明な子どもであったのですが，過去数週間までは実際に言葉らしいことばを発するのはまだできずにいたのです。しかしながら，赤ちゃんのマリリンの母親との間の密接な，より複雑なかかわりようを眺めながら，メリンダのなかでもっとほんとの大人(おとな)みたいにお話ができるようになりたいといった願望にどうやら弾(はず)みが付いたようなのです。そして絵本のなかにある物やら，現実の暮らしのなかで目にするすべての名まえを知りたいという願望が募ってまいりました。

　下記のものは，定期的にこの家庭を訪れていたある訪問客によって観察された記録であります。

　　母親が腕に赤ちゃんを抱えて玄関口に現れました。私はメリンダが階段の上から〈ハロー，ハロー！〉と言っているのが聞こえました。それから彼女は階段を降りてきて，私に〈ハロー，マミー！〉と挨拶します。そこで母親が，いつでもメリンダは誰でも尋ねてくる友人の客に対して〈マミー〉と近頃は言うという話をします。でもママのことはクリスチャン・ネームで，もしくは〈ダーリン（愛する人）〉と，これは夫がそう彼女を呼ぶからですが，そう呼びかけるんだそうです。
　　われわれは皆，室内に入ります。するとメリンダは，私に帽子とコートを置く場所を赤ちゃん語で示してくれました。私が椅子に腰掛けると，彼女は〈靴，靴……〉と言って，彼女自身の靴の紐をほどこうとします。そこで，どうやら私の靴と自分のとを取替えっこしたいんだなと理解します。その一方で，母親は赤ちゃんに授乳しておりま

す。赤ちゃんは両手で哺乳びんを支え持ち、そして満足げに母親のからだにぴったりと寄り添っております。メリンダはこの光景から退くようにして歩み去ります。窓際へ来るようにと私を呼びます。それで私はその通りにいたします。そこで彼女はいちいち路上を通りがかるすべてのものを指さしてみせます。それらの名まえを一つずつ、私にまるで私が幼い子どもみたいに、教えてくれようとしました。〈ほらね、あれはこうで、これはこうでしょ……〉と。おそらく母親やら父親がそんなふうに日頃彼女に教えていたようであります。

　やがて私が母親と赤ちゃんのところに戻りますと、メリンダはいかにも羨ましそうなまなざしで彼らを眺めております。母親は、彼女がいくらか嫉妬めいた気分でいることを理解し、キッチンにオレンジの半分切ったのがあるからそれをいただきなさいと彼女に言います。彼女はその通りにいたします。それから座って、それを数分ほどの間、おいしそうにして食べておりました。それから彼女はまた私のほうに注意を向け、そして〈靴……〉と言い、私の靴を脱がそうとします。〈だけど、私の靴は履けないでしょ。メリンダには大きくて無理よね……〉と、私はそう彼女を諭します。

　赤ちゃんは今や哺乳びんのミルクをようやく吸い終わったところです。そして母親の膝のうえに座っております。母親が彼女の背中をやさしく撫でております。ゲップを促すためです。彼女は母親のほうを振り向いて、微笑し、なにやらのどを鳴らすようなご機嫌のいい音を立てておりましたが、母親の鼻やら口を摑もうとします。それから指を母親の眼に入れようとします。母親は笑い、そして彼女にやさしげに話し掛けております。

　この時点で、メリンダはそうした光景を見るに忍びないといったふうに走り去り、そしてテディ人形を手に持って戻ってきました。それを私に示します。そして彼女の指を小さな穴に差込み、その詰め物をつまみ出し、まき散らし始めます。母親は穏やかにそれを諫めます。メリンダは彼女のほうに視線をやり、それからもう少しその詰め物を取り出し、やがてテディ人形を床に放り投げます。母親は彼女に、

〈そんなに散らかしてだめじゃないの……〉と注意をします。彼女は床の上に落ちている詰め物を拾い，ゴミ入れの箱にそれを持ってゆきます。そしてテディ人形と一緒に座り直します。母親が彼女の怒りを分かってくれたみたいなのでいささか〈してやったり！〉と満足げに見えました。

　母親と私がしばらくおしゃべりをしておりますと，メリンダはどうやら落ち着いたふうに耳を傾けて聴いております。母親は私に熱心にこの時期の赤ちゃんがどんなにか嬉しいものかということを語っておりました。マリリンは健やかで丈夫な子どもであり，メリンダもこの頃にはそっくりこんなふうだったと回顧するように語りました。

　するとメリンダは再び私のところにやってきて，私の着ていたカーディガンやら衣類を脱がせようとします。ぐいとそれらを引っ張り，私の胸にかぶりつきます。それからトイレに一緒に来てと告げます。彼女は私に便器の上に座らせ，〈オシッコしなさい！〉と断固たる口調で私に命じます。母親は笑って，〈この頃，いつも私がトイレに行くのを見たがるようになってるの。メリンダはつい先日，ようやく晩にお漏ししなくなったんだけどね……〉と語ってくれました。

　母親はそれから赤ちゃんを絨毯の上に座らせます。母親の膝が空いたというわけで，メリンダはすばやく絵本を手にしてそこに這い上がり，そして彼女にもたれかかって，そこにあるモノたちの名まえを彼女に訊いております。そして母親の言ってくれたとおりを彼女は繰り返しておりました。赤ちゃんはクッションに横たわったままで，彼女らを興味深そうに眺めておりました。

　この観察記録から，メリンダがどんなふうに赤ちゃんへの嫉妬心，母親の愛情を奪われたといった不安感に耐えているのかがうかがわれます。彼女は母親に対して，あたかも彼女の夫でもあるかのようにあえて大人っぽく振舞おうとしております。〈ダーリン（愛する人）〉と呼んでみたりとか……。彼女は，他に自分にとってのママになってくれる人を母親の友人たちに見つけます。しかし'ママの靴'にそっくり潜り込むみたいにして，

そうした彼女らを断然自分の保護下において自分の赤ちゃんとしてマザリングするといった具合で，自分がママになろうとしております。赤ちゃんが大きくなっていろいろと表現欲がめきめきと出てきていることに不安を募らせ，それで彼女にしてみれば，もっと大人ふうな態度で振る舞い，賢い子としての承認を得たいといっそう促されたのでありましょう。しかしその持ち前の気概と，それから焦りも手伝って，今度は自分が大人のママやらパパになって，他の誰かを教えてあげる立場に立つといったさらなる挑戦に出たともいえましょう。

　この'ママのまねっこ'をすることは，彼女がすでに学んだことを活用して，そこで彼女が嫉妬心をどうにかこころの内に収め，それで母親と赤ちゃんとが一緒に授乳に没頭しているときに邪魔せずどうにか押しとどまることができたということになりましょう。しかし，彼女は嫉妬心の感情をまったくのところ切り離しているとはいえませんし，むしろそれらを母親にも気づいてもらいたがっております。テディのぬいぐるみの中身の詰め物を摘まみ出すことで，母親にたった今お乳をもらい満足げな赤ちゃんのマリリンから，それをそっくり奪い取りたいと思ったということを遊びで表現したものと思われます。でも，そうした妬み心がちょっとゆき過ぎて，完全にテディ人形をメチャクチャにだめにしてしまい，それで床をあちこちゴミで散らかす前に母親に止められましたので，それで内心むしろ安堵だったみたいです。

　母親と赤ちゃんの絆へ向けられたメリンダの怒りと嫉妬心，それに赤ちゃんに母親のようにしてあげたいといった野心は，彼女自身の'赤ちゃん的ニーズ'からまったくのところ切り離されているとはいえません。わずかながらも，それは彼女がオレンジをかじっているときの様子からうかがわれます。それに，自分がもっと大人になれるように教え導いてくれるママが欲しいといったニーズを表出することを諦めてはおりません。それは'ほんとうの大人'という意味合いで，決してただの空想ではなくてということになります。なぜなら彼女は，母親が自由になったとき，その機を逃さず，絵本を手にしてママにもっと言葉を教えてもらおうと頼み込んでいるからです。

母親は，赤ちゃんに対してと同じぐらいメリンダにも興味を抱いておりますし，彼女に何でも感じるところをそのまま表出することをさせております。彼女は直感的に子どもの葛藤的感情を理解しており，そしてメリンダがオモチャをぐじゃぐじゃにいじってダメにしたり，それで床を散らかしたりする前に彼女を押しとどめております。なぜならこの段階でも，そしてこの先何年経ってもですが，時として攻撃的衝動に耽溺した揚げ句にどんなことが子どもらの身に降りかかるのかを考慮し，それから彼らを防御してあげねばならない時があるからです。

### 事例：お兄ちゃんになれないボブ（3歳9カ月）とその妹

ボブは，3歳と9カ月の男の子です。リンダという赤ちゃんの妹がおります。今，生後4カ月目です。かつて彼はひどく落ち着きのない，ギャンギャン泣き喚くといった要求がましい赤ちゃんであったわけです。そしてやがてタフな小さな男の子に成長してまいりました。母親はどうにか彼に対応してきましたし，もしくは対応を誤ったといえなくもありません。彼女は日中万事彼に合わせて過ごしてまいりましたし，かなり自由気儘に遊ばせ，好きなようにさせていたからです。赤ちゃんが産まれる前は，どうやって二人の子どもを一緒に世話したものかと懸念しておりました。それで週のうちの3日ほどナーサリー・グループ（保育グループ）に彼を預ける手筈を取ったのです。彼はずっと通い続け，しかも喜んで通っているように見受けられました。そして彼が出かけて不在の間，母親はいくらか休息が取れたわけです。

しかしながら，一旦彼が自宅に戻ってきますと，母親と妹の赤ちゃんを一緒にほんの一瞬も静かにしておくといったことはまるでできないふうでした。授乳はことあるごとに彼に割り込まれ，中断されました。哺乳びんを自分も飲みたいと言ったり，赤ちゃんにミルクをあげてやるんだと言ってみたりです。母親は大概のところ，彼がこのようにして邪魔してもそのままにさせておりました。それがどうにか事を納める一番手っ取り早い方法と思ったからです。それに赤ちゃんは驚くほど平静で，状況をわきまえ

ているかのような風情だったのです。まったくのところ，母親は普段，ボブの騒々しい要求がましさに見合うように並外れた辛抱をしておりまして，それに懸命に彼があちこち散らかしたのを後始末してあげたりしているときなど，しばし傍らに赤ちゃんがいるということをすっかり念頭から忘れ去っているふうに見えました。

　最初の月とそれからまだもう少しの間，じっくりよくよく観察してみますと，赤ちゃんがほんの少しだけたじろいだふうだったり，しばしば顔を背(そむ)けたりするのがうかがわれました。それはボブが彼女と母親との間に無理矢理割り込んできたりするとき，それに彼女の足を引っ張ったり，顔をぐいぐいと彼女の顔に押し付けたり，それは敵意を覆(おお)い隠すため，いかにもそれらしき愛情を装いながらするときですが。ところが今や彼女はたじろぐふうなところは見せません。彼女は微笑をし，彼を歓迎するのであります。それはほとんど'鷹揚(おうよう)な'物腰といった感じでした。赤ちゃんは，この年齢の子どもにしては，その観察眼において著(いちじる)しいものがあり，とても注意深く慎重ですし，そして動きも活発で身体の協応動作もすぐれておりました。彼女は母親には依然としてそれほどあまり要求を訴えない子どものままであります。それで母親はしょっちゅうそんな彼女をボブと比較しては〈ほんとにいい子ねえ〉と彼女を褒(ほ)めるのでした。そしてしょっちゅうボブがやかましく要求するどんなことにも応(こた)えてやってどうにか彼を宥(なだ)めることを続けておりました。事実彼女は自分のしていることにほとんど何も気づいていないふうでした。

　赤ちゃんは，ごく普通に日々の暮らしに順応しておりました。そして目覚めていても，ただ母親の姿を目にし，彼女を視界に留めている限り，ごく満足げでおとなしくしておりました。彼女はまた，ボブがどこか近くにいないかどうか絶えずしっかりと警戒を怠(おこた)ることはありません。しかし時としては，母親がベビーカーの傍らを通りがかったときなどには，ほとんど感情をむき出しにして微笑し，腕を振り上げ，そして彼女のほうへとからだを押し出し，そんなふうに母親の注意を喚起しようとする努力が少しなりとも何度か繰り返されました。それははっきりしていたわけですが，でも抱っこされたがってやかましく要求するといったことではありません

から，母親はしばしばそれに気づかないまま脇を素通りすることがあったのです。これらが無視されると，それもほんの時折ではありましたが，リンダはひどく悲痛な，胸の張り裂けるような泣き声をあげ，なかなか泣き止まないといったことがありました。それで母親は訝（いぶか）しく思い，それでどうにかついに彼女の注意が赤ちゃんに注がれるということになるのでした。

　B夫人は，明らかにどうやらボブをひどく怖がっていたとも言えます。それで気持ちが畏縮（いしゅく）してしまい，ボブが周りにいるときは，それが是非にも必要といったことを除いては，赤ちゃんの存在に目を遣（や）る余裕を持たなかったということになります。リンダに対しての愛情が乏しいということでは決してありません。実際のところ彼女は聞き分けの良い，実にいい子であり，それについては大いに有り難いと思っていたわけですが，彼女をあまりにも‘いい子’扱いして理想化しており，彼女が何ら苦情を言わずに耐えているその欲求不満の程度については明らかに過小評価していたということになりましょう。

　その一方で，母親との語（かた）らいから，どうやら時々彼女はそれを無意識には気づいていたということがうかがわれます。赤ちゃんは発疹がありました。誕生後しばらくしてからずうっとで，出たり消えたりです。母親はそれを気遣っておりました。それでからだをいつも清潔にして汗をかかないように拭（ふ）いてあげていたわけです。しかし幾度か彼女がそれについてコメントしたことばがあります。〈なんてこの子の皮膚は浸透性のいい皮膚なのかしら。汗やら水分を弾（はじ）かないで，むしろ滲（し）み込ませてしまうみたいだわ……〉と。このコメントから，赤ちゃんがその身にもたらされる有害な外的刺激に対してあまりにも無防備で無頓着であることにどことなく母親は気づいていたらしいことがうかがわれます。こうした‘浸透性のいい皮膚’というのは，どこか‘薄い皮膚’と同類に考えていいかと思います。すなわち，状況からしても母親は，自分が充分に赤ちゃんに対して保護的な防壁になってあげられているとはいえず，それでわが娘の育ちがむしろ危ういといったふうに暗に恐れていたともいえましょう。

　母親が赤ちゃんのリンダのニーズを正当に認識してあげて，さらには赤ちゃんともっと愉（たの）しむことができて，そして赤ちゃんの愛情にも応（こた）えてあ

げられるためには，ここらでボブに対して策を講じて，そして彼の性格も見極めたうえで付け上がらせぬようにすることが肝心でしょうし，それにはいくらかサポートが必要のようであります。こうした状況，つまり母親をまるで'ドア・マット'みたいに勝手気侭にこき使うやら，それに赤ちゃんの妹にもそのように乱暴に振舞うことが許されているということは，長い目でみれば少しも彼のためにはならないでしょう。これまでのところ，このように家庭内で大威張りで幅を利かしているのがナーサリー・グループにも波及し，それで他の子どもたちと一緒に仲良くするのになんらかの困難が生じているようすはみられません。彼はおそらく内心ではびくびくして臆(おく)しているのかもしれません。大概'いじめっ子'というのはそうしたものですから。でもナーサリーでは自分に勝ち目がないと観念しているのかもしれず，もしくは担任の先生がもっと厳しい態度を取っており，それで彼は事実しっかりと抱(かか)えられてむしろ安心していられるといったことなのかもしれません。

　母親そして赤ちゃんの妹に対してこんなふうに横暴に振舞うことは，幼い男の子としてボブもいずれ将来女性たちに向けて尊敬を払うことを学ばなくてはならないわけですし，その意味でも全然励ましになりません。これは，ボブの父親が担うべき重要な役割といえるでしょう。もし彼にそれだけの器量があればの話ですが……。もちろん大概ほとんどの場合は，父親が日頃その態度でもって無言で示す模範を男の子は真似(まね)るでしょうが，また実際的に行儀作法として言葉に出してきちんと子どもに伝えられるべき事柄でもあります。

　ともかく現時点では，二人の子どもたちに対するこうした事態がいくらかでも改善されるためにも，少なくとも週末に父親が在宅しているときだけでも，妻に対しての積極的な支援が必要とされているように見受けられます。それは，彼女を励まし，ボブに対してもっと厳しく手綱を引き締められるように大いにバックアップすることが意味されましょう。それはまた，ボブに男の子として自信の持てるような建設的な何ごとかをやらせてみるといった自己表現欲を励ましてあげることが意味されるわけでもあります。そんなふうに，もしボブが父親から援助をもらえるとしたら，'パ

パみたいに'大きくなるために男の子として自分にできること，そしてそのための興味・関心をも探してゆくでしょうから，もはや唯一おのれの存在の価値ある役割が'ママの赤ちゃん'といったことに限ったものではないと感じられてゆくことでしょう。

## 事例：自己主張に乏(とぼ)しいお姉ちゃんのジェニー(4歳)とその妹

　ジェニーとジャッキーの姉妹は，それぞれ4歳と2歳になります。彼女らの両親は二十代前半の若いカップルです。彼らは予定していたよりも早めに結婚しました。それはジェニーの妊娠が婚姻前に判明したからです。夫のK氏はまったくのところ親になることには心の用意がなく，夕方そして週末も，赤ちゃんが産まれた後も，妻を一人にして頻繁に家を留守にいたします。彼は熱心なアマチュアのランナーであり，それでトレーニングに余念が無かったわけです。それは彼にとって，比較的凡庸(ぼんよう)ともいえる自分の職業よりもずっと大事だったのです。K夫人は自分の母親に相手になってもらい，未経験な子育てのサポートを依頼することが頻繁でした。ジェニーはとてもおとなしい，従順な赤ちゃんであることが求められ，つまりのところ，彼女は求められたときに求められたとおりにすることを否応なしに余儀なくされたということになります。

　母親は二度目に妊娠が分かったときは，全然気乗りしませんでした。ジェニーは生後16カ月目でして，ちょうどその時，母親は仕事に復帰しようとしていたのです。少しは自分も稼いで，夫とともに自分たちの家を購入すべく余分な資金を貯えたかったのです。今住んでいるフラットは家族皆にとってあまりにも狭いという状況だったからです。そこで彼女はジャッキーが誕生するぎりぎりまで仕事を続けておりました。

　しかしながら，今度生まれてきた赤ちゃんは，実に逞(たくま)しい，よく反応する子どもでありました。それでこの子どもの最初の数カ月というもの，母親は子育てを充分愉(たの)しんだということになります。俄然子育てにもやる気が起きていたわけです。〈ジェニーのときと違って，それほど慎重にってことないわけ。ジャッキーは放っておいても何が欲しいのかを確実に訴え

てくるから，こちらが頭を悩ますこともないわけ。だからずっと面白いわ。もうずっと始めから，あの子ったらとんでもない'ハチャメチャな子ども'なんだもの……〉ということでした。

　ジャッキーが生後6カ月目になったとき，夫のK氏は何カ月か海外に出張して家を留守にしました。その後自宅にしばらく居て，すぐに彼はまた同じような海外出張を二度ばかりしております。ジャッキーが2歳になる前であります。K夫人はこのことにひどく腹を立てており，自分だって家のなかに閉じ込められているにはまだまだ若いはずだということにして，それで夫の最初の海外出張で不在の折に仕事に復帰してしまったわけです。それ以来ずうっと仕事を続けております。そうして余分に稼いだお金で彼らは母親の住んでいる近くに家を購入できたわけです。その母親は寡婦でしたから，もう喜んでK夫人が日中仕事に出ている間に子どもたちの面倒をみたというわけです。

　子どもたちは二人ともお祖母ちゃんに世話されることはハッピーなようすでした。一日のうちのある部分彼女らはお祖母さん宅に預けられていて，そしてジェニーの方は午前中だけナーサリー・スクールに通っておりました。彼女は，しかしながら，父親がしばしば家を不在がちであるということでひどくつらい思いをしていたようであります。彼が帰宅しますと，幾分哀れでせつなそうにして彼にしがみつくのでした。

　ここに，家庭内での短い会話が書き留められた記録がございます。父親が海外出張から戻って数日後のこと，仕事を終えて父親が帰宅したときに子どもらと親との間で交わされたものです。K夫人はこの日も仕事で出ており，戻ったばかりです。彼女の母親が日中いつものように子どもたちの世話をしております。ジェニーは，その日も午前中ナーサリー・スクールで過ごし，いつもの穏やかでおとなしめながらも満足したふうにその場に馴染んでいたと言えそうです。

　　父親が玄関の扉を開けると，母親が彼を出迎えます。ジャッキーはどうやらキッチンでつまづいて倒れたようで，大きな声を張り上げて注意を引こうとしております。母親が急いで戻り，彼女を抱き上げ，慰

めます。そしてジャッキーは気分がおさまったらしく，父親に向かってほんの少し顔を輝かせます。ジェニーは，居間へと駆けてゆき，その前日に父親が子どもたちに与えた小さな人形を2つ持ってきました。そして〈ジャッキーのは壊れちゃってるの……〉と彼に指し示しました。父親はそれに応えていくらか彼女を慰めることばを伝えてやり，そして妻との会話に戻ります。その一方でジャッキーは床に座ったままで，そしてつまづく前に，それも事故にみせかけて'故意に'といった感じでありましたが，遊んでいた車輪の付いている玩具にすっかり気を奪われておりました。

　少し経ってから，K夫人は夫に飲み物を準備しにキッチンへと行きます。ジェニーはその間こっそり父親に近づき，その膝の上に乗って座り込みます。そして彼に，〈ほら，お人形さんは眠っているね〉と示しました。K夫人が戻ってきて，ジェニーに半ばイラついた顔をします。彼女は，父親の膝の上に座ったままお人形さんへ注意を促し，穏やかに〈ねえねえ……〉と頻りに話を続けようとします。母親がジェニーに，〈お父さんにちょっとはリラックスする時間を与えなさい……〉と小言を言い，そして彼が帰宅する前にしていた塗り絵の続きをやるのはどうかと示唆します。

　ジェニーは，言われたとおりにします。ジャッキーはそれから父親の注目を引き付け，彼女が遊んでいた車のネジを巻いてもらいます。母親は，彼女に絵本を持ってきて，パパにそこにいる動物たちの名まえを読んであげたらどうかしらと言います。ジャッキーはそれをし始めます。それぞれの動物の唸り声を適切に摸倣します。ジェニーは描いていた塗り絵の作業はそのまま中断し，彼らに加わります。そして父親は娘ら二人に適切ながらも褒めることばを何か言ってあげております。

　ジャッキーはしばらくして退屈します。そして隣の遊戯室へと駆けてゆきました。父親を呼びながら，〈ねえ，パパ！　来て来て……〉と言っております。父親は彼女の後に従います。彼女は椅子の上に立って，彼女の両腕を突き出し，〈ほら，抱きとめてね〉と言いながら，

彼の両手を伸ばした腕へと飛び込んでゆき，自信ありげにキャキャと嬉しそうに声を張り上げます。彼女がこれを繰り返したとき，ジェニーは，彼らの後に従って椅子に立ち，ジャッキーの二度目の試みのあと，彼女をそっくりそのまま真似しました。

　それから母親は，入浴の準備ができたからと言って部屋に入ってきました。そしてジャッキーの衣服を脱がせ始めます。ジェニーは自分で脱ぎ，父親は飲み物を終えました。入浴に15分ほどかかり，二人ともすごくご機嫌でした。やがて母親が〈さあ，お風呂から出なさい〉と言います。二人はそれを拒んで，遊びを続けます。それでK夫人はただちにジャッキーを腕にかかえ，それからタオルで包み，それからからだをしきりに拭(ふ)いてあげ始めました。ジャッキーは2，3分ほど思い切り声を張り上げました。それから彼女の傍らのテーブルの上にあったタルカムパウダーの缶を手に掴(つか)みます。そしてその蓋を手で廻します。そして突然完全に動きを止めます。その新しい遊びに夢中になっています。彼女は突然再び機嫌を損(そこ)ね，吠(ほ)えます。その缶の蓋が床に落ちたからです。しかし母親がそれを拾い上げ，彼女に手渡すと，直に穏やかになりました。

　ジェニーはこうした傍らまだ浴槽の中にいます。そこでお湯のなかでジャンプを繰り返します。水飛沫(みずしぶき)が撥(は)ねるさまをさも愉快げに見ています。風呂から出されたのがジャッキーであって，自分ではないということが嬉しかったようであります。それから，やがてものごとが落ち着くにつれて，もはや一人だけ置き去りにされているのが面白くないと思ったようで，そこで何やらつまらなそうな風情で浴槽から出て，タオルでからだを拭(ふ)いておりました。

　さて，ここに記述されました観察から，これら姉妹の子どもそれぞれの性格は，お互い同士，そして両親との関わりから果たしてどのようにして培(つちか)われてきたものなのか，いくつか疑問が投げかけられることになりましょう。ジャッキーは自発的でのびのびした，外向的な子どもです。母親から明確なはっきりした反応を引き出します。K夫人は，お風呂から上が

せるのに，どちらもが抵抗したとき，彼女を真っ先に引っ張り出しました。そして彼女がキッチンでつまづき倒れたときには，彼女を抱き起こし慰めてもおります。一日の仕事を終えたあとでも，母親はジャッキーを面倒くさがることもなく，まったく苛立つことはありません。ところがその一方で，ジェニーに対してはイラついた顔を隠さず，いくらか邪険に父親の膝から降りなさいと告げたりするわけであります。

　ジャッキーは，欲しいものを手に入れるために実に敏速に動きます。彼女が'偶然床に倒れた'のも，父親が帰宅した瞬間に母親の注意を自分のほうに向けるためでもありました。まずそうしながらも，次には父親のほうに微笑を向けてお愛想することも怠りません。かなり余裕たっぷりであります！　彼女は後に父親に遊んでもらおうとします。車のネジを巻いてもらうやら，ジャンプをして彼に受け止めてもらうやら……。母親に浴槽から抱き上げられ，からだをタオルで拭いてもらっているときでも，お風呂が終わったことはもう既成事実として受け止め，さっさとそうした'喪失'ももはや意に介しません。そして手にできるところのもので気を紛らわせて，それにすばやく切り換えて遊ぶわけであります。タルカムパウダーの缶でしたが……。その蓋を床に落としてしまったときは声を張り上げます。すると，母親はすぐさまこれへの反応を惹き起こされ，彼女は直に宥められるといったことになるわけです。

　ジェニーは，それよりもずうっと遠慮深いというか，万事が控え目でぐずぐずしております。そう大っぴらには要求しないのです。しかしながら，そんなふうに不安感が強く，どうして欲しいと物事を強く頼むことがなかなかできませんので，ついジャッキーに遅れを取り，何かというと妹の尻馬に乗っかるしかないのが見てとれます。事実彼女のほうが年上であるわけですが……。彼女の要求は，これといった具体性に乏しいように見受けられます。おそらく要求が叶えられるということもそれだけ少ないと言えましょう。彼女は父親にいい子と見られたいと思ってますし，それで彼にもらったお人形さん——つまり赤ちゃん——を自分はちゃんと世話ができている，だけど妹のジャッキーはそれを壊してしまったの，と告げ口したかったわけでしょうが……。残念ながらまたまた'空振り'といったとこ

ろです。

　もしも両親がちょっと注意して，自分たちが日頃どれほど簡単にジェニーを後方へと追いやっているかが観察できたなら，事態の緩和に少しは役に立つかもしれません。でも実際のところ彼らにとって，ごく普段の自発的な振る舞いを変えるということは難しいかも知れません。どんなに意識してそうしょうとしても……。

　ジェニーの将来の成長にとって，まず友だちがつくれること，そして何であれ彼女自身の興味を伸ばしてゆくことが励まされることが重要かと思われます。いずれ学校へ通い始めるようになれば，そうしたこともあり得るかもしれません。もしも担任の先生がそれぞれ子どもの個性を引き出すことができる人で，そしてジェニーにも自分の居場所をつくるチャンスが与えられるといった幸運(グッド・ラック)に恵まれるとしたら，もはや彼女は妹ジャッキーの覇気溢れる性格にただ振り回されているばかりでもないでしょう。

## いつ〈ダメ！〉を言えばよいのか

　ここで4人の子どもたちをお持ちの母親で，とても子育てのお上手な方をご紹介しましょう。どの子も5歳以下です。ほとんど他に誰かお手伝いしてくれる人がいるわけではありませんが，家は子どもたちが駆け回ることのできるスペースは充分にあります。いつも子どもらが意のままになるわけではありませんけれども，それでも彼女は彼らの世話をして退屈させずに遊ばせておりますし，そして夜には夫やら友人やらと一緒におしゃべりをも愉(たの)しんでおられます。その頃には子どもたちは上の階で落ち着いて眠っているといったふうに……。

　ある晩のこと，3歳半の子どものアニーがお姉ちゃんのメイと一緒の部屋に寝ていたのですが，泣きながら目を醒(さ)まします。恐い犬の夢を見たようです。それで彼女は下階へと連れてこられました。そこでは両親がおしゃべりしたり，テレビを観ていたのでした。そこで宥(なだ)めてもらい，少しばかり甘やかされ，それからその一時間後には機嫌を直してまたベッドへ入ったというわけです。そして次の晩，同じ時刻に，また彼女は目覚め，泣

き始めました。それで下階に連れてこられて話を聴いてもらったというわけです。このときはいくらか話が曖昧でありまして、いずれにしても恐い犬だったということでした。再び彼女は慰められ、少し甘やかされ、そしてまたベッドへ連れ戻されます。その次の日にも同じことが起こり、同じ部屋に寝ていたお姉ちゃんのほうも起きてしまいます。それで母親は、これはどうやら調子に乗り過ぎて癖になったということに気づいたわけです。そこで即刻彼女らを自分たちの部屋へ追いやり、しっかりと温かく毛布に包んで寝かせつけるほうがいいと判断をしたわけです。こうした'真夜中のパーティ'が毎晩のように起こるのは止めさせなくてはというわけです。もちろん、子どもらは抵抗を示しましたが、母親が毅然とした態度で〈ダメはダメ……〉というふうでしたから、やがておとなしく眠りに就いたということになります。

　すなわち、子どもに譲歩する時があってもいいでしょうが、でもそれはいつもいつもというわけにはゆかないということなのであります！

# 第8章　幼い子どもたちの教育

親たちの教えと導きについて

　今のところそしてこれからまだしばらくの間は，われわれには子どもの将来を左右するところの重要な判断をしてあげなくてはならない責任があります。われわれがいろんなことについて彼らよりもよく知っているということを子どもらに信頼してもらう必要があるわけです。そしてしばしば，こちらの都合次第では，どうしてとかなぜなのとかいちいち理由を尋ねることなしに言われたとおりに彼らにしてもらわなくてはなりませんでしょう。しかしながら，そうであったとしても，彼らに見る眼があれば，われわれが不完全であり，そして彼らを扱う上で過ちをおかすことだってある

のは一目瞭然ですから，それらを覆い隠し，彼らの目をごまかしていいといったことでは決してありません。親として常に自分たちが正しくなければならないと考えているとしたら，それはむしろ基本的には極めて自信のない親といえましょう。〈これをしなさい。なぜなら親の私がそう言うからよ……〉といったことは，他に片付けなければならないことが山積みになっていて，ああだこうだと言い争いしていては全然埒が明かないといった場合，それもとりあえず結構かと思われます。しかしごく早い時期から，それも子どもによって千差万別であるとしても，子どもたちはごく自然に，‘ものごとの関連性’について興味を抱くようになり，何故われわれが〈それしなさい〉と命じ，〈それはしちゃいけません〉と禁じるのか，その理由を知りたがるようになってまいります。時としては，得心したうえで快い協力を取り付けるためにも，彼らに説明してあげることがあっていいでしょう。

　小さな子どもにとって父親そして母親というものは，最初の頃は絵本のなかの王さまとか王妃さまといったようなものであります。時としては実に慈愛に満ちたものであり，時としては横暴で理不尽なものといえましょう。いつか子どもたちは，われわれはこの世間では彼らが思うほどには‘重要人物’ではないということを発見するでしょう。そしてそうした親に対する幻滅は，もしも日頃からわれわれがそうした子どもらの幻想を養ってきたということではないとしたら，さほど打撃でもないでしょうし，もしくはそれで勝ち誇った気分になるといったこともないでしょう。ちなみに，おそらく読者のみなさん方はご記憶がおありでしょう。ジョン・ホプキンス脚本のシリーズもののテレビ・ドラマ《見知らぬ人との語らい（Talking to a Stranger）》（1966 BBC 放映）ですが，そのなかに衝撃的で，何だかとても苦痛を覚える一場面がありました。そこに登場する，女優ジュディ・デンチ演じるところの「娘テリー」なのですが，彼女はもう立派な大人に成長しているわけです。でも猛烈な‘皮肉屋’で人生にほとほと幻滅を抱いているといったふうな困った女性です。そして彼女は父親に向かって，どんなに自分が欺かれていたかと大いに詰るわけです。〈ほらね，その昔，私が幼い頃にパパはいろんなおとぎ話を読んで聞かせてくれたで

しょ。'めでたしめでたし'のお話だったわ。それで私ね，パパはずうっといつまでも私のことを守ってくれて，万事うまく行くように取り計らってくれるはずと固く信じ込んでいたの。でもそんなことはあり得ないわけで……。そんなふうに無邪気で幼い子どもを惑わすなんて，パパは残酷だわ。ひどい！……〉と。そして彼女は，ずうっとその生涯をとおして，まさにそうした'守護神'のようなパパを探し求めてきたわけで，しかもその期待は裏切られ続け，だからそれを手にすることの叶わなかった自分の人生を認めるわけにもゆかず，そして実際に彼女自身の父親をも許すわけにはゆかないといったことのようであります。

　われわれの子どもたちには徐々に，こんなふうにテリーみたいに勘違いをしたままではなく，事実としての両親をありのままに体験してゆく，そうしたことの積み重ねこそが重要なのであります。そのためにも，われわれ親たちはすべてを知っているという顔をしないこと，たとえ間違いをおかすことがあったにしろ，それを覆い隠すことをしないこと，時には不当にも見えるでしょうし，洞察に欠けると見なされるにしても，それでもなおベストを尽くし，おのれの過ちから学ぶことに努め，また子どもらに対しても同じくそのように寛容でありたいわけです。期待があまりにも非現実的に高すぎますときには，両親そして子どもたちどちらも誤りそして愚かしさを認めることが難しく，それで結局のところうわべを飾り，言い繕うことばかりで，もしくは別の誰かの咎にして素知らぬ顔をしていたりするわけであります。

　もしわれわれが全知なる'権威'でもあるかのようにわが子に誇示してこなかったとしますなら，子どもたちが学校に行く頃になりますと——もう子どもたちはすでに学校に行っているかもしれませんが——そこでいつ いかなるときにどう振舞うのが正しいのかについて，他の大人たちのさまざまに異なる錯綜した見解を彼らから聴かされることになりましょうけれど，だからといってそれで傷つくこともないでしょう。

　もしわれわれがわが子のうちに真正の'探究心'を養ってきたとしますなら，当然ながらわれわれとは違った可能性を彼らは彼らなりに開拓してゆくことでありましょう。必ずしもそれが道徳的に間違っていたり，もし

くは社会の常軌を逸するということではありませんけれど……。世間には異なった規則やら社会的習慣があるということを配慮することは大事です。もしも自分の親たちとは全く違う価値観で育てられた子どもたちと一緒に過ごす経験があれば，それはただ単純に当惑でしかないとか，もしくはそれまでに培われた忠義立てが脅かされるということではなく，むしろ大いに人生が豊かになる機会にもなろうかと思われます。もしわれわれがわが子に安心と自由を与え，そして自ら学んでゆけるように手助けすることにベストを尽くしてきたということでしたら，いずれ彼らが成長した暁には今度はわれわれが彼らから少なからず何かしら学ぶということができるものと思われます。

### 子どもの'性'教育について

この点については，子どもの側からのきっかけを得て，それでそれについて彼らが尋ねる質問，それが直接的であろうともしくは暗に示されたものであっても，それに返答するということであれば，特に問題はないでしょう。それでも，多くの親御さんにとっては難しいことであります。おそらく特に，〈どうしたら'種'はママのお腹のなかに入るの？〉といったことについての説明であります。こうしたことを気軽に率直に語ってあげられないとしたら，つまりそこに何らかの抑制があるとしたら，それはわが子に'性欲・性衝動'を認めるのを不安がっており，どちらかというとそれを否認したがっている，そうしたこころの窮屈さに関連づけられましょう。われわれはわが子をもうしばらくの間'無垢なまま'にしておきたいと思っているのかもしれません。〈あの子の頭にあんまりいろんなアイディアを詰め込みたくないの……〉といったふうに……。つまり'不健康な好奇心'を煽らないといったことでしょうが。でも'アイディア'はすでにそこに，子どものこころの内にあるわけです。

幼い子どもたちは，どうして赤ちゃんはつくられるのか，そして大人たちがどんなふうに一緒にセックスをするのかといったことについて，その謎解きにおいてそれぞれなりに'持論'を展開し，空想を果てしなく巡ら

せてまいります。たとえ彼がどんなに正しい説明を受けて，それを理解したふうに見えたとしても……。それら空想ごとは，彼の願望，恐怖，そして彼自らの身体的感覚に基礎づけられたものなのです。ですから事実は事実として重要でありますけれども，それらを彼の思いどおりに自由に使っていいわけであります。もちろん子どもですので，大人の性生活についてその意味を完全に飲み込めるかどうかは別でありますし，それに両親相互の関係性に謎めいた何かを察知することは必然的に避けられないでしょうけれども……。

## ナーサリー・スクール（保育学校）について

　あなたの幼いお子さんが３歳もしくは４歳になった頃には，就学前教育であるところの「ナーサリー・スクール（保育学校）」もしくは小さな保育グループといったものに通わせることをお考えになるでしょう。それにどんな有利な点があるかを考えてみましょう。まずそれは母親に，ずっと必要とされていた休息を一日のうちの数時間でも与えられることになり，その間に買い物，清掃，もしくは下の子どもの世話もすることができましょうし，もしくはたぶん自分一人だけのちょっとしたゆとりの時間にもなるでしょう。このようなことは決して取るに足らないこととは申せません。それに，大人でもお互い同士しばらくの間離れているとしたら，それだけいっそう相手に対して'有り難味'を覚えるということがあるわけですが，ナーサリー・スクールに通う時期になった子どもとその母親についても，おそらくそのとおりかと思われます。

　しかし他にも，子どもにとっても極めてポジティヴ（肯定的）と言えるものがあります。もしもあなたのお住まいの地域で適当なものがあれば，それは結構なことですし，もし無ければ，同年齢の子どもさんを持つ他の母親たちと一緒にグループを立ち上げることもお考えになってみる価値があるといえましょう。しばしばこの時期，あなたの子どもは，その関心を家庭そして家族という身近なサークルの外へと拡げてゆこうとしております。ようやくそうした準備ができてきたということです。家庭では，どれ

ほどのものが与えられているとしても，やはり大概のところ，生活は両親を中心としたものであります。家庭の背景には，お父さんが仕事をして稼ぎ，家族を養うということがあり，そしてお母さんが料理やら家事の切り盛りをするといったところで家庭は成り立っているわけです。またお母さんは赤ちゃんの世話に明け暮れしてるということもありましょう。そういうわけでありますから，もし両親がほどよく大人であり，'親的な務め'において有能で頼り甲斐があるということでなければ，子どもたちにとっての日々の暮らしは半分も心健（すこ）やかでもハッピーでもないといってよろしいでしょう。

　ナーサリー・スクール（もしくはグループ）といいますのは，まず何よりも3歳～5歳といった年齢の子どもたちに合わせてすべてが調整されてできています。そこにまさにその'存在理由'があるわけです。そしてその場は，子どもがその年齢に達したということでようやく参加権を得られた，彼自身にとって特別な居場所になるわけです。そこではいろいろのことを試してみるやらあれこれ探索したり遊んだりといった，彼にとっての'テリトリー'になるわけです。そして父親が仕事から戻ったときにも似て，家に戻っていろんなそれらを親に報告することでしょう。それは，いずれこのずっと後に彼が「ジュニアー・スクール」［訳註：上級小学校，7歳以上～11歳児を対象］に入学するときも同じようなものですが。でもその入学前に，多くの子どもたちは，数時間でも家庭から離れて過ごし，同年齢の他の仲間との関係性を伸ばしてゆき，そして彼らと一緒に自分が何をどれほどできるものかを試しながら，また彼らと自分を比較してみながら，近い将来の入学に向けての準備をいたします。ナーサリー・スクールといった，そこそこ少人数のお仲間とのグループ体験は，いずれ「プライマリー・スクール」［訳註：初等学校，5歳以上～11歳児を対象］で遭遇する，同年輩との交流のより大きなインパクトに出会うための準備期間としてもとても貴重といえましょう。

　ある意味で，ナーサリー・スクールは，家庭よりもずっと情緒的な雰囲気に包まれることの少ない場所です。ですからそこにおいて，子どもは家族の状況から派生するところの葛藤を表出し，遊びのなかで表現して

みることができます。同じ年齢の幼い女の子そして男の子と一緒になって，代わる代わる母親になったり，父親になったり，赤ちゃんだったり，お兄ちゃんだったりお姉ちゃんだったり，そんなこともできましょう。それに手近なところに先生が居てくれますから，それで子ども同士の間で喧嘩が起きたとしても，事態の収拾が付かなくなる前にことを片付けてくれるでしょう。列に並んで順番を待つといったことも学ばねばなりません。それは，子どもの誰もがそれぞれ大勢いる子どもたちのうちの一人だからです。誰もがひとしく平等なわけです。赤ちゃんだからまず優先的に誰よりも最初に世話をされるといったこともありませんし，もしくは父親が大急ぎで仕事に出かけなくてはならないから優先されるといったこともないわけです。それに，たとえばお家(うち)で朝食の際に苛立ちを覚え，でも態度でもことばでも伝えられなかったということがありますと，それをナーサリーに持ち込んで，遊び友だちのジョニーやらジェニーに八つ当たりしてそうした感情を発散させることだってできます。そんなふうに，どうにか時間を掛けて自分の気持ちに帳尻(ちょうじり)を合わせてゆくといったこともできるわけです。

　しかし，もちろんのこと，母親は，子どもがナーサリー・スクールに通い始めた最初の頃，自宅での日々の暮らしが折々にナーサリーから持ち帰ってくるところの未解決な葛藤および心配ごとといったものによって混乱させられることがあるということは心しておかねばならないでしょう。大きい男の子にいじめられるといったことの恐れやら怒りというものもありますし，先生もしくは女の子の友だちがどうやら自分よりも他のライバルの男の子のほうを好(す)いているみたいだといった悩みだってあるでしょう。それで時として自宅ではこれまでになく'赤ちゃん戻り'をすることになるかもしれません。お漏らしをしたり，就寝時にしつこく一緒に居て欲しいとせがんだり，夜怖い夢を見たり……。いかなる発達そして変化にも不安感は付き纏(まと)うものであります。ですから，彼が何やら恐れているとしても，やがて楽しむことができるようになってゆく途次にあると判断されるとしましたら，自宅に戻ってきたときその'赤ちゃんっぽい'部分を少し余計に慰めてあげて，そして抱えてあげましょう。そうすれば，子どもはいくらかでもなお前向きに粘り強く頑張ってゆくことを励まされること

になりましょう。

しばらくの間、ナーサリー・グループに通う期間を短縮したり、もしくは最初の頃ですと週の通う日数を減らしたりしますと、状況はそれほど負担にはならずにすむでしょうし、そしてお家から離れて過ごすことにも慣れてゆく時間が与えられるということになりましょう。子どもは、先生やら他の子どもたちと一緒に楽しんだとしても、帰宅した途端、何やらひどく不機嫌で気持ちが荒れているといったことがあります。それは、自分が不在の折に母親と赤ちゃんが何をしていたのか考えたりすることが耐えられないからなのです。事実として、彼らの生活が自分抜きにしてすべてがうまく行っているなんてどうしたって考えたくないというわけなのです。

しかし、可能性としては、彼はナーサリー・グループで遊びながら、他の子どもらと共にいろんな遊びをとおして、いろんな事態に自ら対処できるようにもなりますし、いろんな遊具をもうまく使いこなせるようになってまいります。自らの空想を遊びのなかで表出することは、彼に現実というものをいっそう鋭く把握し理解させるといったことになり、それでおのれの幼稚な感情に翻弄されずにすむことになりましょう。そうして精一杯に自己表現力を発揮してゆくなかで、やがて自分がもはや赤ちゃんと同じレベルで張り合う必要もないし、もしくは父親と競い、それでまだまだ自分はその足元にも及ばないと絶望を抱く必要もないとどうにか観念できてゆくわけであります。

## プライマリー・スクール（初等学校）への入学

「プライマリー・スクール」に通い始めるということは、それは子どもにとってと同様に母親にとっても、かなり深刻な経験になるかと思われます。もしかしたら時としては普通に誰もが理解している以上にいくらか'心的外傷'になるということも考えられます。こうした、子どもそして母親の双方にとっての'別れの儀式'は、もし彼がそれ以前にナーサリー・スクールに通って、そこで一日のうちの何時間かを過ごすということがなかったとしたら、そしてそのように母子間にいくらか'距離'ができ

てゆくことにも慣れていなかったとしたら，結構かなり辛（つら）いものになるかと思われます。

　あなたは，これでようやく自分だけの時間を持てると，安堵感を覚えるかもしれません。もしくは手持ち無沙汰で，自分でどう時間をつぶしていいやら分からないといった感じになるかもしれません。もしあなたの心の状態が後者である場合ですと，子どものためにもあなた自身のためにも，ここらでようやく少しでも互いに離れて過ごす時期を迎えたものと思わなくてはなりませんでしょう。もし母子が互いにあまりにも依存しすぎ，そして互いに密着し合い，しがみ付いているということでしたら，あなた自身とも違う'もうひとりの人格'としてのわが子の発達を妨（さまた）げることに得てしてなりがちだからです。

　もしそれがあなたの最初の子ども，もしくはあなたの最後の子どもであるといった場合には，おそらくわが子を学校に送り出すことはかなり心掻き乱されるといった経験になるかと思われます。最初の子どもということになりますと，あなた自らが最初に学校に通った折のありとあらゆる感情が再びぶり返すことにもなるでしょう。もしそれが不快な経験であったとしたら，それと同じような'見通し'をつい抱いてしまうわけです。もしあなたが注意深く検討し，気持ちをうまく処理することをしなければ，あなたは無意識にわが子を犠牲にしかねません！　時として子どもはそのことに鋭敏に察し，それで気後（きおく）れを覚えないように自らを奮（ふる）い立たせるわけです。ちなみに，これはよく聞かなくもないことですが，その初登校の日，その道すがら，傍らの母親に向かって慰め顔に，〈心配しないでいいよ，ママ。ぼく，大丈夫だからさ。見ててご覧！　ほんとだよ〉と言ったりする子どもだっているのです。

　ここに一人の母親がおります。その最初の子どもを学校に送り出す瞬間に，彼女自身の，もう30年以上も昔，学校へ初めて行った日のことを次のように懐（なつ）かしく追憶したのです。

　　私は田舎の村落にあった小さな学校に通い始めました。私が5歳をちょっと過ぎた頃です。同じ年齢の女の子で，ずうっとそれまでも一緒

に遊んでいた友だちと一緒でした。私たちのどちらも母親が付き添ってくれておりました。そして私は母親がどうやらひどく気を揉んでおり，いずれ私が騒ぎを起こすのではないかと内心ビクビクしているということを察知しております。なぜなら私は当時かなり利かん気の強い，時として彼女の手に余る女の子だったからです。H夫人のほうは全然心配しているふうではありませんでした。彼女の娘のほうもそうでした。彼女は私よりもずっとおとなしい子だったのです。そして物事をすなおにありのままに受け入れることに慣れており，当時われわれが一緒に遊んでいたときも，彼女はどちらかというと普通私の言うことに逆らわずに従うふうなところがありました。

　私はかなり興奮しておりました。母親は学校って面白いところで，読み書きを教えてくれるところだと言いましたし，私としてはそれに熱意を覚えたわけです。それからそこでたくさんの他の子どもらとも親しくなれるといったことも聞いてましたし，だから学校が始まるのが随分と待ち遠しかったのです。確かにほんの少しは内心怯えがあったとしても……。しかし，なぜかしらどうも母親は，私が学校をとても待ち望んでいるということを全然信じていなかったようでありました。いかにも明るく，そうであるように信じているふりを装っていましたけれども……。

　学校に到着したとき，ちょうど子どもたちは全員大きな教室へと集められるところでした。そこで朝礼が行われたのです。私たち二人は当日学校にやってきた初めての新入生というわけです。他の子どもらは1週間も前に登校し始めていたわけです。私たちの遅れた理由というのはたまたま水疱瘡を患っていたからなのです。われわれの担任の先生はその集会から出てきて，母親たちと私たち子どもに挨拶をしてくださいました。彼女はとてもいい方のようでした。しかし私は，教室のなかから騒々しい音が聞こえたときにちょっとびっくりして怯えてしまったのです。どうやら彼らは一緒に賛美歌を歌いだしたようでした。それが《主の祈り》を耳にした最初だったのです。私は母親に神経質にそれが何かを尋ねました。彼女は〈みんなは先生にお話をして

いるところみたいね〉と返答しました。が、私にはどうにも納得できず、そして誰かがそんなふうに話すなんて聞いたことがなかったので、何やらぼんやりとんでもないことが起きているといった感覚を覚えたわけです。そしてそれがまさに母親が居なくなった途端、それが私の身に起こるのだということを……。しかし私は、先生が傍らにいてくれたお陰で、気分はそれほど悪くもなく、親しみを覚え、大丈夫といった気分でいたわけです。

　それでついに母親たちが立ち去ろうとして、私たちにさよならを言いました。母親が腰を曲げて私の頬にキスをしたとき、私は彼女がかすかに震えているらしいこと、ひどく心を搔き乱されているということが感じられました。それでその瞬間突如としてなにもかもが耐え難いといった感情に襲われたわけです。私は声を張り上げ大泣きを始めます。そして母親にしがみつき、お家に帰りたいと訴えました。それから友だちのHが私のほうをチラッとみて、自分も泣こうと決心したふうでした。事実彼女は全然動揺していたわけでもなかったと思うのですが。しかしわれわれは二人とも、大声を張り上げて、母親にしがみついたわけです。それからしばらくの間大混乱があり、それから誰も彼もがわたしたちを〈まあ、まあ、ほらほら……〉といった具合に宥めすかしてくれたというわけです。その辺りのことはどこかぼんやりとして記憶は曖昧なのですが……。とにかく、その結果として、母親たちはその日の大部分、学校の周辺に待機したままでいるということになりました。私たちはどうにか特別の注目を得られたわけです。もちろんそこには、ちょっと困った子たちだわねといった苛立ちがいくらか混じっていたともいえましょうが……。

　その晩、母親と父親はこうした事態について話し合ったに違いありません。翌日、私たちは父親に一緒に伴われて学校へ登校し、そして母親たちが学校の終わる時刻に迎えに来ると告げられました。私は彼の顔色をうかがい、これは抵抗しても無駄だと観念しました。そこで彼は、私たちに一言も言わせず、担任の先生に引き渡して去って行ったというわけです。そして私が憶えている限り、その日はいろんな不

思議なことがいっぱいあって，すばらしく愉快で興味深い一日であったのです。母親を求めて泣き叫ぶなどということは毛頭思い浮かびませんでした。それ以来，ずうっと私は学校が大好きになっていったのです。

### 事例：ピーター(5歳)，'登校渋り'の男児

　もしあなたが，自らの不安感とは別に，あなたのお子さんが学校を始めるにあたっておそらく間違いなく動揺を来たすと考えるだけの充分な理由をお持ちの場合，彼にそれに向けて準備をさせるために極めて多くのことを考えねばなりませんでしょう。もしそれを事前に考え，夫にも相談するならば，あなたの子どもにそれをどのように語ればいいのかは誰よりもあなた自身が一番よくわかっているということになろうかと思われます。さて，ここにご紹介いたしますのは，ある一人の母親からうかがった実話であります。彼女には幼い男の子がいたわけですが，その子はそろそろ5歳になろうとしており，いざ学校を通い始めるにあたり，どうやら'登校渋り'の問題がかなり深刻に生じるであろうことは確かと予感されました。それでどのように対応したか，ここにその奮闘ぶりが語られております。ご参考になるかと思われます。

　　ピーターは二人の子どものうちの弟のほうです。姉のケートは彼よりも3つ年上で，とても社交的で外向的な性格の女の子でしたから，人々との交わりにおいて問題は何らありません。彼女は週末などには自宅から離れて，祖父母とか叔母さん宅に，学校に通い始める前に何度もお泊まりに行くことがあったのです。ピーターは，それとは全然違うタイプの内気な子どもで，誕生後のごく早期から一見してそれは明らかであったわけです。
　　彼は，生後4カ月目に突然離乳を強いられました。その理由というのは微妙に曖昧さが残るものでした。そしてそれからというもの，母親に対して猛烈なしがみつきが始まりました。彼が歩き始めた頃，母

親が視界の内に認められる限りにおいては自分一人でも平気で，機嫌よく遊んでおりました。でも彼は見知らぬ人に対しては気後れし，むしろ怯(ひる)むようで気を許すことはまるでないのでした。そうした'見知らぬ人'というのに親戚の人たちまでもはっきりと入れていました。彼らはしばしば訪ねてくることがあって，彼にとっては事実馴(な)染みの人たちだったわけですが。父親は当時何度かかなり長期に亘る出張で家を留守にすることがあり，それで親しくないというわけではないにしろ，彼は4歳もしくは5歳近くになっても，父親との間で，多くの幼い男の子が持つと思われる特別な父親と息子の関係性を樹立するまでには至っていなかったといえましょう。事実彼は母親に排他的ともいえるほどに依存しており，彼よりもずっと年下の子どもたちと比べてもそれはちょっと珍しいほど顕著でした。

　こうした事情があり，母親は，ナーサリー・グループに彼を参加させるのを諦めておりました。それもたまたま近くにそれがなかったということもありますが。それで彼女は彼が他の子どもと一緒に自宅で遊べるようにできる限りの配慮をしてきました。そして友人で同じような幼い子どもたちのいる人たちと一緒に外出することもしております。たとえば，彼にはほぼ同年齢のたくさんの従兄弟(いとこ)たちがおりましたし……。

　彼はお姉ちゃんが通っているプライマリー・スクールに通う予定でした。近隣には顔なじみで一緒に大きくなったともいえる同じ年頃の子どもたちがたくさんいましたし，その学校にいずれ彼らも通い始めようとしていたわけです。母親は毎日お姉ちゃんを迎えに行くときに彼も一緒に連れていきました。彼が学校を始める1年も前から，彼をその学校にいる先生方に紹介し，そしていつか彼の教室になるはずのところにも連れて行ったりしたわけです。母親は，学校ではどんなことをするのかをいろいろと話して聞かせ，学校というのはどんな一日が待っているのかということを彼にイメージさせたのです。そこには，彼女の幼い娘もまた一緒にそうしたおしゃべりに加わっておりました。彼の通学を一学期ほど遅らせることもできたわけですが，しかし母親

は，お姉ちゃんがジュニアー・スクールに行くため卒業しますので，彼女がまだそこにいる間に彼も一緒に通うようにするのがむしろいいのでは考えており，そうした理由でたぶん理想的と思われるよりちょっと早めに彼を学校に通わせ始めることにしたわけです。彼女は担任の先生のところに会いにゆき，おそらく何らかの困難が想定されると説明しました。先生は，一度午後のお茶の時間にでも家庭訪問をして，まずは彼と自宅で会うのがよろしいでしょうと，その手筈を決めてくださいました。

こうしてピーターは，お姉ちゃんがいなくなる前の「夏の学期」に学校を始められるように準備万端整えられたということになります。母親は断固とした気構えで彼の登校に付き添い，泣きべそかいている彼を慰め，プレイグランドで涙を拭いてやり，教室へと送り出しました。そしてようやくのこと最初の週はどうにか終えて週末のお休みを迎えたのであります。

でも実際のところ，その最初の週はかなり惨憺(さんたん)たる状態でした。彼は最初の朝，母親から別れ，お姉ちゃんと一緒に落ち着いて出かけていったのですが，休憩時間になる前に〈ママー！〉と叫んで大泣きをしたのです。先生たちはお姉ちゃんに彼の教室まで来てもらい，それでその午後の時間中は一緒に彼の側に座っていてもらったということです。そしてお姉ちゃんにランチ後に彼をお家(うち)に連れて帰ってもらうことにしたわけです。

その翌日，彼の'登校渋り'が始まりました。頑として母親から離れまいとし，必死にしがみつき，ギャンギャン泣き喚(わめ)いております。しかし母親は両腕で彼を抱(かか)え込み，どうにか教室へと彼を運び込んだというわけです。それから担任の先生が教室内で彼女の傍に彼をずうっと座らせてあげていました。その残りの週，折々にシクシク泣いたり，カンシャクを破裂させるということがありまして，それで二度ほど先生はお姉ちゃんを教室に呼んで彼を落ち着かせてもらうということがあったようです。しかしながらその翌週になりますと，彼はようやく気持ちに折り合いが付いたふうで，どうにか学校でも楽しめるよ

うになっていったのです。最初の学期の末頃には，積極的に学校へ行きたがるようになり，そして今ではもうそれから5年，6年経っておりますが，学校にはうまく適応しているといえます。以前のような極端な非社交性は失われ，性格はお姉ちゃんに比べれば確かにぐんと控え目で恥ずかしがりやともいえましょうが，でも事実彼なりにどうやら親友と呼べるような友だちもできているようであります。'めでたしめでたし'といったところです！

# 第9章　さまざまな子育ての注目点

　この章では，幼い子どもたちをお育てのみなさん方が日々直面いたしますさまざまな問題について，それらいくつかを選んで考察を試みてまいりましょう。

## 三者関係について

　われわれ誰もが《エディプスの物語》を承知しておりましょう。歴史もしくは神話，そのいずれにしましても，確かに幼い男の子のなかには母親に対して無意識的願望があり，大人になればそれが現実化するといったふうに見なし，それで空想において父親を断固排斥し，亡き者にせんとすることがあるわけです。そうした，いわゆる〈エディプス・コンプレックス〉と呼ばれる心性をわれわれが理解するうえで，まさにギリシャ悲劇の

一つ『エディプス王』に着眼したフロイトの'天才'に益するところ大であるといえましょう。また幼い女の子のなかにも、いわゆる〈エレクトラ・コンプレックス〉と呼ばれておりますが、同じような心性、すなわち独占的な愛情を父親に対して抱き、それで母親に対して強い対抗意識を燃やし、延いては抹殺してしまおうといったこともあるわけです。さらには、事態をよりいっそうに複雑にするわけですが、いわゆる「逆・エディプス」というのもあります。すなわち、男の子の愛着が父親に対してであり、女の子のそれが母親に対してといったふうに……。

　実際のところ大概の子どもたちは、学校の始まる前の時期、折々に両親に向けて熱烈な愛着を示しますし、それもその両方に対して行ったり来たりと所有欲を巡ってこころが揺れ動きます。それは実にはっきりと見てとれる、おおっぴらなものであります。しかしながら、幼い女の子は、普通ですと、'パパと結婚する'ということにまずは落ち着くわけでして、そのように彼を自分の将来の'夫'のモデルにしようとしますし、幼い男の子もまた同じようにして、母親を選ぶということになりましょう。そして、やがて子どもらが青年期の後半から大人になってゆくにつれて、適度に調和がとれた育ち方をし、両親のいずれに対しても尊敬の念を抱いているとしますと、無意識裏に自分の両親の何か望ましい点に似たところの'パートナー'を探すということはよくあることです。

　フロイトは「エディプス・コンプレックス」について、それは３歳、４歳、もしくは５歳といった幼い子どもたちのなかに見られるものとして語っております。つまり、それ以降ですと、それは抑圧され、いわゆる'潜在期'に入るわけです。つまりのところ、もうその時点では性的な感情は'潜在'化し、子どもたちは両親との関係においてそれほど感覚的にも身体的にも密着して関わりあうことがもはやなくなるというわけです。その一方で、メラニー・クラインは、三者関係に於ける困難性というものを観察しております。すなわち片方の親への熱烈な排他的所有欲、そしてもう片方の親に向けての排斥感情といったことなのですが。そうしたことは、赤ちゃんが１歳になるまでの時期にはすでに始まっており、その時点では母親そして父親のどちらにもそれぞれ明瞭に異なる関係づけを持つように

なってまいります。

　下記の観察をご覧ください。そうしたことを支持する多くの例の一つといってよろしいでしょう。

　　ある午後，生後４カ月目を過ぎたばかりの幼い女の子が，ソファーの上に横になって，足を蹴り上げておりました。母親と訪問客との間のおしゃべりにぼんやりと耳を傾けているふうでもありました。しかしながら，彼女は，部屋の扉のほうへといかにも何かを待ち受けているかのようにちらちらと目を遣ります。やがて，彼女のお姉ちゃんが学校から戻ってきました。それで赤ちゃんはほんの少し微笑みを浮かべましたが，すぐにもう一度扉のほうへと向き直りました。そこにオペアの女の子が帰宅しました。それでお姉ちゃんと同じようにそちらにも注目しました。でも，赤ちゃんの眼はまだいかにも誰かを待っているふうに扉のほうへと向き直ります。そしてついに，父親が仕事から戻ってきました。すると赤ちゃんの顔がパッと輝き，満面の笑みを浮かべました。腕も足もばたばたさせて，まるで喜びで有頂天になっているといったふうなのです。ここで疑いなく彼女が待っていたのが誰であったのかが分かります。そこでそこに居合わせ，この一部始終を見ていた母親の友だちが声をあげました。〈あら，まあ。お姉ちゃんたちは及びじゃなかったみたいね。パパを待ってたわけね……〉と。

　この女の子は，事実きわめて強く感覚的にも母親に愛着していた赤ちゃんでありまして，ずっとそうであり続けました。彼女は，授乳されたあと母親の顔にすり寄り，頬をひっつけるのが大好きで，その鼻やら頬を口を大きく開けて'食べちゃう'みたいな素振りをします。この観察のあった午後には，母親と友だちが互いにおしゃべりに忙しそうでしたから，それで少し退屈したようであります。それで父親を待ち望んでいたのでしょう。事実彼はよく彼女を抱っこしてくれて，たくさん話し掛けてくれていましたから。つまりのところ，赤ちゃんはおそらくもっと自分だけに注目を向けて欲しかったということなのでしょう。

幼い子どもがそれぞれ片方の親に対して密着した関係性を持つとき，しばしばもう片方の親に何らかの慰めを得るためにその気持ちを転じることがあります。その愛着している親に何かしら失望を味わったとか軽んじられたと感じる場合などによく見られることです。そしてすでに述べましたように，これは子どもが離乳期を迎えたとき，しばしば父親のほうに気を向けるといったことがありますが，そうした一つといえましょう。でありますと，これはもちろんのこと，両親が基本的に折り合いのいい関係性にあって，子どもを巡って互いが張り合ったりなどしていないということが子どもの安心のために極めて重要であるという理由の一つになろうかと思われます。そうでなければ，これらわずかにある対抗心もしくは'選り好み'をいっそう募らせ，さらには子どもの'慢心'をも増長させ，またその分安心感を減じてしまうといったことになるかと思われます。すなわち，もし家庭内に'安定した統治'があれば，子どもがどれほど不和の種を撒き散らそうと，どうにかそれも切り抜けられて，平穏さは保たれるといったことなのであります。

## 幼い子どもの性的な感情について

フロイトは，大人の分析患者たちから聴取したところのものに従い，自己分析をも試み，さらには児童について直接観察された資料をとおして，幼い子どものなかにある'性的な感情'というものが普遍的であるということを理論化するだけの非凡な才能そして勇気が備わっていたといえましょう。

幼い子どもは強烈な身体的感受性，それにまだ散漫であるにせよ性的な，もしくは官能的な感覚というものを経験いたします。でありますから，われわれとしては子どもらと一緒にゲームをしたり，何かしら騒々しい遊びに耽っているときなど，時として迂闊にもちょっと彼らを刺激しすぎていないかどうか気を付けることが重要になるかもしれません。そうしたことがわれわれ親にとっても大いに愉快であり，そして子どもたちもまた喜ぶとしても……。すなわち，子どもの性的感情を刺激し，それで結局のとこ

ろ欲求不満に陥らせ、その挙句憤りを募らせ、それで彼らを'マスターベーション（自慰）'へと駆り立てるといったことになるやもしれないからです。

　赤ちゃんそして幼い子どもというのはとても抱きしめたいような可愛らしさがあります。彼らは抱きしめられることが好きですし、彼らにとってもそれは重要なことで、そしてわれわれにしてもそうすることは喜びであります。ごく自然な身体的な密着性、母親と赤ちゃんとの間の、そして父親と赤ちゃんとの間の、それから他の誰か愛してくれる大人たちと幼い子どもたちの間にも、もしもそれがあるとしたら、子どもにとって自分のからだがいいものだということ、そしてそれが誰かに好いてもらえると感じられる基盤になりましょう。そんなふうに誰かと触れ合うことをごく自然に気持ちよく楽しめるとしたら、いずれ大人になったときに性的な関係性において相手に対してごく親密に感じられることにもなりましょうから、それに備えてのものと考えてもよろしいかと思われます。われわれは決して'禁欲的'になることは必要ではありませんし、子どもたちを抱きしめてやることに臆病になってもいけません。もしわれわれがわが子らに愛情込めて接触し、そして彼らがそれをどう感じているのかへの配慮があれば、それはそれで大いに結構なことなのです。

　たとえば、ここで一つ、ある父親のことが想起されます。彼にはそうした心の繊細さが欠けていたと言わざるを得ません。愛想のいい、でもぶっきらぼうな態度をよくする男性でしたが、しばしばわが子たち、幼い女の子そして男の子に対して自分の感情を露わに見せることがあり、'じゃれつき'、そう彼は述べていたわけですが、仕事から帰宅した折などいつでも喜んで彼らを相手にそうした戯れをすることがよくあったのです。それで時として子どもたちが過剰に興奮しすぎ、そして小さな女の子が彼にしがみついたり、そのからだに乗っかったりすると、彼はそれを唐突に振り払い、あっけなくも居なくなってしまうのです。その場に取り残された子どもたちは涙ぐむやら怒ったり、その場にそのまま放置されました。こうしたことから、先ず最初彼らは刺激され、それから次には拒絶されるのがお分かりいただけますでしょう。

もしも結婚生活において性的に欲求不満を抱えている人がいるとしたら，本来ならば結婚している関係性からもたらされるべきところの満足といった'まぼろし'を追求せんとして，つい子どもたちを利用してしまう，そうした誘惑を覚えるということは大いにあるかと考えられます。しかしながら，結婚生活に何ら確たる支障もなく順調にいっていたとしても，それは先ほど述べました男性について言えばそうだったわけですが，未成熟で内的に統合されていない性的渇望があり，それで子どもたちに惑溺(わくでき)したといったことのようであります。わが子に対する愛情において優しさやら思いやりの情が自分でも曖昧(あいまい)で，かつ混乱しがちであったものらしくうかがわれます。

　彼は父親として2人のわが子のどちらに対しても献身的であったわけで，彼らのために良かれと思うことは日頃よく熟慮していたといえましょう。彼は多くの点においてまさにとてもいい家族的な男性であったわけです。しかし，彼のパーソナリティにはどこか意識にのぼらないところで，軽薄で，いくらか淫乱(いんらん)な側面が隠されており，それが事務所での女子職員との間のからかい半分の'いちゃつき'にも，それに子どもたち，特に女の子に対しての荒(あら)っぽい戯れのなかにもうかがわれるわけでして，そこには焦(じ)らしては苦しめるといったふうな微妙に陰湿(いんしつ)な何かが含まれており，それが暗に表出されていたように考えられます。それから，どうやら彼は自分が何をしているのか不意と気づいたふうに，唐突に身を翻(ひるがえ)して子どもたちを置き去りにして去ってしまうといったことのようです。

　幼い女の子は誰もが，こうしたパパとの'内密なロマンス'に耽(ふけ)る傾向があります。この場合，パパが'魅力的な理想の男性'というわけです。父親の'幼稚な部分'によって煽(あお)られ，そして共謀し，この秘密っぽい，罪めいた，空想的な関係性には，母親を排除した，そして母親に勝ったといった，そうした'驕(おご)り'の気分が内在されております。このことが彼女をして母親の安穏(あんのん)に対して頻りに気を揉むといった，過剰な責任意識を抱くことになるわけです。つまり，母親から夫を奪い取ったということでありまして，それは心理学的にはまさにそのように言っていいわけですし……。それでたとえば，青年期以降も家を出ることが困難になったりい

たします。それは，母親には自分が側に居てあげなきゃと感じるせいなのです。この秘密裡の父親との絆をめぐっての罪悪感は，自由になって真実大人的な性的関係性を男性の友だちとの間に築くことが難しくなり，それから結婚したとしても夫に対して同じような心の躓きを抱くことになるかもしれません。

　同様に，他にもさまざまな類いの困難が生じることがありましょう。たとえば，男の子と母親の間に馴れ合いとか共謀がある場合，そして父親が取るに足らない，もしくは嫌なやつとか感受性がまったくないひととして（こうした状況では，得てして父親という役割にはそうした意味づけがされる場合がままあるわけですが）家庭内で顧みられないでいるといった場合などです。こうしたことは母親が性的関係性を楽しめないときに起こりがちです。たぶん男性とのそうした関係を恐がっているということであり，ある種そうした性的満足を彼女自身の息子を相手により'幼稚な'方法で発散させる，もしくは得ようとしているということになりましょう。つまりのところ，息子は彼女自身の創造物として見なされ，それで自己愛的に関係性を愉しめるといったわけであります。

　幼い子どもたちにとって，「幸せな結婚生活」とはその両親にとって性的にも満足的なものであるということであり，それが彼自身にとって将来へ向けての最良の模範となり，したがってそれに倣い，やがて青年期および成人に至ってそのようなものを現実のものとして希求することを始めるのであります。その嫉妬心そして羨望がゆえに，時として家族のなかで「自分こそが一番」といったふうな態度を示すことがありましょうが，しかし実際のところもしそうであったとしたら，それはむしろ彼にとって不安を醸し出すものでしかありません。なぜなら理想的に申しましても，双方にとって活力の源であるはずの夫婦というカップルを親として子どもは必要としているのですから……。それこそが，いずれ彼が成長し，おのれの力を蓄えてゆくうえで，大いに彼を護ってくれるものなのですし，そうでなければ子どもに安心はないということなのです。

　しかし，こうした安心をわが子に与えてやれるかどうか，それは親御さんにとって常にそうだとも言えないわけです。時として結婚が破綻すると

いったこともありますし，親のどちらかが死ぬといった場合だってなくもないでしょう。ここで一つそうした事例について語ってみましょう。

### 事例：ジェームズ，親の離婚を経験した男児

　ジョンとメアリーはどちらも若くて，まだ25歳にもなっておりません。ジョンは学校の教師で，メアリーは秘書であります。彼らは学生の頃に知り合い，ごく短い熱烈な恋愛をし，それで急いで結婚したわけです。当時彼らは19歳でありました。この早まったとも無謀(むぼう)ともいえる恋愛で，そしてどうやらどちらもが性的に無知で経験不足でもあったからでしょうが，すぐさまメアリーは妊娠したわけなのです。それで結婚することになり，その結果メアリーの大学教育は頓挫(とんざ)したことになります。

　結婚後1週間も経たないうちから，彼らは頻繁に猛烈な喧嘩をし始めました。それでも仲直りを繰り返し，赤ちゃんが産まれてきたらどうにか自分たちも落ち着くだろうといった希望もあり，何とかそれで収まっていたことになります。双方の親たちは援助を惜しまず，彼らに対しては依然として親しい間柄で決して愚痴(ぐち)を言うこともなく，実際的に経済的な援助も申し出てくれていたわけです。

　彼ら夫婦の関係性は，ジェームズが生まれても改善される気配はありませんでした。どちらもが赤ちゃんをとても気に入っていましたし，それで夫婦喧嘩がいずれ赤ちゃんが大きくなっていった時にどんな影響を及ぼすかと案じてもおりました。ジョンはいつか別居する事態に至ることも考えて，あまり赤ちゃんに没頭しないように万事控え目にしておりました。そして実際に，彼が1歳になる前に彼らは別居しております。その数カ月後に正式に離婚し，メアリーは子どもの親権を取得します。しかし，ジョンも父親として規則的にジェームズに面会する権利が与えられるとの同意がなされたわけであります。

　ジョンは，大学教育を終えたとき，彼らが以前住んでいたところから数百マイルも離れた都市に職を得ました。メアリーはそのままで，その住まいはどちらの祖父母ともごく近くでしたから，彼らは彼女に援助を惜しま

ず，ジェームズをも随分と可愛がってくれたわけであります。

　ジョンは，息子に会いに来るのは週末だったり，休暇中だったり，最初の頃は1年に3，4回といったところでしたが，それからはもっと頻繁になってきました。当初息子にあまり愛着しないようにと警戒していたのです。メアリーがいずれ再婚するだろうし，それで赤ちゃんのためにも二人の父親がいるといったふうに事態をこれ以上複雑にしないほうがいいと判断したからです。また，メアリーと彼自身との間には互いにまだまだかつての苦々しい気分を引き摺っておりましたから，彼にしてみれば，子どもに自分が関わることを彼女が大して喜ばないのではといった懸念もあったからです。

　彼女とジョンは，今やどうにか以前よりもずっと友だち感覚で付き合えるようになっており，手紙を規則的に交換しあうこともしております。ジェームズについて，その養育について，そしてジョンの規則的な，でもさほど頻繁でもない訪問について連絡を取り合っていったわけです。過去2年ほどの間，ジョンは否応なしにかなり息子への愛着を募らせてゆきました。息子のほうも彼と一緒であることを喜び，そして時々週末に家から離れて彼と一緒に過ごすといったこともありました。ジェームズは，ジョンが父親であるということ，でも両親はもはや結婚してはいないということ，なぜならば折り合いが悪くなったからだということを承知しているようです。そして彼はこの事実にはどうにか気持ち的には納得しているようでありました。両親はそれぞれ年月を経て少しずつ成熟してゆくなかで，そうした別々の生活と仕事に明け暮れしながらいくらか現実的な充足を得るまでに至ったといえましょう。彼ら相互の友情は，互いへの尊敬の念，そして子どもに対する現実的な思いやりと責任感に根ざしていたようであります。したがって，ジェームズは愛情を巡ってどっちか彼らの一方に引っ張られるといったふうに感じることは辛うじて避けられているようでありました。そうしたことは離婚した両親をもつ子どもの多くが得てして感じざるを得ないわけなのですが……。

　ジェームズは最近学校に通い始めたところです。その前に少人数のナーサリー・グループで2年ほど過ごしておりました。そこで彼はとてもハッ

ピーで落ち着いておりましたし，彼はとても賢い子どもでしたから，たくさんのことを学ぶチャンスにもなったということになります。ところが，こうしたナーサリー・グループでの恵まれた体験にもかかわらず，上のプライマリー・スクールに通い始めた最初の週，明らかに動揺するのが見られたのです。そのことに親たちはどちらもが幾分心を搔き乱されたのであります。なぜならば彼はお漏らしをするようになり，失便もありましてパンツを汚すことが何回かあり，恥ずかしがってそのことを先生やらもしくは他の子どもらに訴えることなどとてもできなかったのです。

しかしながら，担当の教師はとても理解力のある方で，母親とも相談し，ジェームズが比較的人数の多い子どものグループに馴染んでゆくために何とか気持ちを楽にしてあげられるように，相互に助け合ってゆくことにしたわけです。担任は，彼がパンツを汚した二度ばかり，全然騒がずにただ黙々と後始末をして，彼に着替えもさせてあげております。今では彼はそれも止みましたし，ようやく落ち着いてクラスの他の子どもたちとも楽におしゃべりができ，学校に通うことを喜ぶようになっております。

メアリーは今や再婚したいと考えております。ちょうど知り合って2年ほどになるある男性がおりまして，彼女は彼を尊敬し，そして彼とならうまくゆくだろうと自信を覚えていたわけであります。ここで一番の問題となったのは，ジェームズが断固としてお母さんにそうしないでと頼んだからです。一人すでに父親がいるのだから，そして彼と母親だけの生活は充分だし，ただ二人だけだとしても，おじいちゃんたちが二人も身近に居るんだし，家族に別にもう一人男性は要らないというのが彼の言い分でした。

こうしたジェームズの頑とした態度，そして学校に通い始めた当初の予期しなかった混乱からして，メアリーにしてみると果たして再婚というプランはいかがなものかといくらか尻込みする気分にもなり，ジェームズに対して悪いようにも思い始めたわけです。でもその一方で，彼女は将来の夫になってくれる彼が息子ジェームズの気持ちを理解してくれて，寛容であってくれるはずとも信じていたのです。

しかしながら，ともかく彼女はジョンとも会って，2回ほど事態について相談を重ねたわけです。その結果彼女は，再婚のプランを進めてゆこう

と決心したことになります。ただし，息子がそうしたことに慣れるだけの時間を稼(かせ)ぐ意味でも，ごくゆっくりと事を進めてゆこうと思ったわけです。

　二人して熟考した末に，ジェームズが母親が夫をもつこと，またそのように彼女自らの自己実現を遂げるのを自分が妨(さまた)げたといったふうに感じるとしたら，それは長い目で見れば決して彼の本意ではなかろうという結論に達したのであります。さらには，もしそうなれば，彼女は多大な犠牲を払うということになり，それで憤りを覚えないわけもなく，もしくはそうした憤りを抑圧しなければならなくなるであろうことは充分考えられます。それはどんなに子どもを愛していたとしても……。

　ママの再婚を邪魔することができたとすれば，ジェームズの中の「リトル（小さな）エディプス」を満足させるということは疑いを入れないところであります。しかもすでに，両親の離婚をとおして，彼のためになったとも言えない満足を甘受したということは紛れもない事実でありますわけで……。しかしそのような満足というものは長い目でみますと，母親へ向けて罪悪感の加味された過剰な愛着へと導かれ，そしていずれその成長においても，また将来安心に基礎づけられた結婚を彼自身がするうえでも何らかの困難が想定されるものと考えなくてはなりませんでしょう。

　ジョンは，彼ら夫婦の離婚以来ずっと認めていたことではありましたが，いずれ自分もいつか再婚を考えているということでした。その最初の結婚の首尾(しゅび)は全然褒(ほ)められたものではなく，むしろひどいショックでした。そして，彼は最初からほとんど全部彼女のせいだというふうにメアリーを責めていたわけですが，ここに至ってどれほど自分たちが幼稚で甘やかされていたのかということ，それでそこからたくさんの"大(おとな)人になるための学び"が必要であったということをようやく悟ったわけであります。

　彼らはどちらも明らかに，経験から随分と多くのことを学んだといえましょう。そして次にはもっといい結婚生活が送れるようにもう一度チャンスが欲しいといったことのようであります。彼らの人生は，この最初の過ちによってとんでもなく複雑になったようではありますが，でも結局のところ彼らのどちらをもそれで豊かになれたということが証明されたようであります。なぜなら彼らは，そうした経験を人生における無用な損失とし

て単純に切り捨てにせず，むしろそうした人生を生き抜くこと，そのもたらした結果に責任を担うことを学んできたからであります。

　彼らのうまくゆかなかった結婚は，疑いなくも多くの点で彼らの子どもに不安定な基盤を与えてしまったということはいえるかと思われます。それでおそらく，ジェームズが学校を始めるといった新しい状況で，それをストレスに感じ不安感を抱くやら，もしくはパニックを惹き起こすといったことになったのかもしれません。しかしその一方で，彼は両親を身近に感じてきましたし，離れて暮らしていても，それぞれ親が成長せんとして大いに励んでおりますし，わが息子のことも精一杯心に掛けてくれるといったことでもあり，そして自分たちの過ちから何らか益するものを得ようと懸命でしたわけで，そうした彼らの傍らに生きたという経験からジェームズなりに学ぶものはあったと思われます。それは，彼がその人生を築くにあたって，むしろ '稔りあるモデル' と言っていいでしょう。つまりのところ，人生経験の深みとか幅とかいうことからしても，孤独で，何の苦労もないような，浮世離れした人生といったことに較べれば，それもそれでむしろ結構かと考えられるわけです。

## 子どもに'死'について説明すること

　これは多くの親ごさんにとっては最大の難しい課題の一つでしょう。われわれ自身にしても死について考えるのを避ける傾向にあります。でありますから，そうしたことを考えるのは幼い子どもたちにとってなおさらに耐え難いものに違いないと思われるわけです。〈あの子が理解できるはずないわ。だとしたらどうして説明なんかしなくちゃならないの……〉ということになりましょう。

　しかしわれわれは普通，遅かれ早かれそれを子どもたちに説明せざるを得ない時期が来るものと思われます。実際のところ，もし子どもが言葉を話すことができるならば，突如として親戚の誰かが姿を見せなくなったりすれば，それがそれまで彼の人生のごく一部といってもいい存在であったひとだとしたら，〈おばあちゃんはどこへ行っちゃったの〉と尋ねないほ

うがむしろ変でしょう。もしわれわれが〈おばあちゃんは休暇で出掛けていないのよ〉と答えるならば，彼は，〈いつ帰ってくるの〉と訊くでしょう。もしわれわれがその質問にどれほど言い逃れをしたとしても，子どもは，何かしらおかしいということを理解するでしょうし，われわれの当惑やら，悲嘆やら，そして嘘・ごまかしを感じとるに違いありません。たぶん彼はぼんやりと，子どもたちによくあることですが，それは自分が悪いせいだと思い込んだり，何かしら口にして語るのは憚られる何かがあるということを感じるわけです。そうしますと，たぶん休暇に出掛けるといったことだとしたら，子どもはその誰も語ろうとしない秘密ごとに結びつけてしまうかもしれません。それで彼が休暇で出掛けるとき，そして他の誰かが休暇でお出掛けといった際にはつい怯えてしまうことにもなりかねません。

　幼い子どもの経験として，両親のどちらか一人を亡くしたり，きょうだいのうちの誰かが亡くなったりということはごく稀なことと考えてもいいでしょうが，そうした身近な人の死というものは，いっそうのこと話すことの難しいものであります。でも，だからこそそれについて語ることは重要であり，そして語られることで子どもはそうした経験の辛さに耐えられるように援助されてゆくともいえましょう。

## 事例：ウィリー（3歳9カ月），死の不安に怯える男児

　ウィリーは元々活気に溢れた，陽気な男の子でした。母親が2番目の子どもを妊娠していて，その終盤にあたる頃，過剰に要求がましくなり，赤ちゃんが産まれたときにはひどく不機嫌で妙な拗ね方をすることがよくありました。彼は赤ちゃんの顔なんてみたくないと言い張りました。彼女を荷造りして，どこか来たところへさっさと送り返してやればいいと言い続けたのであります。しかしながら，彼は徐々に妹の存在に折り合いが付けられるようになり，好きになってきたとも言うようになっておりました。その頃には赤ちゃんは彼の姿を頻りに目で追い，笑顔を向け，ビーズを揺すって喜ばそうとしますと，時として笑い声を立てるなどし始めていたの

です。彼は3歳9カ月で，赤ちゃんの妹は生後4カ月目近い頃です。

それから，突然のこと，赤ちゃんが深刻な，ごく稀ともいえる感染症に罹(かか)り，そしてウィリーがちょうど当時通っていたナーサリー・グループへ連れてゆかれる直前の朝方早く病院へと急遽運ばれたのでした。赤ちゃんはその日に亡くなりました。W夫人は気が動転しており，ウィリーに何と言っていいか分からぬまま二日ほど過ごしたわけです。彼はお祖母ちゃんのお宅に泊まりに連れて行かれました。そして母親の体調がよろしくないからとの説明を受け，だけどすぐによくなるからねと慰められたというわけです。

彼がその週末に帰宅したとき，真っ先に赤ちゃんはどこにいるのかと両親に尋ねました。そこで赤ちゃんはちょっと休暇で出かけてしまっていないということを告げられました。でもすぐに戻ってくるからとも……。どこへ行ったのかを彼は尋ねませんでした。しかしその次の2週間に2度ばかりいつ赤ちゃんはお家に戻ってくるのかと尋ねました。それにはごく曖昧にしか答えてもらえなかったのです。それから彼は，それ以上は何も尋ねなくなります。彼の両親は安堵し，それから彼がすべてを忘れてしまっていると安心したのであります。もし妹の赤ちゃんについてもはや話題にしなければ，おそらく彼は忘れてしまうと両親は希望的にそう考えていたわけです。彼にしてみれば，赤ちゃんが病気だったなどと理解することは毛頭できるはずもなかったわけですし，ともかくも彼自身あまりにも幼くて，赤ちゃんと一緒だったのもごく短い間でしかなかったわけですから，その事実を想い出すものを目にすることがなければ，赤ちゃんが居たことすら記憶は消えてしまうものと考えたのです。とにもかくにも，彼は最初の2，3カ月の間，あんなに妹を疎(うと)ましく思っていたわけなのですから……。

しかしながら，徐々に両親にもウィリーが何かしらひどく思い悩んでいるらしいことに気づかざるを得ないことになりました。赤ちゃんの死から2，3週間経ったころ，'夜驚(やきょう)'が始まり，そして真夜中に両親の寝室に来たがるようになったのです。彼はナーサリー・グループに出掛けるのも渋(しぶ)るようになります。これまで実際に決して行きたがらないとか，それで

大騒ぎなどしたことなかったのですのに。それから彼は救急車に執拗にこだわるようになってゆきました。家の外で路上にいるとき，救急車が目に入るや，立ち止まって，母親やら父親，もしくはお祖母ちゃんに，散歩に連れ出してくれた人が誰であろうと，そちらを指差すことをしたのであります。彼ら家族は大病院の近くに住んでおりましたから，救急車を目にすることはごく頻繁だったわけです。その都度目に留まった救急車について，〈どこへ行くんだろう……〉と気掛かりなふうに必ず言うのでした。そして病院へ行くのか，あるいは別のところへ向かっているのか，それを確かめるのに，それが視界から姿を見せなくなるまでずっと見送っているといったふうでした。ここで両親は赤ちゃんが救急車で運ばれてゆくのを彼が見ていたのだということにようやく気づきました。彼は妹のことを決して忘れてなどいなかったのです。そして彼は，何ごとか自分の身に起こりはしないかと気に病んでもいたわけなのです。そこで，何があったのか，事実をそのまま彼に話してあげなくてはならないと両親はようやく了解するに至ったということになります。

　W家の誰もが皆，なぜウィリーに赤ちゃんの死亡について語れないでいたのか充分に理解できます。子どもが亡くなるということほど大きな悲しみはないのですし，しかもそんなにもあっけなく……。それは避けようもなく咎めやら自責といったものに縛られましょう。それがどんなに不合理であろうとも……。〈病院はちゃんと間違いなく手当をしてくれたのかしら？……われわれがもっと早く事態に気づいていたらどうだったかしら……もっと早く医者を呼んでいたら助かったのでは……。〉嘆き，自責，衝撃，それらすべてを否認しようと試みます。そしてその悲惨な出来事を拭い去ろうとするわけです。そうした全てがわれわれに余裕を失わせ，幼い子どもの内に抱えられた動揺，その恐怖，その罪悪感，その困惑といったものに気づいてやることが困難になることがあります。もし両親が互いに話し合うことができるなら，それまでのことを冷静に振り返り，事の顛末をいくらかでも整理することができるかと思われます。ことに母親はそうした状況では，幼い赤ちゃんにもっとも身近にいて責任があったとも言えますから，夫からの励ましと力添えがなおさら必要になります。不当

に責めを負わせられたり，落ち度を咎め立てされるべきではありません。そしてなおも母親であって，子どもたちの世話を続けてゆくことができなくてはなりません。そうした意味でも励ましが必要なのです。母親として子どもを理解する能力においてなおも自信を失わずにいられてこそ，情緒的にも母親として機能し得るといえるでしょうから。

　ウィリーは，内心おのれの疚しさゆえに大いに葛藤していたに違いありません。なにしろ赤ちゃんに対しての初めの頃の敵対心，その思いをしばしば剝き出しに口にしていたわけですから。幼い子どもは自分の考えることが即'魔力'をもつといったふうに空想に完全に絡めとられることがありますが，彼はそうした時期にあったともいえましょう。つまり願望はすべて現実になるといったふうに……。実際のところ，われわれ大人の誰しも，心の内にこうした幼児的な領域を持っているといえましょう。そこではこうした不合理な魔術的な思考は継続されており，時としてたぶんストレスなどでは，それが喚起され，増大されるといったことがありましょう。たとえば，赤ちゃんの喪失をめぐっての両親の悲嘆，そして罪責感には，どちらかというと'小児的な罪悪感'，すなわち無意識裏に彼ら自らが'母親の赤ちゃん'を死なせた，もしくは損傷を与えたといった密かな思い込みが間違いなく滲み込んでいるということが考えられます。でありますから，子どもにとっては両親と話をすることが最も重要であります。それで彼が理解できる限りにおいて実際に何が起こったのか，その事実の理解に向けて援助されることができましょう。このようにして，両親はまたわが子の不合理な恐怖，そして根拠のない'万能感的な責任意識'といったものをいくらかでも緩和させられるかと思われます。

　悲劇的な事件について語らないことで，両親は彼を守ろうとしたということは充分察せられるわけです。そして彼らもまたそれ以上の苦痛に耐えねばならないことからおのれの身を守ろうとしたということにもなります。そうした場合には，彼らにしてみれば話すことなど無理でありましょう。彼らが動揺から立ち直り，彼ら自身がその事実と向き合うことができてからようやくそれも可能になるでしょうが……。しかし，不快な出来事もしくは悲劇的な出来事を切り捨てにするといった企ては，長い目でみてもそ

れらがもたらす苦痛を避けることができるかどうかは至極疑わしいといえましょう。もしもそれが可能だとしても，それは事実をありのままに認められないという意味での'認識の障害'といった代償を支払うであろうことは避けられないかと思われます。

　ウィリーは，両親の悲嘆（ひたん）を一緒に分かち合うことを許される必要があったのです。それは彼自身の悲嘆を感じることを自らに許すために，であります。彼はかつて赤ちゃんの妹に対して憎悪を向け，それでいなくなってしまえと願ったこと，でもまた彼女を少しずつ愛し始めていたこと，そうしたあれこれ実際にあったことを自らの経験として振り返り，それらを表出しても大丈夫だということを親たちに励まされる必要があったのです。彼の怒りが妹を殺したわけではないこと，彼の愛がどれほどあったにしても彼女を救えなかったのとそれは同じことでもありますが，それを事実として彼が得心できることが肝要だったといえましょう。すなわちそれはまた，両親も医者の誰もどんなに全力を尽くしたとしても赤ちゃんの生存は望めなかったということを学ぶチャンスにもなりましょう。

　このように，どんなにわれわれに思いやりやら知力があろうとも，不可抗力ともいえる悲運に遭遇（そうぐう）することは，われわれ大人にとっても胸のつぶれるような経験であります。それで無力感やら不能感といったものに陥（おちい）りかねません。そしてそれは特に，わが子の身に降りかかった不運であるときにはなおさらであります。4歳児というのは，両親というものは彼にとって神のような存在といった，まだそういう時期にあるといっていいでしょう。童話の世界ならば，王さまやら王妃さまといったことになります。ありとあらゆる権限を有し，すべてのことを統制しているといった具合です。そして子どもは徐々に，両親にも限界があるということを知ってゆくのです。彼を守ってくれるにしても，彼の願いもしくは親の願い，それらいずれにしても，叶えられるかどうか，それには当然ながら限界があるということを……。であるとしても，われわれ親に対しての信頼感，その延長上に子ども自身の信頼感があるわけです。ですから，もっとも苦痛に満ちた状況においても，もしもわれわれがそうした状況に直面することができて，そのわれわれの傍らにわが子を伴（ともな）うことができるとしますならば，

彼もまたそれに直面し，そしておのれの身を手堅く守ってゆけるともいえますし，それで信頼感も大いに強化されてゆくものと考えてよろしいかと思われます。

## 'サンタクロース'を巡っての真相探し

いわゆる '進歩的' な親御さんたちが問題としてよく挙げられますことに，子どもたちにサンタクロースのことをどう話すべきか，後にそうしたものなど存在しないということが分かってゆくのに果たして信じさせていいものでしょうか，といったことがあります。親御さんは賛否両論でさまざまに議論なさることでしょう。そして，もちろんのこと，各自がそれぞれにご自分でお決めにならなくてはなりません。ご自分なりの見解やら信念を固く抱いておられるとしたら，ただ 'ふりをする' といったこともできないでしょうし……。

私の心の内では，サンタクロースの伝承というのは神話とかおとぎ話の類として考えられております。そうした物語というのは，子どもの生活において欠くべからざるもの，それがあればこそ完璧といったふうにすら思っております。子どもは成長するに従って，物語のなかで信じることと，それが外界で事実起こりうると信じるのとは違うといったふうに，それらを区別することを学んでゆきます。神話やらおとぎ話は，われわれの情緒および空想に造型やら理解が与えられるために存在するのですし，それはまた希望および恐怖といった観点から照射されたところの世界のありようについての子どもなりの解釈なのです。それらはこうした '内的現実' の具体化としてまさに真実なのであります。そしてそうであるからこそ，それらは子どもたちにとって甚大な魅力があり，また価値づけが与えられるものといえましょう。つまりのところ，それこそが何故に多くの幼い子どもたちにとって，クリスマスというのが，大きな期待と興奮で待ち焦がれながらも，やがてしばしば幻滅に至ってゆくのかといったことの理由でもあります。乱痴気騒ぎのあとの気抜けた雰囲気といったところでしょうか。なぜならわれわれは誰しもおとぎ話から，われわれの望みが叶ったときに

何が起こるのかということを知っているからです！

　ここにある一人の青年期にある若い女性が子ども時代のクリスマスを振り返り，当時のことをこんなふうに回想しております。

　　われわれ家族はその当時，田舎に住んでおりまして，クリスマスというのはわれわれ子どもたちにとっては一年の行事でも特に待ち望んだものでありました。その何よりも嬉しかったことは，ずうっとその日を待ちながら，暖炉に靴下をぶら下げておくといったことです。私はほんとうにサンタクロースを信じていたのです。そして私は想い出すのですが，ベッドに横になり目覚めながら，サンタさんが橇(そり)に乗って遥か遠い北の国からやってくるのを，畏敬の念を催(もよお)しながらこころのうちで頻りに思いを巡らせていたものです。ところで，私のこころのなかでそのサンタさんは，アンデルセンの童話『雪の女王』と一緒くたになってしまっておりました。雪の女王は，小さな男の子のカイを仲良しの少女ゲルダから攫(さら)ってゆきました。カイは心臓に'氷の棘(とげ)'が刺さったまま，すべての愛の記憶は奪われて，雪の女王の氷の宮殿に幽閉されてしまうといった物語です。

　　それは，私が学校へ通う前の最後のクリスマスであったかと思われます。私の小さな弟はまだ産まれておりません。想い出すのですが，私はベッドに横になってお祈りしながら，ある特別な種類のお人形さんをサンタクロースにお願いしていたのです。それは絵本のすてきな挿画にあるような，「雪の女王」みたいなお人形さんだったと思います。私の母親は，当時その物語をベッドで私を寝かせつけるときによく読んで聞かせてくれたのです。その絵本は私が憶(おぼ)えている限り最初のものでした。それは私をすごく悲しい思いにさせました。私は，なぜカイが雪の女王に魔法をかけられ，虜(とりこ)になってしまったのか分かる気がしました。私も彼女と一緒に行きたいとすら思えたのです。しかしそうであっても，仲良しのカイを慕う幼なじみのゲルダのことを思うと，泣けてしまいました。さてその翌日のこと，私は人形をもらいました。ちなみにそのクリスマスにわたしたち三人姉妹は皆お人形さ

んをそれぞれ与えられたのです。それで私はしばらくの間大喜びしておりました。でも想い出しますに，私は午後になった頃には一挙に興奮が冷め，再びひどく憂鬱で悲しくてたまらない気分になっておりました。「雪の女王」のことを考え，そしてサンタクロースが全然違うプレゼントをくれて，私を失望させたと感じていたからです。何かが違うと思ったのです。それから父親がやってきました。そして私に何を悩んでいるのかと訊いてくれたのです。私はとても説明できませんでした。しかし彼はずうっと私に尋ねてくれました。そしてそれ以上何も訊かれたくないというわけで，従兄の誰某が私を叩いたからだと言ったのです。それは事実ではなかったのですが。父親は怒り，その挙句彼は咎められたわけなのです。そのことを私は不当に思いました。何だかひどく狡いことをしたと思ったのです。彼をそんな目に遭わせるなんて思っても見なかったのですから……。

　その翌年のクリスマス，私は学校に行っておりました。そしてある子が私に〈サンタクロースなんてほんとはいないのよ〉と言いました。〈それってね，実はあなたのお父さんなのよ〉と言うではありませんか。私はそれを信じたくありませんでした。しかし私はそれが真実だということを知っていたと思います。そこで私はクリスマスの前の晩に，目を開けて起きていて，そして下階へとこっそり降りてゆき，そこで何が起こるのかを見ようと心に決めておりました。サンタクロースがほんとうに煙突から降りてくるのかどうか確かめたかったのです。でもつい私は眠ってしまいました。

　それで私は翌朝早くに起きました。誰よりも先に……。そして憶えているのですが，私は音を忍ばせて下階へひっそりと降りてゆきました。ところが居間で，ストッキングがぶらさがっている暖炉の側にあった三輪車にぶつかってしまったのです。その物音で父親と母親が目覚めてしまいます。私は彼らにサンタクロースが実際にいるものなのかどうか見たかったので下に降りてきたんだということを告げました。両親は互いにこっそり目配せし，そして笑いました。〈まったくねえ，いかにもこの子らしいわ！〉と。それから少しばかり苛立ったふうに

母親は，〈そのことを他の子らに言うんじゃないのよ。いつかあの子たちも自分でそのことを知るときがくるだろうからね……〉と，私に念押ししたのです。

しかし，私はその秘密を守れませんでした。私は妹たちをそのクリスマスの日に手招きし，こっそり〈サンタクロースなんていないのよ。それって実のところ，お母さんとお父さんなの〉と耳打ちしたのです。私の下のほうの妹は，当時はまだあどけない3歳児でして，それを聞いても何ら要領を得ないわけで，でもあたかも分かったふりをして，指しゃぶりをしながら私をただ無感動に見詰めておりました。そんなことが鮮やかに想い出されます。すぐ下の5歳の妹は明らかにその私から聞いたことが気掛かりに思ったのでしょう。あれこれ考えた末に母親のところに行き，それは本当かと確かめたのです。母親は，私を〈ほんとに困った子だね……〉と怒りました。それで私は，皆が楽しみにしていたせっかくのクリスマスを台無しにしたような気がして，ぼんやりと罪意識を覚えたのです。それはある意味で私の'子ども時代の終焉'とも言えます。少なくとも子どもっぽい無邪気さという点では……。

さて，この青年期のある女性の追憶から，子ども心にいかに理解されずとも語られずとも，そこに両親の性交，すなわち何かしら彼らの'悪夢的な営み'といったものについての好奇心が潜んでいて，それらがいつしかサンタクロースといった両親を巡ってのおとぎ話的空想へと織り込まれていったかが見てとれます。［訳註：英国では，サンタクロースは'ファーザー・クリスマス'とも呼ばれることが多い。ファーザーとは父親の謂。］お人形さんを手にしたときに抱いた失望感とは，おそらくそれが'本当の赤ちゃん'ではなかったからというのが推測されましょう。と言いますのは，彼女は内心充分察知していたに違いありませんが，母親は妊娠しており，間もなく赤ちゃんの出産を予定していたからなのです。そしてこの時期に彼女が憧れたお人形さんというのが「雪の女王」にも似た何かであったというのは何やら意味深長です。どうやらそれも，母親との関係性に於

ける何らかの空想の絡み合いに依るものと推量されましょう。すなわちいかにロマンチックなおとぎ話にしても，そこには何かしら魅惑されるものと同時に残酷な要素もまた入り混じっているのにも似て……。

そこでわれわれが子どもに語ってあげるおとぎ話がどんなふうに把握されるかはそれぞれの子どもによって違うわけですが，それは彼らがその時どういう状況にあり，またどのような願望を抱いているか，それ次第であるともいえましょう。

われわれ親が早まってそうしたおとぎ話を彼らから奪ってしまうことは必要ありません。やがて時期が来れば，彼らはそれらを外的な現実から区別してこころのうちで整理してゆくでしょうから……。

### 子どもの遊び，そして物語：現実と空想の絡み合い

ここで最後のあとがきとして，またこのささやかな本の結論としましても，これまでもいくつか触れてまいりましたけれども，子どもの「遊ぶこと」そして「空想すること」のニーズというものについて，改めて総括して語ってまいりましょう。

われわれの幼い子どもらは，外的現実について学ぶことで，それにどう対処すればいいかをあれこれ試行錯誤しながら成長してまいります。そのようにしてこの世界と出会いながら，さまざまに自らの感情やら能力というものに目覚めてもゆくわけなのです。

もしわれわれが，わが子の達したところのそれぞれの発達段階において，その置かれた状況を理解し，それに対処するだけの能力が備わってゆくのを傍らで見守り，そのようにして子どもとの日々の触れ合いを続けられるとしたら，われわれは，彼が次の段階を目指し，つまりさらなる技能習得そして適性へと向かってゆくうえで必要とされるチャンスやら，そのために必要な何らかの物などもわが子に提供してあげることができますでしょう。

それらの物たちがどう使われるか，それには子どもの心の内で意図されるところの「空想」が伴われるということがあります。つまりある種の

'物語'が語られるわけであります。時としてそれは意識的に表現されるものであり，もしわれわれが充分に注意を傾けていれば理解することは容易でありましょう。しかしまた，それほど見た目にはっきりと表れるというよりも，むしろ無意識的でこころの内に潜在するところの何らかのありようといったものであったりもいたします。

そうした「遊び」において，幼い子どもは，そのままではとても受け入れ難く，苦痛に感じられる状況の衝撃から逃れられるわけであります。ほんのしばしの間でも自分が別の誰かであるといったふりをすることでもいいわけです。たとえば，ブライアンそしてメリンダもですが（第7章参照），父親そしてきょうだいに対しての嫉妬心を，自分こそが親であって，すべてこの家では何もかも自分が統治していると思うことでどうにか耐えていたといった具合に……。

もう一人幼い女の子の例をお話いたしましょう。生後18カ月目のあるとき，母親がちょっとお買い物に出掛けて，彼女は友人に託されてお家でお留守番をしておりました。しばらく座り込んでめそめそ泣いていたのがやおら起き上がり，左腕に輪をくぐらせます。あたかもそれは買い物袋の取っ手のようでした。そして，そんなふうな恰好で急ぎ足でキッチンの扉へと向かい，キッチンに入ったり出たりを繰り返します。右手を振り，いかにも慰めるような口振りで，〈バイバイね，バイバイね……〉と大きく叫んでおりました。その様子から，まったくのところ彼女は'お出掛けのママ'であり，そしてそこに居合わせたベビーシッターは'お留守番してる赤ちゃん'といったことがうかがわれたわけです。

母親に置きざりにされてどんなに悲しく惨めであろうとも，その出掛けてしまった母親がなおも親しみ深いそして愛情のある'いつものママ'であるとすれば，自分がその置き去りにされた幼い女の子であるという現実を認めることもいくらか気が楽というものでしょう。それで彼女はそうしたママになりすまし，かくしておのれの淋しさを克服する作戦に出たというわけです。なんとまあ，ブラボーではありませんか！　このように子どもの「遊び」は，現実を受容するための'架け橋'になるのです。そうしますと，感情を表出することもできましょうし，事態をちょっと違った見

方で見れますし，それでどうにか子どもなりに状況に対峙してゆくことができるようになってゆくわけです。

　子どもはいつも誰かを必要とします。まずのところは母親ということになりますが。それは自分の感情をその誰かに向けて表出し，そしてそれらがどういうことかを理解してゆくのを助けてもらうためであります。そんなふうにして，おのれの訳の分からない感情が少しでも訳の分かるものになってゆくことで，さほど怖がらなくてもいいものになってゆくということ。それこそが肝腎要なのです。そうして彼は，これから先もずっとこうした意味においてある程度誰か他の人びとを必要としてまいりましょう。しかし，彼が依存しているところの誰かが不在であったり，もしくは彼の必要を充たしてくれなかった場合には，「遊び」のなかでこうした関係性を空想し，そしてそれらのそれぞれ違った側面をも作り直して再現させるといったことをするわけなのであります。

　同様に，おとぎ話やらあらゆる種類の物語といったものも，子どもの日常の関係性および日々の暮らしでの諸々の事柄を改めて自ら感じたところから照射しての'作り変え'であったり，'再演'といった手段でもあることが多いわけです。ごく初期の頃には幼い子どもたちはこうした物語を極めてそのままに文字通りに受け止めるかもしれません。サンタクロースのお話のように……。しかし大きくなるにつれて，彼らは'事実'を'空想'から区別することを学んでまいります。特にわれわれ親がそうしたものの差異について明確な態度を保持するとすれば……。

　われわれ親が外界の事実に限ってのみ'真実'を見出そうとするならば，子どもに生来備わっているところの極めて豊かな感受性溢れる部分を自ら理解すること，そして表現するといった手段を彼らから奪うことになりましょう。もし子どもが安心して誰か人との関係のなかで，自分の'情緒'をその然るべき状況において表出することができ，またそうした関係性の派生したものともいえる，「遊び」という状況のなかでそれらを表出することができるとしますと，やがては，それらいくらか魔術的ともいえる，神秘的な躍動感に溢れた経験をこころの内に忍ばせた大人になってゆくことでしょう。つまり，そうした経験をこころの糧にできるとすれば，それ

こそが紛れもなく子ども時代の"宝"でありましょうし、また子どもの特権の一つといってもよろしいかと思われます。

# 第10章　付記——思い浮かぶままに

### 結婚そして親になることについてのさらなる考察

　家族というのは二人のひとが一緒に暮らすことから始まります。そうした家庭に赤ちゃんは産まれてくるわけですが，それはそれら二人の絆がどういう性質のものかによって決定づけられるといえましょう。そうした絆は，赤ちゃんを迎える準備をしながら，そして赤ちゃんが実際に誕生してからもその日常のできごとの連続のなかで日々新たになってゆくでしょうし，また試行錯誤があったにしても，なおもその豊かさが現実になってゆくともいえましょう。

　カップルは一緒になり，そして一緒に暮らし，もしくは極めて複雑な事情で別れるということがあります。あなたが恋愛の真っ只中（ただなか）にあるときには，相手となる人物があなたの人生に相応（ふさわ）しく，それも終生ずっとそうであるのは疑いないものとお思いでしょう。もしかしたら，ことさら慎重に考えもせず，ただ成り行き任せで，思慮ある選択かどうかなど迷いも

せず性急に事を進めてしまうこともありましょう。誰かに熱烈に'惚れ込む'というのは，必ずしも'愛している'と同じことではありません。もし運が良ければ，惚れ込んでいるといった恋慕の情も，やがてパートナーを愛するといった，ごく穏やかで安定した能力に結びつけられてゆくかもしれません。それは，お互いがお互いをよくよく知り合うことをとおして，そして同じような経験を分かち合い，似たような感情を覚えたり，差異にも耐えるといった学びをとおしてであります。

　誰かに恋心を抱くというのは，実に説明のできないものといえましょう。そして愛し続け，そして互いにもう一人の誰かを受容することを学んでゆくのは，時には嫌いだったり，意見が合わなかったり，非難したりすることもあり，それに時として自惚れが傷ついたり，信頼が裏切られるといったこともありましょうから，まさに試練と言わざるを得ないわけです。もしもこれらいくつかの事柄が，赤ちゃんがやがて生まれてくる前にお二人の間で充分経験されているとしたら，それは大いに結構かと思われます。と言いますのは，赤ちゃんが登場しますと，そうした試練はいっそうのこと激化してゆくことになるからです。お二人がハネムーン気分で'二人で一人'といったふうで，そしておとぎ話の'めでたしめでたし……！'への憧れをまだ色濃く引き摺っているとしましたら，夫婦のプライバシーに割り込まれたといったふうに，赤ちゃんを含めた家族3人になったことで生じる諸々の止むを得ない事情をひどく負担に覚えることになるかと思われるのです。


## わたしはほんとうに母親なんだ！との実感を挫かせるもの

　どの女の子も，そのうち自分のお人形さんを赤ちゃんに見立てて'ごっこ遊び'をいたします。他にも目立たないやりかたであれこれお母さんの'まねっこ遊び'をするでしょう。自分の赤ちゃんが産まれたことにして，ちょっと偉そうにしながら，赤ちゃんの世話をかいがいしくするといったふうに……。そうしたなかで最も原始的とも言えるのが，幼い子ども，男の子そして女の子のどちらもが，自分の排泄物（ウンチ）をとても価値あ

る創造物，つまり彼らの創造したところの‘赤ちゃん’というふうに思い込むことであります。それで自分の排泄物（ウンチ）を誇りに思い，〈すごい！　良かったわねえ〉と褒めてもらえると思っているわけであります。

　でも現実は，いずれ直に子どもに，そうではないということを教えるでしょう。まだまだ幼稚な無意識はそうした幻想にあくまでも固執するかもしれませんけれども……。子どもたちは，赤ちゃんを産み育てるといったことやら，もしくは他にも何らかの価値ある創造性が絡むところの現実的な問題について，さらに学ばなくてはなりません。でも依然として大人のなかに常にこうした魔術的な方法に幼児的に愛着したままであるといったことがあります。これは，幼児的な「自慰空想」的内容の一部分といえましょう。それはたとえ抑圧されていたとしても，なおも大人の生活全般そして性的欲求においてもある程度のところ保持され続けるものなのであります。

　お人形さん相手に‘ごっこ遊び’をするとか，もしくは同じく社会的に容認されているゲームの類いは普通，どうしたらママになれるのかを学ぶといった要素が含まれております。愛情やら憧れの意識でもって見倣うということになります。それは子どもが自分のからだでできる‘自慰的な行為’とは違うものであります。ゲームでしたら，お母さんと一緒に分かち合うことができますし，そのプロセスにおいて自分がどんなことができてどこで躓くのかも分かってもらえるわけですが。でも「自慰」は，秘密裏にこっそり行われる傾向にあります。もしそうでないとしても，それは自分ひとりだけの営みであります。そしてそれに伴うところの感情及び空想は大概のところ内緒ごとといいますか，誰かと共有されることはありません。そして両親の性的能力ならびに生殖機能についての敵意，またそれを彼らだけで愉しんでいることへの恨み心がいくらか含まれているわけであります。

　われわれは，かつてそうであったおのれ自身，つまり「私であった私」の古い殻から完璧に脱け出せるものでは決してありません。つまり常にそれを引き摺って生きているものなのです。でありますから，もし子ども時代に母親に対して張り合ったり，その母親としての機能に対して妬みを覚

えることが強烈だったりしますと，本人にそうした自覚がなくて，それまで心の内で葛藤することもなかった場合には，往々にして妊娠中もしくは子育ての最初の頃などに，どことなく怖ろしげな人物が身辺に立ち現れるといったことが起こりがちであります。それというのは，赤ちゃんの世話をするのを妨げるような，誰か，何ごとか，そして何らかの呪いといったものであります。これがすなわち，おとぎ話のなかによく出てくるところのものでして，たとえばグリム童話の『眠れる森の美女』の中に登場する「邪悪な魔女マレフィセント」だったりです。あるいはごく平凡なところでは，あなたの身近にもそうした方がおいでかもしれません。たとえば，新米ママさんに向かって常にあら探しをして，その不注意をあれこれ咎め立てする，居丈高で批判的な母親的人物といったふうな誰かさんです。

ここに，ジョアンナという女性が最初に生まれた自分の赤ちゃんとのごく初期の頃をいろいろと回想したものがあります。ご覧いただきましょう。

　　私はどうにかわが子の世話をやれていたのです。授乳も順調でしたし，でもどうしてなのか自分がひどく危なっかしい気がしてならなかったのです。もし彼が真夜中に泣き喚いて授乳を拒むといったことにでもなれば，どうしたらいいのかと思い煩い，その時は私にはどうにも耐えられないのではないかという不安でいっぱいだったのです。

　　われわれはあるとき，息子が生後6週間目になったときですが，実家の両親の元で週末を過ごしたことがあります。私は彼の小さな入浴用の風呂桶を持参することをうっかり忘れてしまっていたので，代わりに別の大きいのを使うことにしたわけです。彼は全然それを気にする様子もなしに，普段のように足を蹴ったりしておりました。ところが突如彼の背中と頭をささえていた私の右腕が滑って，それで彼のからだが一瞬バシャと水の中に落っこちてしまったのです。私はもうまるっきりパニックになりました。それも彼のことを案じてというよりも，むしろ私は母親を自分の背後に感じたからなのです。そして私は胸のうちでこんなふうにしきりに呟いていたのです。〈お母さんがもしこのことを知ったら……。もう絶対に私を許してはくれないだろう

……〉と。

　ところが，実際は母親が私の背後にいたわけではありませんし，赤ちゃんは全然大丈夫だったのです。彼は泣き声をあげることすらありませんでした。ほんの少しだけ咳き込んでおりましただけで……。事実私は母親とは仲の良い関係にありましたし，母親は私の子育てにいちいち嘴をはさむといったことなど考えも及ばないといったふうで，私が自分でわが子の世話を完璧にやれると思っていたわけです。ですから，こうしたまるで奇妙な考えがなぜ私の頭に突如浮かんだのかしら？　というわけで，実にそのときまでは，いかに自分がこころの奥底ではひどく神経過敏で怖じ気ているか，それはまるで自覚されていなかったということになります。

　ジョアンナは，母親とはごく親しみのある，礼儀ある関係性にあったということになります。彼女らはどちらもが子育てには熱心で情愛のこもった人びとであったわけなのです。彼女は5歳年下の弟がおりました。家族には子どもはもう一人彼しかいません。彼が産まれたとき，彼女は何ら嫉妬をあらわにするということはなかったと言われております。事実というのは極めてその反対でありました。立派なお姉ちゃんだったわけです。実際に，彼がまだ誕生3週目頃に，母親はお昼寝をしていたのですが，ふいと目覚めて驚愕します。何と傍らに幼い娘が赤ちゃんを引き摺るように抱えてきて，〈大丈夫よ，ママ。ほらね，ママの赤ちゃん，ちゃんと連れてきてあげたから……〉と言ったんだそうです。

　ここでいくらか推量してみますと，幼い女の子のジョアンナは，生まれたばかりの赤ちゃんの弟に対して複雑な感情を抱き，それで随分と葛藤を生じていたものと思われます。ある意味で彼女は，もしかしたら母親は彼のことを案じているのではと気遣っていたようです。彼女が彼を傷つけはしないかといったこと，彼を盗もうとしたり，もしかしたら溺れさせてしまうとか，そんなことを仕出かさないとも限らないといったわけであります。とにかく彼女は大いに自らの'邪悪なる願望'に懸命に抗っていたのでしょう。それで赤ちゃんをちゃんと世話してもらえるようにわざわざマ

マのところまで連れてきたものと思われます。
　これら遠い昔の心の深層に埋もれた記憶が蘇り，そして不意に意識にのぼってきたということになりましょう。その引き金になったのが何であったのか，とても興味深いわけです。かつて幼い女の子だった彼女は，母親の赤ちゃんを欲しがりながらも，それが自分のではないと理解し，そして自分が世話するなどとてもできやしないと思っていたわけです。それが今や自ら一人の母親となっているというわけで，それで自分を頼ってくれる赤ちゃんと一緒に，子育てすることを学んでゆかねばならないのです。まさにその時にです。幼いわが子が入浴中にお湯のなかに滑り落ちたとき，彼女は再び幼い女の子になったのです。それは，厳格な母親の目からみれば，自分が'母親の赤ちゃん'を面倒みることに失敗したといったふうに説明できるかもしれません。そしてこの瞬間，ママに叱られる！と肝を冷やしたわけです。こうした子どもじみた恐怖が彼女の大人としての責任感そして思いやりに割り込んできた仔細がどうやらここにうかがわれるのであります。
　母親としての責任を担いつつ，そしてかつて自分がママであるといった子どもじみた夢とは違い，今や現実により成熟したところの親としての能力を保持しようとしながら日々子育てに必死に格闘している，若い新米のママさんにとっては，あからさまに，もしくは暗に批判されれば傷つきやすいのは当然であります。
　ここで重要となるのは，夫が果たすところの役割ということになります。もし彼が妻の感情，まだまだ親として自信がない，何もかもすべてが'おっかなびっくり'であることに対して同情的であるとしたら，たとえばR夫人の事例がそうでしたが（第2章参照），そうした夫の支援は妻をもっと母親として振る舞うことに自信を持たせてあげるようになってゆくわけなのです。

## 母親の出産前後に於ける気持ちの揺れ動き

　あなたの赤ちゃんが第一子である場合，やはり大概どなたもかなり緊張

しますし，怖がったりすることだってありますでしょう。妊娠を随分と待ち望んでいたということならば，ことさらにどんなにか嬉しいことでしょうし，わが子の誕生は，それまでの歳月耐えてきた辛抱そして失望感を充分に埋め合わせするに足るものとなりましょう。しかしながら，そうした母親たちを較べてみましても，その不安感の程度はさまざまでして，あるひとがなぜ他よりもずっと不安が強いのか，それを説明するのは簡単ではありません。それらは心的状態なわけですから，外界の状況だけでは説明し尽くすことはきっとできないでしょう。たぶん赤ちゃんを抱えたお母さん方の不安感というものは，いくらかある程度のところ母親のほとんど誰にも共通しているということを予め知っておくことは助けになろうかと思われます。

## 赤ちゃんは大丈夫？　ほんとうにわたしの子どもなのね？

　こうしたことは産科病棟においてはよくある心配ごとです。そしていくらか現実的な根拠がなくもありません。でも誤って赤ちゃんに違うレベルが貼られるといった例はごくごく稀なことでしょうから，この点に関してはすぐに懸念は搔き消されるでしょう。もしも大概の母親が時として妊娠中に胎内に抱えている赤ちゃんについて根深い，如何ともし難い恐怖心があるということでなければ，問題なくそうなるはずです。健やかな妊娠であり，胎内の赤ちゃんの動きもリズムもなじんできて，慰めともなり，そしてわが子を内に抱えていることに違和感がなくなり，ごく自然に言うなれば'一体感'を覚えるようになってきますと，それがこれらの恐怖に対して最良の「解毒剤」になります。彼女は，わが子を丸ごと自らで感じながら，それがどんな子どもなのかをあれこれ夢想し，そして徐々に'その子らしさ'を感覚的に把握し，ようやくにして一つの顔そして一つの名まえが与えられることになってゆくわけです。

　しかし，それとも極めて違った恐怖というものがあります。それは潜在的ともいうべきもので，普通には無意識であるわけですが，名付けようのない，不可解で，怪物的とも異形のものともいえるような，もしくは死ん

でいる，そうした幼子を産むのではないかといった恐怖であります。これらの恐怖を暗示するものが時には妊娠中の女性の夢の中に見られます。赤ちゃんは何かしらひどく怖ろしげなもの，痛ましくもあり，そして痩せ衰えていて，いかにも死にかかっているものとして現れるのです。それはひどい悲嘆と喪失感を呼び醒ますことになります。ここにそうした類いの夢を2つほどご紹介いたしましょう。

　私はわが子が誕生したのを夢みました。美しい金髪の男の子で，私の弟そっくりでした。それから私がその子を眺めておりますと，だんだん小さくなり縮んでゆき，そして弱々しげになってゆきました。私は彼に与えるお乳がなかったのです。そこで彼はまもなく死んでゆくのだと思いました。そこで私は目覚め，声をあげて泣きました。私はその夢を一日中忘れることができませんでした。

　この夢を見た女性は，彼女よりも3歳年下の金髪の弟が一人いたわけです。その彼に対してかつて彼女はひどく嫉妬心を抱いていたことがあったのです。
　さてもう一つの夢のほうですが，それはある女性の3番目の妊娠中でのことであります。

　私は赤ちゃんがもう直に誕生することになっている夢を見ておりました。私はどうやらパニックに陥っており，今度は赤ちゃんがうまく出てきてくれないのではないかと思っていました。胎児があまりにも大きくなっていたからです。それからふとまた思ったのです。結局のところこの子を私は是非にも欲しいと願っていたということを。それでわが子が無事に産まれてくるなら私の身に何が起ころうとかまわないということも……。そこで私は医者に，どうかわが子を外へ出してあげて欲しいと，そのためにたとえ我が身がどんなに切り刻まれようと，どんなことでも耐えるからと必死に請うております。しかし彼らはどうにも赤ちゃんの命を救うことはできそうにないということを悟るの

です。そして私は自分の泣き声で目覚め，顔中涙でいっぱいになっているのに気づきます。〈ああ，マーガレット，マーガレット！　私の愛する友！　あなたが赤ちゃんを喪ったということがどんなに辛く心痛むことであったのか，私は全然理解してあげられてなかったわね。私にはすでに 2 人も美しい子どもたちがいる。でも，あなたには 1 人もいないんですものね……〉。

　マーガレットというのは，この夢を見た女性の友人で，これまで何度も流産をしたことがあり，そしてまだ一人も子どもに恵まれてはおりません。

　これらの夢を見た二人の女性のどちらもが，医学的見地からして何ら問題のない，ごく正常な妊娠をしており，間もなくごく正常な出産を迎えております。しかし妊娠は，彼女らのこころの内にあった，彼女ら自身の幼児期の'感情の記憶'，さらには彼女らの母親の妊娠についての'幼児的な空想'を惹起させたもようであります。

　最初の夢をみた女性について述べますと，どうやらある種の'報復'に苦しんでいるらしく思われます。彼女自身が痩せ衰えた金髪の男の子の母親になるということです。その悲運はそもそも，美しい弟を腕に授乳している母親にかつて向けられた彼女の'羨望'であったように思われます。2 つ目の夢を見た女性にはマーガレットという友人がおりました。そして事実彼女にはマーガレットという名まえの母親がいたわけです。その 3 番目の妊娠は死産でした。そこから深刻な鬱病になります。それはこの夢を見た女性が 5 歳のときのことでした。彼女としては 3 番目の子どもを欲しがっていたわけではなく，この妊娠も計画していたものではありません。ここから彼女の出産への微妙な気乗りしない感情が，その勝ち誇った気分やら，それに母親，もしくはそれと同じ名まえの友人の，それと同じ運命を辿るのではないかといった煩悶から生じたといったふうに推量できるかもしれません。この強烈な痛苦に溢れた夢は，それまで彼女らに対して妙によそよそしく，ただぼんやりと曖昧にしか意識されていなかった悲嘆を改めて彼女らと深く分かち合い，そして経験する必要性が表されているのかもしれません。

## 赤ちゃんを養子に迎えるということ

　あなたが子どもを養子に迎えますとき，基本的なところでは，それが'他の女性の赤ちゃん'であるといったことがまず念頭に浮かぶことでしょう。

　養子縁組についての特徴の一つは，赤ちゃんに直面して感じる，どちらかというと悲哀感であります。妊娠した女性は，9カ月の間子どもを胎内に抱えており，大きくなってゆくいのちの現実というものがそこに紛れもなく存在しているのに徐々に気づいてゆくわけであります。そして彼女自身の一部になってゆくことをも……。それは赤ちゃんが誕生し，それを目の前にし，自分の外側にあるものとして馴染み合う，ずっと前に，であります。夫は，母親になってゆこうとしている妻に，そして胎内の赤ちゃんに気を奪われている妻に日々慣れてゆくでしょう。妊娠期間は，「親になること」に向けてあれこれと夢想し，それに適応してゆくことの心準備をするチャンスをもたらしてくれます。でありますから，どんなに生まれたばかりの赤ちゃんが謎めいた見知らぬ人であろうとも，いずれ徐々にではあっても時間を経るなかでごく自然に馴れ親しめるものになってゆくことでしょう。

　その一方で，子どもを養子に迎える親御さんにとっても，言うなれば'出生前の経験'といったものがあるわけです。そのような決断は，ずいぶんと熟慮を重ねられ，話し合われ，そしておそらくは妊娠して普通のありようでわが子を儲けることができなかったという辛い失望感の後に達したものでしょうから。

　時には，ずうっと子どもを待ち望んでいたがうまく妊娠に至らなかったというカップルには，おそらく結婚生活の決まりきったパターンというものが出来上がっているかと思われます。ずっと仕事を続けてきて，経済的な余裕もあり，また余暇を楽しむ自由というのも，同時代の他の結婚したひとたちよりもずっとあったかと思われます。そうした自分たちが長く享受してきた自由を奪われるといったことは，少し脅かしになるかもしれません。ご夫婦はそうしたことにそれぞれ違ったありようで対処してゆくこ

とでしょう。しかしながらここで重要なことは，何らかの想像上の心準備，つまり想いをあれこれ巡らしてみるということであります。つまり，赤ちゃんを迎えるとしたら，どのようなことが起こるのか，それに備えての何らかの認識が予めなされなくてはならないわけです。確かに，もちろんそれがどういうことになるものやら，赤ちゃんがどんなであり，それに対してあなたがどんなふうに受け入れてゆくかということは，実際にその時にならなければ分からないとしても……。

## 養子縁組へ向けて準備すること

　ここに，あるカップルが養子を迎えるにあたり，どのように準備していったかをご紹介いたしましょう。

　　Dさんご夫妻は，30代半ばのカップルであります。赤ちゃんを10年以上も待ち望み，さまざまな医学的検査もしましたし，不妊治療も試みてきたわけですが，成功には至りませんでした。その一方で彼らは各々の職業に携わってきましたわけで，その経歴はどちらについてもかなりご立派といっていいものです。
　　最近初めての赤ちゃんを持った妹との親密な接触が，突如としてD夫人を慌てふためかせたのです。これまで，子どものいない2人だけの生活スタイルを固めてきてしまったということに気づいたわけです。いろいろ夫婦で話し合ううちに，結論としては，彼ら双方とも薄ぼんやりとどうも自分たちには何か重要なことが欠けているような気がしていたということ，すなわちお互いの関係性は，もし家族を持たないとしたら決して完璧とはいえないだろうということに改めて気づかされたわけです。そして今後これ以上多忙極まりない，社交に明け暮れしている今の生活を続けるとしたら，自分たちには子どものいる家庭など到底望まれまいと恐れ始めたのです。
　　その結果として，養子縁組はどうだろうかということになったわけです。あちこちに問い合わせすることが始まりました。その一方で，

D夫人は妹の子どもと一緒に過ごす時間を増やしてゆき，それで赤ちゃんの入浴はどうするのか，授乳はどうするのがいいか，そして赤ちゃんがむずかればどうあやせばいいのかなどいくらか感覚が摑めるようになってゆきました。彼女は，幼い姪がひどく可愛く思え，それが将来自分の欲しい赤ちゃんの原型として見なすようになってゆきます。それでも彼女自身がこれから四六時中赤ちゃんの世話をしていなくてはならない，まさに'フルタイムのお母さん'という役割を考えますと，いくらか気後れを覚えるのでした。彼女としては，もしも事態が負担すぎるといった場合，そこから逃げ出して休暇とか週末の遠出などに出掛けてしまうわけにはゆかなくなるということをどう思えばいいのか，途方に暮れたわけです。そこで次にもう一つ，養子を迎える心準備の意味で，自分が子育ての責任をどこまで引き受けられるか，まずは試しに小さな子犬を飼うことにしまして，その世話をし始めます。そうしながらも，それが赤ちゃんと一緒にどんなふうに大きくなってゆくか，その姿を心に思い描くことで，どうやら少しずつ子育てに現実味が帯びてまいりました。

　これはD夫人なりのやり方です。彼女とその夫は犬が好きですし，これ以前にも犬を飼おうかという話は何となく話題になることがあったのです。でも，これまではそれが束縛になると考えて，その都度却下されてきたのであります。今や彼らは束縛されるといったことに自らを馴らしてゆくために，それもいいじゃないかという気になったわけであります。

　赤ちゃん好き・子ども好きなひとが誰しも犬好きといったことでもないでしょう！　おそらく他の方でしたら，何らかの別のありようで，子どもの面倒をみることの責任に向けて心準備してゆくことをお考えなさるでしょう。それで，多くの方たちにぜひお勧めしたいのは，赤ちゃんがその母親と一緒に育ってゆくようすを直接ご覧になる機会があれば，それはD夫人が妹さんとご一緒にしたことですが，おそらく充分に想像的ともいえる経験になるのではなかろうかといったことなのです。

　おそらくは，あなたの姉（妹）の赤ちゃんを見させてもらうよりも，そ

れはいくらか家族同士の競争心という点からして葛藤に満ちた状況ともいえましょうから，なるべく友人，もしくは友人の友人といった誰かで，あなたに彼女の経験を喜んで少し分かち合ってくれそうなひとをお探しになるのがいいかもしれません。あなたが目下養子を迎えようとしているところであろうと，もしくは実際あなたが妊娠していらっしゃっていずれ出産を控えておいでだとしても，どこかのお宅を定期的に訪問し，そこで母親とその幼い赤ちゃんを見させてもらえるとしたら，その機会は母子がどのように互いに生きてゆこうとするのか，そうした姿を見させてもらうことになりましょうから，いずれご自分がそうした役割を担うようになる未来に向けて，情緒的に準備してゆくうえでもすこぶる有益でありましょう。

　もちろんのこと，多くの人びととはもっと日常的な折々の観察，そして友達もしくは親戚の誰かとのごく自然なおしゃべりなどから，こうした心の準備をしてゆくものと思われます。こうしたことのずっと前から，女の子たちは母親が下の子どもたちと一緒にいるのを眺めながら，そうした経験の感触を得ているものと思われます。それも，嫉妬心もしくは貪欲さがあまりにも熾烈で，それらを目にしたくないとか，そして母親から学ぶやら同一化する自分を許せないといったことでなければの話ですが……。

　もしわれわれが他の母親と赤ちゃんを，そのどちらにも感情移入できるほどに身近に観察することができれば，実践的な意味合いでも赤ちゃんのニーズというものをいくらか知るうえで役に立ってくれるはずですし，またどのように母親がその責任の重さに耐えてゆくうえで自らを慣らしてゆくのか，そしてどんなふうに赤ちゃんのコミュケーションに適切に反応するか，それらを自分なりのありようで模索してゆくのがじっくりご覧になれるわけですから，大いに助けになりましょう。そこで母親に共感を覚えるとしたら，それは究極にはわれわれがかつて幼かりし頃，それも今もなお健在でもありましょうが，自らの母親に対して感謝することができ，そしてその短所についても寛容であるといった‘幼な子の能力’に結びついているといえましょうし，それが今やついに自分の番がやってきて親になったとき，その不適切さが厳しく咎め立てされるのではないかといった焦慮の念を，どうにか緩和してくれるものと思われます。

このように，赤ちゃんの母親および父親との関係性がどう育ってゆくのか，しばらくの間でもじっくり見させてもらう機会は，養子を迎えることをお考えのカップルにとっては，ことのほか有益ではなかろうかと思われます。もしも妊娠に期待をもちながらそれに失敗してきたということであれば，その失敗がいかなる原因であったとしても，あなたが親であることの適格さについて不安があるということになりましょう。事実としてあなたが養子にする子どもは他の女性の産んだ子どもということになりますし，そのことが初めて養い親になる多くの母親たちにとって不安感を募らせることは充分ありがちに思われます。もしも子育てを誰かに試験されている，誰かの批判に晒されているといった感情があれば，それはつまり，養子を迎えようとしているか，そうでないにしても，どんな母親にしても，その深層の根っこに幼児期の空想があるといっていいでしょう。すなわち，'ママの赤ちゃん' を盗むといった空想であります。それは，赤ちゃんが法的にあなたのものになる前に，「養子援助協会」の提示する必要条件に見合う資質をあなたが持っていなければならないという事実，そして子どもの生みの母親の許可を取り付けるといった手続きも必要でしょうから，それが際立って強調されることになりがちであります。

　そこで毎週，赤ちゃんが母親と一緒に育ってゆく姿を見させてもらえるとしますなら，母親が子どもを彼女なりに知ってゆこうと努め，そして精一杯，完璧とはいえないにしろ，どうにかこうにか子育てをやり繰りできるようになってゆく姿をも眺めることができるわけです。それはことに養子を迎えようとする母親にとって大変有益かと思われます。気負い過ぎて，何がなんでも完璧でなければならないといった非現実的な基準を持てば，逆にとてもうまくやれっこないのではとの恐れを抱きかねないでしょう。

### 養子の子どもは，あなたにとって本当のわが子になれるのか

　赤ちゃんにとって母親というのは愛してくれて世話をしてくれる誰かということになります。ですから，赤ちゃんにしてみれば，そのひとに馴染み，そして信頼してゆくことを学んでゆくことになりましょう。

養子を迎えた母親にしましても——養子を迎えた親御さんということになりますが——子どもの世話をしながら，大いに関心を寄せ，またわが子を'個なる一人のひと'としてその成長する姿を喜んで見てあげられるとしたら，そこで抱く思いは，おそらく自分たちが儲（もう）けた子どもであったならば感じるであろうものと大して違いはなかろうかと考えられます。ただ心の深い奥底では依然として自らの不妊性についての悔（く）いといった残余物を残しているかもしれませんけれども……。

しかしながら，もしも親子関係がうまくいかなかったとき，'生まれが悪い'といったふうに子どもに責めを負わせることはあまりにも容易であります。それは，夫婦間に諍（いさか）いがある場合に，わが子の欠陥を配偶者の家族に帰すといったことがあるのにも似ております。

両親として，わが子が養子であろうと実子であろうと，ここで重要なことがらは，われわれの子どもたちはわれわれの所有物ではないということ，もしくはわれわれの創造物などではさらさらないということです。彼らは，成長する潜在力の備わった'小さなひと'なのであります。それはわれわれにとってはまだまだそのほとんどが未知なるものでありますし，それでわが子の身近にいてあげて，世話を任せられることで，われわれはその子に備わった潜在的な可能性をせいぜい顧慮（こりょ）しながら，それらができる限り開花してゆくよう日々育成にあたるといった，実にユニークな機会をもらっていることでしかありません。

われわれ親が，わが子の資質そして性格に甚だしく苛立つとか，もしくは失望させられるといったことはままあるわけです。そこで，親の務めとして考えねばならないのは，まずそれらがわれわれ自身のパーソナリティ，そして振る舞いを反映していないかどうかであります。それは一目瞭然か，もしくは微妙で捉（とら）えがたいといったこともありましょうけれど。またどちらかというと，それらはまったくのところわが子自身のパーソナリティにおける何らかの重要な問題性，もしくは好ましくない何かといった表出なのかどうか，それを見極めることが肝心です。われわれは落ち着いて検討を重ね，わが子にとって今後何らかの活用し得る内的資質が認められるかどうか，またその生来の気質において彼が対処しなければならない問題性

があるかどうか、よくよく吟味し見定めてゆかなくてはなりません。そうしますなら、われわれが親の立場で果たして何をわが子に提供してあげられるか、もしくはわれわれの忍耐を超えるほどに挑発させられたり苛立たせられるといった事態を避けるには何を為すべきか、さまざまな妙案が思い浮かぶことでしょう。

## 幼い子どもの世話を他の誰かに託す場合

　われわれが幼いわが子を少しの間でも誰かにお願いするとしたら、前もってその子の日頃のニーズなり、気質について綿密に見積もっておくことが必要かと思われます。それと並行して、それらが現実に見合うかどうかについても、われわれの判断力が要るものと思われます。この件では、私はすでに「きょうだい（兄弟・姉妹）になるということ」（第7章）で触れておりますが、ここでは考慮すべき点として他にもいくつかお話することにいたしましょう。
　たとえば、赤ちゃんの出産を控えている母親が、赤ちゃんがまだとても小さいうちに仕事に戻らねばならない、もしくはそれを自ら希望しているといったことがあります。ある状況下においては、それも致し方ない選択ということであるかもしれません。そのことを事前によく相談することのできる相手として夫がいないということもありましょう。それにもしかしたら、母親の性格からして、もし赤ちゃんへの責任を他の誰かと分かち合うことができたらむしろ心丈夫に思え、それでどうにか赤ちゃんの世話も楽しんでやれるといったことでもあろうかと思われます。
　夫婦が共稼ぎの場合ですと、ここで夫からの合意および手助けは極めて重要であります。それらの意味するものとは、まず赤ちゃんの世話そして家事の両方にしばしば実際に手が要るということですから、夫は大いに頼りにされることになりましょうし、それから以前ですと赤ちゃんがいなければ得られていたはずの注目とか愛情（マザリング的な）が妻から得られなくなるということになりますから、夫としてそれにも甘受しなくてはなりませんでしょう。もちろん、もし彼女が出産前にも働いていたとしたら、

日々の暮らしの中での責任や家事全般にわたって夫婦が分かち合うことにはそこそこ満足的で習慣化された生活パターンがすでに割り出されているといったこともあるでしょう。夫婦として彼らは，真に２つのこころが１つになり，それぞれの興味が彼ら２人を結びつけたといった結婚をこれまで発展させてきたかもしれませんし，そこでは生活資金を稼ぐのに加えて，どちらもがそれぞれの仕事を天職と思い，自らの才能がそれをとおして創造的に表現されるものと思っており，ですから赤ちゃんがやってくることは，彼らのそうした自己実現的な生活スタイルにとっては付加価値的であり，歓迎すべきことに感じられているとして，でも必ずしも彼らが夫婦として永続してゆくことの唯一のありようではないといったこともあるでしょう。

　しかしながら，たとえあなたたちご夫婦がごく心を一つにしているカップルであるとしても，もしここで初めての赤ちゃんを迎えようとしている事態においては，もし妻のほうがキャリアを続けたいと決意している場合でも，もし可能ならば，彼女の出産後の職場復帰のプランはしばらく余裕を持たせ，確定的なものにしておかないほうがおそらく賢明でありましょう。ちょっとゆるめに将来を考えておくといったことが大事でしょう。いざ赤ちゃんが生まれてきたら，あなたがどんな状態で，そしてどんなふうに感じるかということは分からないわけですし，そしてあなたが手にした赤ちゃんがどんな子なのかも分からないわけです。ですから，あなたご自身にもあまりプレッシャーを掛けないことが最善かと思われます。でないと，赤ちゃんを親のあなたにとって都合のいい類いの子どもにするためにプレッシャーを掛けることになるでしょうから。わが子がこちらの都合次第になってくれるかどうかなど分かりませんわけで。でもその一方でそのとおりになるということもありましょう。しかしもしそうだとしても，あなたの期待に沿おうとして赤ちゃんは懸命になり，おそらく自分の気持ちをもっと自由に表現できるといった，そうした心のゆとりは犠牲にされることが考えられるわけであります。

　他の条件が同じでしたら，あなたの二番目の子どもについては，仕事か家庭かどちらかといったことを巡っての緊張感はおそらくさほど大きくは

ないでしょう。こうしたどっちにも心が揺れている状況が解決されるまでは，大概のところ，子どもがまだ小さい間仕事で家を留守にする母親で，しかも赤ちゃんを愛することができる母親ですと，得てして子どもに十分な時間と手間を掛けていないということで罪責感を抱き，ひどく思い煩う（わずら）ようになります。そうしますと，わが子を日中ほったらかしにしていたことの償い（つぐな）をしなくてはと頭がいっぱいになり，それで一緒に自宅にいるときには世話を焼きすぎて，むしろ駄目にしてしまうことになりかねません。子どもたちは，そうした母親のこころを敏感に察知いたしますから，それに乗じて我が儘（まま）を増長させて野放図になったりもいたしますでしょう。

　もちろんのこと，小さい赤ちゃんそして幼い子どもたちをまるで‘小荷物’やらペットみたいに取り扱う親御さんもおられます。また無闇に躾け（しつ）が厳しかったり，邪険にふるまったり，衝動的に当たり散らしたり，もしくはほったらかしで放置したままといった親御さんもおりましょう。でも，そうした方などは私のこの本をわざわざお読みになることもないかと思われます。おそらくこの本は，どちらかというと，幼い子どもたちに対してベストを尽くすということを考える親御さんたち，そして子育てに無関心というよりも，心配し過ぎるほどで，それでよく不安に駆られることのある親御さんたちに多く読んでいただけるのではないかというふうに想定しております。

　もしわれわれが，小さなわが子の世話を他の誰かの手に委ねる（ゆだ）ことになんとなく気持ちが穏やかでないとか，それで何かというと過剰に気を揉む（も）としたら，もし子どもにどこか変だと見られることがあれば，ヘルパーとか，ベビーシッター，親戚筋の誰でもいいわけですが，得てしてその子どもを預けた相手に対してつい咎め（とが）立てしてしまうことになりましょう。それは子どもにとって為になるとはいえません。彼が母親代理の誰かと一緒に居て安心していられることが大事なのですから。それが誰であれ，日頃自分の世話をしてくれる人たちはみな，お互いに尊敬し合うといった，程（ほど）好く（よ）折り合いが付いているということを感じる必要があるのです。そこで，信頼できる誰かにわが子を預けるということ，そしてその子育ての役割を担ってくれるその人を支え，尊重し続けてゆくということが，親として極

めて重要になります。これは疑いなく時としては，わが子がその他の誰かをとても気に入っていて，懐(なつ)いており，そしてときどきそちらのほうをより好(す)いているみたいにすら見えるときなどは，われわれ親がむしろ嫉妬心とか占有欲とかといったおのれ自身の感情を持て余し，それと格闘せざるをえないといったことを意味することにもなりましょうけれども……。

## いかなる悲運であろうと，学びの経験になるということ

　このささやかな「子育て」の本をとおして，私はどちらかといいますと，われわれ親というものは出産，育児，そして互いに関わり合うことの困難において誰しも皆等(ひと)しく不安を抱えるものであると想定し，それも多かれ少なかれごく普通の日常の成長の一部として考えるといった見地から諸々のことを語ってまいりました。それはそれとして，「子育て」というものはまた別の異なった視点から見れば，まだまだ他にも語らねばならないことが多々ございます。

　たとえば，あなたがどちらかというと自由闊達で覇気のある子どもさんの親御さんだとしたら，折々に珍しくも愉快極まりない出来事に遭遇することだってありましょう。それはそれで難しい面もありましょうから，そうしたことなどもっとお話できたら良かったと思うのですが，本書ではほとんど言及されておりません。さらには，あなたが不治の病やら障碍を持ったお子さん，もしくはどんなに頑張ろうと成長を促すことは極めて難しいお子さんをお持ちの親御さんだとしますと，そうしたわが子に直面し，親としてどのようにベストを尽くせばいいものかお悩みでしょう。それも本書ではほとんど言及されておりません。それが少しばかり悔やまれるわけです。それで最後に，ここで一つ付け加えて，ぜひ語っておきたいことがございます。

　概して，われわれ親というものはわが子の痛ましさを目にしますと，ともすれば心の奥底深くで，これは自らの過誤(かご)が招いた天罰ではないかと思いがちです。しかしそんなふうに自責の念に浸(ひた)るのは何の役にも立ちません。むしろ当面われわれはまず何を試みるべきか，そしてどんなふうに

子どもを理解すればいいのか、それにおそらくその子どもの困難が他の家族の皆にも影響を及ぼさないわけはないでしょうし、それで互いに辛苦(しんく)を共にしてゆかねばなりませんわけで、そうした現実的な状況判断こそが急務になりましょう。ですから、こうした際の親の自責の念もしくは自己憐憫などは逆効果といわざるを得ません。ちなみに、われわれの内には '親の全能' というものに対して昔から子どもっぽい信仰があり、誰しもその名残(なご)りを引き摺っているともいえましょう。すべての災厄(さいやく)そして悲惨な出来事には全責任が親にあるといったふうに……。もしもわれわれが、苦痛にみちた状況に耐え、生き延びるべく真の力を伸ばしてゆこうとするなら、まずわれわれ自身が大人としての限界を受け入れる用意があること、すなわちおのれの持てる力にはいろいろと不備もあり、限界もあるといったことをよくよく承知していることが肝心でありましょう。

　こうした何らかの不運ともいうべき事情にわが子がある場合でも、もしもご両親がお互いに緊密で、調和のとれた関係性におありだとしたら、おそらく互いに力になり、支え合うことができましょうし、それこそが最良のこととも言えます。それでご自分たち家族だけで取り組んでゆきたいと望まれ、むしろプライバシーの尊重を願われるかもしれません。しかしながらしばしばそうでない場合もありましょう。ことに「ひとり親家庭」であるとしたら、家族もしくは友人らとの繋がりの外に何らかの援助を求めることが必要になります。それは、子どもの発達の問題に精通しているプロフェッショナルな誰かにあなたの直面している事態について語り、もしくは何らかの助言をもらうといったことであります。大概の方にとっては、そうした誰かに繋がる最善と思われる紹介ルートというのは、まずは最寄りの一般診療医もしくは《幼い子どものためのウエルフェア・クリニック》を通してであろうかと思われます［訳註：我国では「子育て支援センター」もしくは「育児電話相談」など］。親しく接してくれる外部の人間と一緒に語らうこと、それは時として、事態についてより鮮明な視点をわれわれに与えてくれます。それで、親として自分たちが他にどんなことができるのかについて何らかの刺激を得ることにもなりましょうし、これまでに試みてきた事柄についてそれで良かったといくらか慰められ励まさ

れることだってありましょう。自責の念だけに縛られ日々を過ごすことは，現在に生きること，そしてわれわれの経験こそがわれらの生（いのち）に光彩を添えてゆくといったことからしても，日々の暮らしの価値を減じることになりましょう。そうでありますから，そこから一歩踏み出し，プロフェショナルな（専門的）援助を求めることをぜひ多くの親御さんたちにお勧めしたいと思うわけであります。

訳者あとがき

## 献　花　—マーサ・ハリスの魂に—

山上　千鶴子

　私は1970年代のある時期，ロンドンのタヴィストック・クリニックにおいて，Mrs.マーサ・ハリスという'母鳥'の懐に抱えられた'幼い雛'の一人であった。彼女を偲ぶとき，ふいと繁殖期に草叢で雛たちを育てるハイイロガンのメス鳥を髣髴させる。もし外敵が接近しようものならば，甲高い声を響かせ，羽根を拡げて猛然と威嚇のディスプレイをする。断然そうした気丈で毅然とした揺るぎなさ（competence），それこそが彼女の真骨頂であった。たおやかな笑みを湛えながらも，その凛とした佇まいのマーサ・ハリスを思うとき，ごく自然に私は'子ども'になってしまう。彼女の逝ってしまわれた年齢をはるかに追い越してしまっているというのに……。あの頃に彼女を私がどれだけ熟知していたかと問われれば，実はまるで知らずにいたと答えるしかない。'雛'にとって'親鳥'とはそうしたものだ。そのまなざしを背に，振り返りもしない。時折その懐にヒョコヒョコと戻ってゆき，慰藉を与えられることはあっても，概して己の目線に映る外界にすっかり魅了され，それであちこち心の赴くままに地面を啄ばみながらほっつき回っているだけ……。当時の私はそんなふうだった。でも時移ろひて，今あれこれと回想のなかのマーサ・ハリスの面影を手繰り寄せると，私は彼女を知っていたと言えなくもない。たとえばその一つがこんなこと……。私の敬愛する明治生まれの女流詩人・永瀬清子（1906〜1995）の自伝エッセイのなかにこんな文章があった。

美緒がよちよち歩きのころ，銭湯へ行った帰り道，いつものように空き地のある裏通りを帰ろうとすると，美緒は一向についてこようとしないで，自分の好きな方へずんずん歩いていく。駅前のにぎやかな通りへ向かっているので，私は銭湯の道具を持っているし，買い物のつもりもないし，「ミオちゃん，おうちはこちらよ」と呼んでも，聞かずによちよち歩きで向こうへ行く。私は何度も呼びながらふと急に淋しさに打たれた。そうだ，彼女は今まで自分と一体なのだと思いこんでいたが，そうではなくて小さくても一人の人なのだ。この事をこれから忘れちゃいけないのだ，と愕然と思いついた。それまでかわいいかわいいと思って書いていた詩のノート，それはその日かぎり書けなくなった。……

（『すぎ去ればすべてなつかしい日々』p.82 福武書店 1990）

　要するに，わが子に'他者性'を感じるといったこと。この真に'近代的'ともいうべき感性には目を瞠るばかりである。彼女は与謝野晶子（1878〜1942）に深く心酔し，『青鞜』創刊号に掲載された昌子の詩「そぞろごと」のなかで〈一人称にてのみ物書かばや〉と，近代女性の自我を見つめ，その解放を謳った詩の一行は，終生彼女の胸に刻まれて消えることはなかった。そしてここからマーサ・ハリスに思いを馳せると，この感性こそが実にマーサ・ハリスなのである。誰もが皆，'個なる一人の人'であるということ。であるからして，親というものはいつか子に背かれるもの，そう観念することが求められる。一体であると信じていた幼子が，いつか自分から離れてゆくのを見るとき，淋しさと驚きに胸打たれる。その'他者なる者'との気づきに心が痛む。当然ともいえよう。あちらも一人の人なら，残された自分もまた一人の人である。その現実を従容として甘受する。この'親鳥'の潔さ，それこそがマーサ・ハリスの真面目と思われる。その懐からどれだけ多くの人たちが巣立っていったか知れない。そして彼らは世界の各地でなおも羽ばたき続けている。今や'親鳥'として……。願わくは私もまたその一人と思いたい。

私がタヴィストックでのチャイルド・サイコセラピスト養成コースを修了し，資格認定を受けた折，彼女はその柔らかな微笑を湛えて，〈チズコは日本に戻られたら，パイオニアにおなりなのね〉とおっしゃった。日頃の彼女に似合わない，ちょっとはしゃいだ感じで……。その華やいだ声音にどこか微かに私への気遣いが，そしていたわりが感じられた。彼女は私の未来に何を夢見たのだったろうか。もはや手の届かぬ遠い異国で孤軍奮闘するであろう私の姿を一瞬思い，それが外に向けての闘いでもあろうけれど，間違いなしに内的な闘いにもなろうことを彼女は察していたのだろう。その試練に耐えられることを祈り，そうした未来の私にレスペクト（敬意）を惜しまなかったものと思われる。そこではもはや「タヴィストックの伝統」も，彼女個人ですらもはたしてどこまで意味を持つものやら心もとないのは重々承知していたものと思われる。だから去り行く私に対して彼女は飽くまでも慎み深く謙虚であった。私もまた彼女に何ら返す言葉を持たず，ただ曖昧に微笑したのみであったのを憶えている。帰国後の私の未来なぞ実に曖昧模糊としたものでしかなかったのだから……。どちらかというと群れるのを苦手とし，むしろ単独者でありたい私には，その当時からマーサ・ハリスを模範とするなど到底無理なことと思っていたし，その彼女を日本の心理臨床家のみなさん方に是非にもご紹介しなくてはといったことにも頓と興味が湧かなかった。その恩義にいつか報いねばならぬといった思いも棚上げにされたままで……。何よりも精神分析家としての私が此国に根づいてゆくことが肝要であり，そのためにも臨床の場において私の日本語の'開拓'こそが急務とされた。そしてそれ以後，なんと35年余の歳月が過ぎ去ったわけだが……。

　そんな折，思いがけなくもマーサ・ハリスのこの本の翻訳出版の話が持ち上がった。マーサ・ハリスの日本での'デビュー'にもなるわけだから，それには心が動いた。私の中のマーサ・ハリスは，その語ることば（英語）と切り離せない。それを私の語ることば（日本語）に翻訳して果たして大丈夫かと危ぶんだ。確かにこれまで試みとして彼女の主要論文をいくつか私のWEBサイト《山上千鶴子のホームページ》(http://www.chiz-yamagami.com；「タヴィストックからの贈り物」）に翻訳してアップロー

ドしてはきたけれども，彼女の著作の翻訳出版ともなれば心が臆す。彼女の語りが，その'筋立て'として理解されるのみならず，読者にその'情味'をどのように伝えられるか。それが問われると思った。そして何よりもマーサ・ハリスに独特に備わった「心の握力（あくりょく）」が伝わってゆくことを願った。そのためには，彼女を'なぞる'ばかりではなく，そこにマーサ・ハリスの英語表現では語られていない，字面の向こうにある，つまりは彼女独特の'感性'の領域に分け入り，そして彼女の真意としたものを忖度（そんたく）し，できる限り情味溢れる日本語で語ってみたいと願った。どこまで成功したか心もとないが……。

　ここで唐突だが，わが母のことを語りたい。去年の暮れ，母は他界した。そろそろ死期（しき）が迫っているとの報を受け，急遽私は母の入居している琵琶湖畔のグループホーム『みちくさ』に駆けつけた。〈お母さん，チズコです！〉と告げると微かに母は目を開けた。手を握るとぬくもりがある。間に合った！と私は安堵した。私は母の手を握り，そのぬくもりの感触をしばし味わい，ゆっくりと撫で回していた。すると，ふいと母の手が私の握る手の内から逃れた。室内は暖（あたた）かであったし，手の感触を暑がったのかと一瞬思う。それからややあってその手を軽く握りなおし，さすってあげていた。すると，またもやその手は私の握っている手から逃れた。何やら私の手を押し返すような，そこに一瞬はっきりと母の意志が込められているのを感じて，私は凝然とした。まだその頃には，訪れた姉やら妹からの報告によると，握っている手をほどこうとすると離すまいとする握りがあると聞いていたわけで。ところが母は私の握る手を握り返そうともしないし，それどころかむしろその握られた手を押し遣るのだった。まるで突き離されたみたいで，思いがけないことに一瞬私の頭は混乱した。こころが冷（ひ）やりとし，傷ついた。しばし母の安らかな寝息の傍らで呆然としていた。それから少し気持ちを鎮（しず）め，想いを廻（めぐ）らしているうちに気づいたことがある。母は訪ねてきた私を大きな笑（え）みで迎えたけれども，やがて何やら怪訝（けげん）な表情がその顔に浮かぶことがあった。もちろん何も言わないのだが。どうやら〈なんであなたはこんなところに居るの？　原宿に戻って，仕事頑

張りなさい〉って言われてる！　その都度そんな気がしたのだった。なるほど，そういうことなのかと改めて思った。母はいつも私の仕事を気に掛けてくれていた。〈もういい。私のことはもう案ずるに及ばない。あなたはあなたを生きなさい。患者さんを大事にするのよ〉って諭されたようだった。認知症を患い，見当識の衰えのなかで，それでもなお母の何やら凛とした勁さに触れる思いが一瞬した。そして突き離されたことで，やがて私の気持ちもシャンとした。お蔭で原宿に戻り，仕事に打ち込む覚悟が定まったのである。やはり母はわが母であった。その最期においてすら私は母に付き合ってもらえた，有り難かったという思いが真底した。そうした折に，岩崎学術出版社から知らせが届き，企画会議でこの本の翻訳出版にゴー・サインが出たとのことだった。まだ母はなおも持ち堪えてくれていたから，身罷る前に直接会ってその喜びを告げることができて，私は深く安堵した。生前の母親の口癖は〈世の為，人の為〉というのであった。いつか娘の私がそうなることを願い，それでタヴィストック留学を支援してくれたわけだから……。そして今，改めて思う。私は母に託されたのであり，もしかしてこの翻訳出版ですらも，その母の夢・祈りの実現化の一つではなかろうかといった意識が募る。

　ここで改めてマーサ・ハリスに思いが及ぶ。彼女は1984年海外講演旅行中に車の事故に遭い，脳損傷を患う。身体の自由を奪われ，無念にも言葉をも奪われた。その後ご家族の手厚い介護を受けながら，リハビリに励んでおいでだったと伺う。そして，1986年の11月に心臓麻痺で身罷られた。その折のことを，娘のメグさんがタヴィストックでの《マーサ・ハリスを偲ぶ会》の席で語っておられる。〈家族の気持ちとしてはまだ希望があると思っていたわけです。でも母は，もう快復の見込みがないと悟ったとき，生きることを思い切ったのです。そして別れを告げたわけであります〉と……。私はそれを聞いたとき，よく分からなかった。でも今なら分かる。〈もう私は充分よ。だから，あなたはあなたを生きてゆきなさい……〉ということであったろう。マーサ・ハリスは，無論のこと私の母・山上ツルエとは大いに違う。でも，そのどちらにも'親なるもの'のレジ

リエンス（勁さ）がある。いのちを孕むもの，いのちを育てるものとしての……。それは，言うなれば「いのちの繋がり」への'楽観'でもあろう。かくして今や'いのちのバトン'は後続の私たちに手渡されたということになる。そしてわれわれ娘たちは，とりあえず'母なるもの'の夢・祈りを継ぐことに励む。マーサ・ハリスの娘であるメグ・ウィリアム・ハリスがあえて2011年に，マーサ・ハリスの生前書き著したこの小さな本（初版1969年）を装い新たに，マーガレット・ラスティンの「巻頭言」をも加えて再版したのにはおそらくそうした意味があろう。ここにその翻訳出版が日本で実現したことに私個人としてはどうやらメグさんと'共闘'できたみたいな，そんな感慨を持つ。

　人はおそらく誰しも，「生きられた私」をこころに抱き締めながら，彼岸へと旅立つものなのであろう。わが老いし母の傍らに寄り添い，娘らはその死をそのようなものとして看取りした。かつて母が書き綴った『自分史』のページを繰りながら，さまざまに昔を懐かしみ想い出を語ってあげた。今では母の形見となった短歌集『茜の譜』を読んでやりもしたし，そして懐かしい郷里の秋田民謡の賑やかなお囃子を耳元で聴かせてあげたりもした。部屋には母の記憶を慰めるため，セピア色の家族写真が所狭しと飾られていた。その死とは亡き父がようやく母を迎えに来てくれるという意味であったから，救いかつ安堵以外の何ものである筈はなかった。そしてことごとく予定調和的に幕は閉じられた。だが，その慰めとは裏腹にふと一抹の疑念が頭を掠めた。ほんとうにそうかと……。母の死をまるで'ユズリハ（譲り葉）'にも似たふうに予定調和的に片付けようとしていないか。その己の裡に独善的な'エゴ'が透けて見える。何やらがズキンと胸を刺した。痛い！　そしてもの悲しい！　ここでふと思ってみる。所詮は誰の人生にも，'手付かずの真っ白い空白のページ'が残ると言えはしないか。「生きられなかった私」というものに思いを馳せ，獏とした遣る瀬無さを感じることがありはしないか。無念にも66歳で儚くなられたマーサ・ハリスは言うに及ばず，寿命尽きて穏やかに92歳で歿した亡き母についてもそれは想像に難くない。そろそろ古希を迎えんとする己自身に

したってそうなのだから。唯私の場合，それは憂いとも嘆きとも言えない。〈仕事に託した一生，それも善し！〉との声が胸裏を過ぎる。だが，その仕事にしてもごくごく限られた領域でしかない。だからこそあなたに託したいという思いが沸々とわく。あなたのなかに「生きられなかった私」を託してはいけないだろうか。ここに「いのちの繋がり」への楽観が強調される所以である。

　ここに再び詩人・永瀬清子に登場してもらおう。その内なる「近代自我」の目覚めに呻きやら軋みを抱えながら，それでもほっと一瞬弛むときの母としての「永瀬清子」の表情が私にはとても好ましい。我子らを描写した数少ない詩篇のなかの一つがこれ……。際立って逸品である。ここに透徹した「いのちの繋がり」への信頼がうかがわれ，私はほっこりと心慰められた。

**鷹の羽**

　　子供は山で一枚の大きな鳥の羽を拾つて来た。
　　それは美しい不思議なだんだらがあり
　　あたかも生気にみちた自然からの
　　飛沫のようにつやつやと光つている。
　　これはたしかに鷹類の羽にちがいない。

　　富士の見える松の木の
　　高い所に棲んでいる。
　　目玉のギロッとしたあの鳥にちがいない。
　　風と共に空を翔けり
　　獲物を発見するや急降下してくる
　　あの壮んな鳥のものにちがいない。

　　お母さんは小さい時に読んだ。

金色の羽を拾つたために
数々の冒険に出あう若者の
長い運命的な物語を。
あれは多分スラブの民話だった。
たしかに鷹の羽をみていれば
勇敢で冒険的な,
矢のようにはやる気持が湧いてくる。
子供よ。
お前は珍しいものを拾つて来て
うんと元気な子になりそうだ。
お母さんの知らない世界をどんどんゆきそうだ。
お母さんに出来なかつた事を沢山しそうだ。
頬の紅い子よ
我子よ。

[『永瀬清子詩集』 思潮社 1979]

　この詩は「いのちの繋がり」への讃歌ともいえよう。母親のなかの「生きられなかったわたし」は子どもに引き継がれていき,そしてその子のなかでいつか「生きられたわたし」になっていくということであろうか。それに母・「永瀬清子」は希望を託している。この骨太の'明治女'の実直さ・健気さを褒め称えたい。実にブラボー！である。そしていつか子どもらは今や己自身の享受している「生きられたわたし」に思いを致し,母への恩義にどれほど感謝することか。だが同時に,なぜか幾ばくか'疚しさ'を覚えずにいられないということもあろうか。

　その昔,わが母は一度ならず〈私も精神分析受けたい……でも,家族はダメなのよね……〉って私に尋ねたものだ。私は笑って取り合わなかった。だが一瞬,その声音に冗談ともいえない,真剣味を帯びていたことに内心ギクッとし,ちょっと慌てた。母は私にとって母以外ではなかった。それで十分なわけで,それを超えての'個なる一人の人'としての彼女を顧み

ることはなかったといえよう。それは唯なにやら困ったことなのだ。それに気付いたとき，己の内に身勝手な‛子どものエゴ’を思った。わが母以外のものとして思いが及ばない。結局のところそれが自分に都合がいいということになる。〈お母さんのこと，本当には何も知らなかったのかも知れない……〉などと認めることは今さらながら辛い。あんなにもたくさん一緒だった，そうした記憶をお互いに持つことができたのだから……。でもやはり〈お母さん，ごめんね〉と詫びたいような，そんな悔悟の念がこころに疼く。

　子どもにとって親が‛一人の人’であること，親にとって子どもが‛一人の人’であること，その事実はなかなか容認し難いものである。セラピイの眼目となるのは常にそれであるわけで……。日本の家族主義がそれをいっそう阻んでいるのも事実だが。概して家族というのは，夫婦，そして親子，そして子どもら同士もまた，それぞれが自分らしく生きようとするならば，たとえどんなに互いに歩み寄ろうとしながらも，時にはそれぞれのエゴが剥き出しとなり，互いに互いを縛って離さない，そして侵蝕し合うことになりかねないのは必定である。そこに人としての愚かしさも醜さも，だから‛罪’もまた蔓延ってゆくことになろう。家族同士どっちもどっちで何らかの犠牲を強いることなど金輪際あり得ないというのはむしろ嘘っぽい。それはそれでいいとも言える。そうでなければ擦れ違いばかりの水臭い関係で終わるしかない。それは無意味であろうから。であるからこそ，たくさんたくさんの赦し，つまり〈ごめんね！〉が求められる由縁とも思われる。それはいくらか緩衝の役目ともなろう。そうであったとしても，悔恨の念は癒され難く生じる。それが家族という場であることを肝に銘じたい。取り分けて母親という存在には往々にしてほろ苦い懊悩が纏わりつく。〈哀切の情止み難し〉といった具合に……。家族の中でどれほど忍従が強いられていたか。その忍従を美徳とし，それで女たちがどれほど一途にひたむきに健気に生きたとしても，そうだとしたらなお更のこと，子どもの眼には母の姿は言い知れぬ不憫さを催すものなのである。かつて母とは誰にとっても‛泣きどころ’であった。実にそうであればこそ

の'値打ち'があったともいえるのだが……。

ここにもう一つ，詩人・永瀬清子が母親を詠った詩をご紹介しよう。

 母と言うものは不思議にかなしいもので
 私の意識の底ではいつも痛みを伴っている
 母はつらいやさしい
 夢みたいなもので
 眼がさめてもいつでも神経がおぼえている
 そこから逃れてどこへ自由に行く事もできない
 私を捕えなつかしい思いでしばる
   （『すぎ去ればすべてなつかしい日々』 p.84　福武書店　1990)

　読みながら目頭が熱くなる。かつて時代は女性たちに苛酷であった。そして今やそうした母の世代を乗り越え，女の憐れさ・不憫さを払拭しなくてはというのがわれら娘世代の悲願となった。私の場合も，遡ればごくごく幼少の頃から〈お母さんを守らなくては……〉という思いがあった。人一倍強かった。おそらく母親の郷里に居た頃で，父親が単身赴任で不在であった時期かと思われるが。確か母はその頃男児を一人死産している。それ以降も私はずっとそうした気持ちを心の奥深く引き摺ってる。そうだからなのか，心理臨床家となってからの私は「女性たちの味方」を内心自負してきたともいえる。ふと気付いたことだが，それに加えて近頃ではどうやら「男性たちの味方」をもやれている自分が居る（！）。何だか妙に喜ばしい。「'女の味方'になれる男」，それこそ掛け替えのない男の値打ちの一つと私は固く信じている。それってまさしく'タヴィストック譲り'だろうけれども……。女たちが，女の味方にならなくてどうする!?　そして男たちを味方に付けられずにどうする!?　真底そう思うから……。

　さて，実にこの話はマーサ・ハリスと無縁では決してない。時折彼女はこの本書のなかで自伝的エピソードを匿名で挿入している。娘のメグさん

のWebサイトに掲載された「マーサ・ハリス評伝」に照合すると，それが分かるのだが。マーサ・ハリスは，スコットランドで農場を営む両親の長女として誕生している。その母親なるひとは，その娘時代は進取の気性に富み，覇気に溢れ，地元でも際立った存在だったらしい。ところが，マーサが6歳になるかならないぐらいの頃，母親は4番目の子ども（男児）の出産後健康を著しく損ね，それ以来の15年間というもの，抑うつ的であったり身体的な病を抱えたりで床に臥すといった時期が続き，したがって家事全般を取り仕切るのは往々にしてもはや困難といった状態となる。そこで彼女の下の妹で未婚のキャシー叔母さんが姉の幼い子どもたちの養育に手を貸すようになっていった経緯が知られる。キャシー叔母さんは，子どもたち銘々の成長に大きな関心を寄せ，そのうち子どもたちはこの叔母さんを‘二番目の母親’と見なすようになったということのようだ。姉夫婦の子どもたちに骨身を惜しまずに献身し，自立した職業婦人だったキャシー叔母さんは〔訳註：タイピストであったらしい〕生涯独身をとおしたということらしい。病弱な母親そして幼い弟妹たち，なるほど，ここにマーサ・ハリスの‘泣きどころ’があったと言えないか。そしてマーサ・ハリスの持ち前の不羈独立の精神はキャシー叔母さん譲りでもあったろうか。ここから断然彼女は「女性たちの味方」になるべくしてなったと言えよう。かくして彼女は，学校教師というキャリアからタヴィストック・クリニックとの縁に繋がり，やがてDr. ジョン・ボウルビイの厚い信任を得て，Mrs. エスタ・ビックの後任としてチャイルド・サイコセラピスト養成コースの統轄に抜擢され，そこからタヴィストックは革新へと大きく舵取りされてゆく。研修セミナーが教育・福祉・医療といった現場で働くひとびとに向けて門戸を開かれていったのも一つだが，何よりもまだ当時「チャイルド・サイコセラピスト」という職種は揺籃期で社会的認知には至っていなかったわけだが，そのアイデンティティの地盤固めのため彼女は獅子奮迅の働きをするのである。当初そのコースは圧倒的に若い女性たちで占められていた。マーガレット・ラスティンの「巻頭言」からもうかがわれるように，かつての教え子たちの彼女への敬慕の念は絶大で熱烈である。そして今なおそれぞれの胸の裡にマーサ・ハリスは‘導きの

星'として燦然と輝いている。傍らに彼女らを見守っていた「タヴィ」の'父鳥'，われらの心優しき英国紳士・Dr. ジョン・ボウルビイの存在も忘れてはならないわけだが。そうしたキャリアはまさしく彼女が「女性たちの味方」であることを証した生涯であったことを示している。その軌跡を辿ると，実に腑に落ちる思いがする。そして彼女の秀でた「心の握力」には，長年に亘る精神分析的鍛錬と相俟って，実に「女性たちの味方」たらんとしての願掛ける姿勢がうかがわれる。彼女が書き著した論文のどれを取っても，そうした'魂の叫び'がそこに一貫して通奏低音として聞える。もちろんこの本書も含めて……。

　ところがもう一つ，マーサ・ハリスがその生涯を「女性たちの味方」そして「子どもたちの味方」として生き抜いた理由があった。'贖罪'である！　本書から新たにそれが推察され，内心喝采した。彼女の自伝的エピソードの一つ，サンタクロースの真相を暴いた子どもの頃を回想する青年期の女子の話のなかに（第9章），その当時アンデルセンの童話『雪の女王』に痛く入れ込んだ幼いマーサが触れられている。その愛着のなかに雪の女王との同一化がどうやらうかがわれる。雪の女王，すなわち'死'の呪いである！　その頃ちょうど彼女の母親は4番目の子どもを妊娠していた。やがて弟は誕生するのだが，母親は産後の肥立ちが悪く，病の床に臥す日々が続いた。この一連の深刻な出来事に，無意識裏に幼い彼女は己の罪を胸深く刻んだ。深く震撼したはずである。産まれてくるはずの弟への'呪い'が母親に及ぼした'脅威'はあまりにもリアルであったろうから。すなわちこれが，後日彼女が知るところとなった，幼い女の子の中に芽生える母親に向けての'羨望'（まさにメラニー・クラインいうところの）とおぼしきものである。その後の「クライン派精神分析」との彼女の因縁は，遡ればここに原点があろう。アンデルセン名作『雪の女王』は，雪の女王に攫われたカイという男の子と，その彼を捜し求めて旅を続け，ついに氷の城に幽閉されていた彼を尋ねあてる，幼なじみのゲルダという女の子の物語である。そしてカイの心臓に突き刺さった氷の棘がゲルダの熱い涙で溶け，愛は蘇り，そうして雪の女王（死）の呪縛から解き放たれ

るというのが話の筋である。ここでのゲルダは'贖(あがな)いの力'を象徴している。「贖い」とはすなわち'死の囚われ'からのいのちの奪還である。これこそが「精神分析」の'エッセンス'と言っても過言ではない！ つまりのところ，マーサ・ハリスは「ゲルダ」すなわち'贖(あがな)いの器(うつわ)'になるべく運命づけられたといっていい。そして，これは彼女の精神分析家及びチャイルド・サイコセラピストとしての立脚点でもあったろう。ごくごく個人的（パーソナル）な'受難'から'贖(あがな)いの道'への転換，そうした生涯を賭しての願掛け，その一途(いちず)な熱き思い……。誠にマーサ・ハリスの活力の根源をそこに見る思いがした。だが，彼の地イギリスにおいてこうしたことが語られるのを私はついぞ耳にしていない。マーサ・ハリスはこの点において実に稀有(けう)と評していい。実に掛け替えの無い，固有な特異性として讃(たた)えたい。

　そもそも子育てとはまさに「愛別離苦(あいべつりく)」の端緒であり，いのちには'滅(ほろ)び'が付き纏う。それゆえに心の痛みをひきずるものとの理解をマーサ・ハリスは淡々と語っている。しかもそれを彼女はポジティヴに語っているように思われる。切っても切れぬ親子の因縁(えにし)なるものも，互いの'エゴ'同士がぶつかり合い軋(きし)めくのは避けられまい。だからといってニヒリズムへの傾斜は剣呑(けんのん)といえよう。なおも彼女の言うところの〔一緒であることの経験 the experience of togetherness〕を諦めたくはない。所詮誰しもが「生きられなかったわたし」という空白のページを抱えて彼岸へと旅立つものなのだとすれば，だからこそそれを埋めんとして親が子に期待するのも，また子が親に期待されるのも，ためらったり怯(ひる)んだりすることがあってはならない。そんなふうにそれぞれが己(おのれ)の人生を紡(つむ)ぐところの'さだめの糸'は縒(よ)り合ってゆくのだろうし，それこそが生きる妙味なのだろうから。「親になること・子であること」を唯の苦労やら厄介事(やっかいごと)として観念するというのも侘(わび)しい。どこかに希望が欲しい。そして'赦(ゆる)し'が希求される。そこに〈あなたが一緒にいてくれて良かった！〉，そしてだからこそ〈わたしがわたしで良かった！〉との声を聞きたいわけで……。

翻って今やそれは私にとって，わが貰い受けたいのちの縁によって託されたものの自覚に目覚めることを意味する。ちなみに，かつて時として萎れそうになる私に，わが母は〈あなたは私が見込んだ娘なのよ……〉と言って励ましてくれた。その声が私を奮い立たせる。マーサ・ハリスの「生きられたいのち」を少しでも継承できたらいい。さらにはその「生きられなかったいのち」をも生きてみたいと願う。結構それって'野心的'なこと。すなわちその一つが日本語で'精神分析的思索'を試みようとすること，まさにそれである。そしておそらくこの訳書はそれを意味していなくもなかろう。とりあえずこうした翻訳を借りて，マーサ・ハリスの'ことばの種'が日本語という土壌に蒔かれてゆくと信じたい。これがいかなる人の手に渡るのか知る由もないけれども，手にした人が，そこに'いのちを吹き込む言葉'を見つけ，日々の人との出会いのなかで，その相手が誰であろうと，いつかそのような'いのちある言葉'を語れるようになることを願う。飽くまでもそれぞれが己自身に深く根づいた日本語で……。そこに紛れもなくマーサ・ハリスから手渡された'親なるもの'の真価があろうから。かくしてここに，わが身を「いのちの繋がり」に背くことなく，マーサ・ハリスに寄り添わせることができたことで私もまた「生きられなかったいのち」が「生きられたいのち」へと辛うじて幾分なりとも変容されてゆくような感触を心嬉しくも覚えたと言っていい。このわが拙き文章を亡きマーサ・ハリスの魂への'献花'としたい。

　この本の翻訳作業は私にとって'内なる対象'としてのマーサ・ハリスとの対話（ダイアローグ）となった。とめどなく彼女に語りかけられる，この嬉しさ！　そして，もしマーサ・ハリスがあなたにとって何らかの意味を持つとしたら，これ以外にはない。すなわち，あなたは'語りかけられる人'になるということ。そして，ここに至ってようやくにしてどうやら私も'誰かの親'に大丈夫なれそうな気がしてきた。'誰かの子ども'でいられた幸せと嬉しさを胸に……。かくして，〈さあ，あなたの出番よ！（It's your turn!)〉と呼びかけるマーサ・ハリスの声に私は背中をトンと押された気がした。そしてこれからなおもその励ましの声を私は聞

いてゆくのだろう。そうであればこそ，生きられる私がいるとも思われた。

　最後に，この本の翻訳出版にあたり，京都在住の御池心理療法センター代表の平井正三先生のご尽力を得たことを記しておきたい。此の度，こうして《タヴィストック・ファミリー》の絆(きずな)に頼もしくも支えられたことに心躍る。謝意を表したい。さらに，岩崎学術出版社の長谷川純氏にも多大のご配慮そして数々の心温まる励ましを頂戴した。謹んで深謝したい。

　2016年6月　　紫陽花(あじさい)の雨にけぶる頃に

# 索　引

## あ行

愛／愛情　48, 49, 102, 103, 120, 126, 157, 161, 169, 180
アイザックス，スーザン（Susan Isaacs）　3
愛着　45, 154, 155, 156, 161, 163
赤ちゃん
　──にとっての世界　26
　──のイマジネーション（想像力）　32, 45
　──の観察眼　126
　──のライバルたち　60
　親の発見　43
　親離れ／乳離れの能力　45, 69
　家族の一員としての──　51
　からだの境界線の発見　42
　感情面での育ち　56
　個性的存在としての──　23, 43
　社会的反応　41
　対象へと向かう意志　27
　父親への偏愛　46
　ニーズの表出　25
　母親の再現／再演　55
　複雑な感情表出　48
　フラストレーションへの耐性　28
　無防備な──　127
　悦びの能力　8
　理想的な母親との一体感　31
赤ちゃんキング　47
赤ちゃん戻り　143
贖い　104
　──の器　213
悪夢　81, 82, 83, 84, 99
　──的存在　84

遊び／物語に仕立てる　55, 116, 124, 170, 174, 175, 176
　ナーサリー・スクールでの──　142, 144
新しい赤ちゃんの誕生　80, 94, 98, 107～111
甘やかす／甘やかされる　96, 98
安心（感）　23, 26, 64, 156, 159
安心づけ　85
安定性　94
アンビヴァレンス（両価感情）　75, 116
いい子扱い　127
怒り／憤り　75, 163, 169
意識以前の心　63
意志のぶつかりあい　74, 77
いじめっ子&いじめられっ子　95, 128
依存　47, 69, 78, 79, 149
　母子相互の──　145
悪戯（いたずら）／悪さ　73, 97, 101
いのちの繋がり　206, 207, 214
威張り散らす　47, 128
イメージする／させる　108, 149
イヤ！　53, 71, 72
ウィニコット，ドナルド（D. W. Winnicott）　3
上の子ども　67, 80, 117
　──のいじめ　101
　──の孤独感　109
嘘／ごまかし　165
自惚れ　100, 180
エディプス・コンプレックス　153
絵本　121, 124, 131, 138, 171
　──の読み聞かせ　82, 171
エレクトラ・コンプレックス　154
おしゃぶり（ダミー）　33～35

——としての母親（おっぱい）　69
　　慰めの代理物としての——　34
夫　13, 14, 15
　　——からのサポート（支援）　15, 22,
　　　128, 184
　　——の役割　184
　　——の幼児的欲求／疎外感／嫉妬心
　　　14
　　妻のパートナーとしての——　15
おとぎ話／童話／神話　84, 138, 170,
　174, 176
　　サンタクロース　170, 171
　　ジャックと豆の木　84
　　眠れる森の美女　182
　　ヘンゼルとグレーテル　84
　　雪の女王　171, 172, 173, 212
　　わが子を食らうサトゥルヌス　84
大人になるための学び　163
大人の性生活（性的関係性）　141, 156,
　157, 159
怯え　146
おまる　76, 77
お漏らし（失禁／失便）　103, 123, 143,
　162
　　赤ちゃん戻りの——　143
親
　　——としての責任　137
　　——の過ち／誤り／間違い　7, 25,
　　　137, 139, 163, 164
　　——の限界／不適切さ　74, 169
　　——の再婚　161〜163
　　——の辛抱／忍耐／譲歩　29, 74, 92,
　　　102, 126, 135, 194
　　——の性生活　173
　　——の全能への信仰　198
　　——の直感力　3, 116, 125
　　——の離婚　160, 161
　　——のレプリカ（複製）としての子ど
　　　も　72
　　王さまそして王妃さまとしての——

　　　138
　　過度の自尊心　9
　　子ども中心の——　97
　　自信のない——　138
　　未解決な児童期の情緒　74
　　模範としての——　159

### か行

外的現実／外界の事実　42, 174, 176,
　184
外部からの援助　70
カオス（混沌）　28
過活動　86
加虐的部分　95
学習困難　63
過食　52
家族の一員　51
価値観　140
葛藤　　xi, 8, 46, 51, 55, 108, 120, 125,
　168, 183
家庭医（主治医）　4, 68, 86, 99
感覚の遮断　63
頑固さ／依怙地さ　48, 72, 75
看護婦さん　11, 17, 18
カンシャク　69, 150
感受性　10, 29, 156, 176
感情の記憶　63, 187
感性　63, 120
記憶／記憶力　45, 63, 82, 147, 166
　　——を掘り起こす　87
　　深層に埋もれた——　184
危険なもの　38
希望　170
気持ちが通じる／通じない　87, 89
逆・エディプス　154
救急車　167
旧約聖書／審きの神　104
恐喝／脅かし／呪い　73, 182
共感／感情移入　78, 108, 191
競争（張り合う）意識　191

母親との―― 22, 181
　　夫婦間の―― 156
きょうだい（兄弟姉妹） 107
恐怖 39, 167, 170, 185
　　置き去りにされる―― 70
　　罰への―― 105
　　不合理な―― 104
拒否反応 110
規律 48, 101
キングズリー，チャールズ（Charles Kingsley） 104
禁止すること 73
空虚感 52
空想 79, 102, 109, 116, 124, 140, 141, 144, 168, 170, 173～176, 181, 187
　　赤ちゃんを創造する―― 109
苦痛／心の痛み 26, 47, 49, 93
　　――から子どもを護る 119, 168
　　遊びを通して――から逃げる 175
靴への執着 50, 121, 122
クライン，メラニー（Melanie Klein） 4, 63, 154
クライン派精神分析 viii, 2
経験
　　出生前の―― 188
　　母親の赤ちゃんであった―― 25
　　予期せぬ―― 63
経験をとおして学ぶ 25
ゲップ／吐乳 20, 26, 78, 112, 122
解毒剤
　　恐怖への―― 185
厳格であること 96
幻想 45, 138
幻滅 59, 138, 170
好奇心 50, 75, 173
　　バック類への―― 111
　　不健康な―― 140
　　ママの妊娠への―― 116
　　両親の性交への―― 173
攻撃的衝動／破壊性／残忍さ 95, 102,

103, 104, 125
　　――の建設的な活用 104
　　――のコントロール 95
固形食 53, 56, 64
心の握力 204
こころの窮屈さ 140
心のパターン 65
個性 8, 23
　　――を引き出す 134
ごっこ遊び（大人の模倣） 181
言葉を学ぶこと 89, 90
子ども
　　――の自惚れ／虚栄心 100
　　――の観察眼 93
　　――の協調心／協力 77, 79, 80, 81
　　――の性教育 140
　　――の絶望 96, 144
赤ちゃんっぽい部分 143
大人そっくりの―― 93
おとな的な部分 81
お兄ちゃんになる―― 116, 125
お姉ちゃんになる―― 120, 129
個なる人としての―― ix, x, 1, 5, 8, 9
邪悪な願望 183
知りたがり屋の―― 112
性欲・性衝動・性的な感情 140, 156
探索行動 42, 75
父親への興味／パパの真似 112
パパとの内密なロマンス 158
反応の鈍い―― 45
子どもらしさ／自分らしさ 93
小鳥の夢 84, 85
子離れ 67, 68
コモンセンス（常識） 3
コントロール 45, 55, 62, 75, 78, 79, 80, 96
　　括約筋の―― 79
　　セルフ―― 96, 105

## さ行

罪悪感／罪責感　9, 76, 87, 119, 159, 163, 167, 168
サイコセラピイ／サイコセラピスト　80, 87〜89, 99
三者関係　153
サンタクロース／ファーザー・クリスマス　170〜173, 176
死　164
　——についての説明　164
　——の不安　165
自慰（マスターベーション）　157, 181
自慰空想　181
しがみつき　34, 65, 67, 70, 145, 150
　猛烈な——　66, 148
自己主張　129
自己表現欲（力）　128, 144
自責の念　119, 167, 197〜199
自尊感情　9, 79
嫉妬心　49, 50, 67, 109, 122〜124, 159, 175, 183, 186, 191, 197
失望（感）　156, 173, 185
社交的　148
　非——（内気）　148, 151
従順　71, 72, 95
就寝時の儀式　81
出産　12
　産院での——　11, 118
　自宅（在宅）——　35, 117
ジュニアー・スクール　142
少女ゲルダ／雪の女王　171, 212, 213
情緒的欠乏　34
小児的な罪悪感
　大人のなかの——　168
自立　46, 75
　冷ややかな性質の——　46
事例：子ども
　アニー（&メイ）　134〜135
　アラン　56〜60

アントニー　16〜20, 32
ウィリー　165〜170
オリヴィア　52〜55
ジェームズ　160〜164
ジェニー（&ジャッキー）　129〜134
ジミー　86〜90
トミー　67〜69
バージニア　102〜104
ピーター（&ケイト）　148〜151
ブライアン　111〜117, 175
ボブ（&リンダ）　125〜129
マーガレッタ　98〜100
マリオン　83〜85
メリンダ（&マリリン）　120〜125, 175
ロバート　35〜39, 76
事例：母親
　B夫人　15〜22, 29, 32
　D夫人&D氏　189〜190
　J夫人　52〜55
　K夫人（&K氏）　129〜134
　L夫人　66〜69
　R夫人　35〜39, 76, 184
　S夫人（&S氏）　86〜89
　W夫人（&W氏）　165〜170
　ジョアンナ　182〜184
　メアリー（&ジョン）　160〜164
新生児の視点　23
心的外傷　144
信頼　27, 42, 55, 56, 72, 79, 118, 169, 170, 180, 192
　失われた——の絆　119
睡眠障害　81, 85, 98
性格／性格の形成　xiii, 120, 132
性器
　——をもてあそぶこと　73
制限　92
　——をもうけること　48, 94
　視界を——する　92
精神分析的スタンスの基本原則　x

精神分析のエッセンス 213
成長 91
　早熟な―― 93
責任感／責任意識 9
　過剰な―― 158
　排泄をコントロールする―― 80
　万能感的な―― 168
潜在期 154
潜在能力 9, 49, 63
疝痛（コリック） 41
羨望 47, 49, 159, 187
　親の生殖能力への―― 109
占有欲／所有欲 46, 49, 154, 197
早産児 18, 20
喪失 33, 55, 62, 65, 133, 186
早熟 46, 93
想像力（イマジネーション） 10, 45, 55, 109
疎外感 14
祖父母 14, 86, 130, 160

## た行

ダーリン（愛する人） 121, 123
対抗意識／敵対心 154, 156, 168
胎内／胎児 19, 26, 28, 45, 62, 185, 186, 188
体罰 101, 102
タヴィストック・クリニック vii, 2, 201, 211
　――のトレーニング（養成）コース vii, 2, 211
抱っこ xi, 113, 120, 126, 155
ダメ 68, 75, 134
探究心 139
担任の先生 128, 134, 146, 147, 150, 162
小さな「考える人」 60
小さな「政治家」 97
乳首 17, 18, 37, 58
　危険な―― 38

父親 43, 44, 112, 128, 147, 155, 157, 160, 172, 173
　――の直感 89
　――の登場 44
　――の不在 149
　――の役割 128
　子どもとの戯れ／じゃれつき 157
　守護神としての―― 139
　妻への支援 128
　よけいもの／除け者意識 13, 14
チャイルド・サイコセラピスト（児童分析家） ix, 88, 89, 99, 211
チャイルド・マインダー xiii
忠義立て 140
注目／注意 98, 119, 120, 121, 126, 130, 134, 147, 155
　――の的 98
懲罰 100, 101, 105
治療（セラピイ）セッション 99, 100
償うこと 95, 196
罪意識 48, 49, 68, 173
敵意／恨みの感情 48, 49, 59, 68, 80, 81, 84, 102, 181
　覆い隠された―― 126
　親の生殖機能へ向けての―― 181
テディ人形／ぬいぐるみ 114, 116, 122, 123, 124
手抜きの育児 67
投影 93, 102
登校渋り 148, 150
咎め／咎め立て 167, 168, 182, 196
貪欲さ 51, 100, 191

## な行

ナーサリー（保育グループ） xiii, 102, 125, 128, 162, 166
ナーサリー・スクール 130, 141〜144
内在化 28, 119
内的現実 170
内的資源（内なる力） 119, 193

永瀬清子　201, 207, 208, 210
慰め　34, 74, 85
　　理解してくれる誰か　34
謎解き／真相探し　140, 170
なりすまし　47, 175
ニーズ　120, 124, 127
　　抱えてもらう――　27
　　情緒的――　24
　　新生児の――　12
　　身体的な――　10, 24
　　心理的な――　11
　　本当（真）の――　51, 120
　　理解されることの――　10, 26
乳幼児観察／赤ちゃん観察／母子観察
　　vii, 2, 191
認識の障害　169
妊娠　111, 116, 129, 160, 173, 182, 185～188, 192

## は行

パーソナリティの発達　1, 4, 28, 94
排斥感情　153, 154
排泄のしつけ　76, 77, 80
排泄物　26, 76, 78, 180, 181
ハイ・チェアー（赤ちゃん用の）　51
這い這い　50, 75, 86
剝奪（感）　69
白昼夢　93
パニック　182
母親　69
　　――の感受性　29
　　――の気持ちの揺れ動き　184
　　――の共感／直感　25, 78
　　――の自己実現　163
　　――の職場復帰　195
　　――の心理的なニーズ　11
　　――の入院　117
　　――の不安感/覚束なさ　20, 33, 183
　　――の不在　30, 46
　　――の懐　44

赤ちゃんとの一体感　31, 185
　　赤ちゃんの世界としての――　26
　　奪われかつ搾取された――　52
　　恐怖／神経過敏　34, 39, 85, 183, 185
　　ドア・マットにされた――　128
　　一人のひととしての――　30
　　離乳期の抑うつ感／喪失感　65
　　離乳へのためらい　66
母親の赤ちゃん　168, 184
ハムレット　82
ハリス，マーサ（Martha Harris）　vii, ix～xiv, 3, 5, 201～215
万能感／慢心／驕り　32, 47, 68, 69, 78, 79, 156, 158, 168
悲哀感　48, 49, 59, 188
悲観　96
引きこもり　119
悲嘆　31, 59, 165, 168, 169, 186, 187
　　子どもと分かち合うこと　169
ビック，エスタ（Esther Bick）　vii, 2, 211
ひとり親家庭　198
一人っ子　119
否認　9, 92, 167
　　唐突すぎる――　65
皮膚
　　薄い――　127
不安（感）　20, 52, 73, 80, 91, 110, 119, 123, 124, 143, 148, 164, 182, 185
　　過剰な――　63
　　不当な――　92
夫婦　96, 195
　　カップルとしての――　15, 159
　　共稼ぎの――　194
不妊治療　189
プライバシー
　　家族の――　198
　　夫婦の――　53, 180
　　母子の――　12
プライマリー・スクール　142, 144,

149, 162
ブランコ　89
プレッシャー　195
　子どもへの——　93, 94, 195
フロイト, S.（S. Freud）　154, 156
プロフェッショナルな（専門的）援助
　70, 198, 199
分離（体験）　55, 119
　——不安　82
　最初の——としての誕生　62
ベビーシッター　175, 196
変化　62, 64, 69, 76, 143
防衛機制　93
防御壁／保護膜／防波堤　28, 46, 127
報復　187
　——的な両親／人物　84, 102
ボウルビィ, ジョン（John Bowlby）　3, 211, 212
母性　xi, 118
　——へのあこがれ　13, 14
発疹　127
母乳／お乳／おっぱい　16〜21, 31, 35〜39, 53, 58, 61, 64, 65, 67, 110
　水っぽい——　32, 36, 38
哺乳びん　18〜20, 61, 87, 113〜115, 122, 125
　——の離乳　61, 65
母乳哺育　16, 38, 66, 67
　——へのためらい　35

## ま行

マザリング　118, 124, 194
魔術的思考　79, 168, 181
魔女マレフィセント／眠れる森の美女　182
マッチ／火　103, 104
まねっこ遊び／ママのまねっこ　109, 124, 180
ママの'靴'にもぐりこむ　123
未解決な心配事　81

見知らぬ人との語らい（Talking to a stranger）　138
水の子どもたち　104, 105
無意識（こころの深層）　34, 63, 68, 76, 145, 154, 175, 181, 185
　——的願望　153
　——的不安感　76
　——的連想／暗示　7, 85, 127
無感覚／無感動　9, 93
無垢／無邪気　103, 140, 173
無視　127
無力感／無能感　169
沐浴／入浴　11, 35, 37, 38, 56, 110, 114, 132
ものごとの関連性　42, 138

## や行

夜鷲　82, 166
疚しさ　68, 168
指さし　113, 115, 122
指しゃぶり　32, 57, 58, 73
夢　84, 186, 187
　怖い——　134, 143
揺りかご　50, 89
養子　188〜193
養子縁組　188, 189
養子援助協会　192
良き衝動　96
抑圧／抑制　96, 163
抑うつ（感）　34, 41, 65
よちよち歩き（歩き始め）　68, 71, 76, 86, 108
欲求不満／フラストレーション　28, 68, 75, 87, 91, 92, 127, 157

## ら・わ行

ラスティン, マーガレット（Margaret Rustin）　xiv, 211
理解する／されること　10, 26, 42, 63, 105, 107, 111, 116, 118, 170, 176, 184, 198

事実を—— 168
理想化　127
　母性の——　xi
リトル（小さな）エディプス　163
離乳／断乳／乳離れ　xii, 55, 61, 62, 65, 66, 69, 120, 148
　心理的プロセスとしての——　62
　喪を含む——　62
流産　187

良心　102
　——の呵責　82
　原始的（懲罰的・報復的）な——　102, 104
　心温かな／現実的な——　105
別れの儀式
　母子間の——　144
悪い（いけない）子　73, 103

**訳者略歴**
山上千鶴子（やまがみ　ちずこ）
1946年　秋田県に生まれる
1971年　京都大学大学院（教育学部）修士課程（臨床心理専攻）修了
1979年　タヴィストック・クリニック（英国・ロンドン）トレーニングコース修了
　　　　英国チャイルド・サイコセラピスト協会正会員認定
1980年　帰国後，ヤマガミ精神分析クリニック（東京・原宿）個人開業
　　　　現在に至る
専　攻　精神分析・心理臨床
現　職　ヤマガミ精神分析クリニック
　　　　〒150-0001
　　　　東京都渋谷区神宮前2-35-13 原宿リビン 609
　　　　（電　話）03-3402-4801
　　　　（ＵＲＬ）http://www.chiz-yamagami.com
　　　　（E-mail）info@chiz-yamagami.com
訳　書　「児童分析の記録Ⅰ＆Ⅱ」（メラニー・クライン著作集6＆7）1987＆1988，誠信書房

児童分析家の語る 子どものこころと育ち
ISBN978-4-7533-1109-5

訳　者
山上 千鶴子

2016年10月21日　第1刷発行

印刷　広研印刷(株)　／　製本　(株)若林製本

発行所　(株)岩崎学術出版社　〒101-0052 東京都千代田区神田小川町2-6-12
発行者　杉田　啓三
電話 03(5577)6817　FAX 03(5577)6837
©2016　岩崎学術出版社
乱丁・落丁本はおとりかえいたします　検印省略

### 子どもを理解する〈0〜1歳〉
ボズウェル／ジョーンズ著　平井正三・武藤誠監訳
タビストック 子どもの心と発達シリーズ　　　　　　　　本体2200円

### 子どもを理解する〈2〜3歳〉
ミラー／エマニュエル著　平井正三・武藤誠監訳
タビストック 子どもの心と発達シリーズ　　　　　　　　本体2200円

### 特別なニーズを持つ子どもを理解する
バートラム著　平井正三・武藤誠監訳
タビストック 子どもの心と発達シリーズ　　　　　　　　本体1700円

### 母子臨床の精神力動——精神分析・発達心理学から子育て支援へ
ラファエル-レフ編　木部則雄監訳
母子関係を理解し支援につなげるための珠玉の論文集　　　本体6600円

### 学校現場に生かす精神分析【実践編】——学ぶことの関係性
ヨーエル著　平井正三訳
精神分析的思考を生かすための具体的な手がかりを示す　　本体2500円

### 学校現場に生かす精神分析——学ぶことと教えることの情緒的体験
ウィッテンバーグ他著　平井正三・鈴木誠・鵜飼奈津子監訳
「理解できない」子どもの問題の理解を試みる　　　　　　本体2800円

### こどものこころのアセスメント——乳幼児から思春期の精神分析アプローチ
ラスティン／カグリアータ著　木部則雄監訳
こどもの心的世界や家族関係を力動的視点から理解する　　本体3700円

### 精神分析の学びと深まり——内省と観察が支える心理臨床
平井正三著
日々の臨床を支える精神分析の「実質」とは　　　　　　　本体3100円

### こどもの精神分析II——クライン派による現代のこどもへのアプローチ
木部則雄著
前作から6年，こどもの心的世界の探索の深まり　　　　　本体3800円

この本体価格に消費税が加算されます。定価は変わることがあります。